新媒体环境下高职高专汉语言文学教学优化策略

俸姗姗　著

中国商业出版社

图书在版编目（CIP）数据

新媒体环境下高职高专汉语言文学教学优化策略 /
俸姗姗著 . -- 北京：中国商业出版社，2023.9
  ISBN 978-7-5208-2677-8

  Ⅰ．①新… Ⅱ．①俸… Ⅲ．①汉语 - 文学语言 - 教学
研究 - 高等职业教育 Ⅳ．① I206

中国国家版本馆 CIP 数据核字 (2023) 203422 号

责任编辑：郑　静
（策划编辑：蔡　凯）

中国商业出版社出版发行
（www.zgsycb.com　100053　北京广安门内报国寺 1 号）
总编室 :010-63180647　　编辑室 :010-83114579
发行部 :010-83120835/8286
新华书店经销
安徽中皖佰朗印务有限公司印刷

787 毫米 ×1092 毫米　　16 开　　12.25 印张　　280 千字
2023 年 9 月 第 1 版　　2023 年 9 月 第 1 次印刷
定价：49.80 元
＊＊＊＊
（如有印装质量问题可更换）

前　言

　　汉语言文学是我国优秀文化的重要载体，在传承文化方面有着无可替代的重要地位，具有极高的研究价值。汉语言文学的发展过程就是我国汉文化在长时间发展中的缩影。通过优化高校汉语言文学教学策略，让汉语言的内涵美深深烙印在学生内心，对传承和发扬传统文化具有深远影响。

　　随着信息技术高速发展，新媒体逐渐衍生并发展，我国当前逐渐步入新媒体时代。新媒体时代下，人们获取信息的方式更加便捷，同时对人们日常生活与学习也产生了重要影响。汉语言文学是我国高职院校所开展的重要课程之一，新媒体的发展为汉语言文学教学提供了新机遇，使得汉语言文学教学呈现出交互性以及共享性趋势，但也存在一定挑战，大量网络流行用语冲击传统语言习惯、汉语言文学教学与实际生活相脱离等。为推动高职院校汉语言文学教学质量，应当应对挑战，采取措施，规范汉语言文学教学，提高教学质量。

　　本书是汉语言文学方向的著作，主要研究新媒体环境下汉语言文学教学，本书从新媒体与汉语言文学介绍入手，针对新媒体环境下中国文学生产机制、新媒体环境下汉语类教学进行了分析研究；另外，对汉语语言学课程研究性教学、汉语言审美、汉语言文学鉴赏能力培养做了一定的介绍；还对汉语言文学与大学生人文素质教育做了研究。本书内容丰富、详尽、系统、科学；结构严谨，条理清晰，层次分明，重点突出，通俗易懂，具有较强的科学性、系统性和指导性。

　　在本书的策划和写作过程中，曾参阅了大量国内外有关的文献和资料，从其中得到启示；同时也得到了有关领导、同事、朋友及学生的大力支持与帮助。在此致以衷心的感谢。本书的选材和写作还有一些不尽如人意的地方，加上编者学识水平和时间所限，书中难免存在缺点，敬请同行专家及读者指正，以便进一步完善提高。

目 录

第一章 新媒体与汉语言文学

第一节 新媒体的概念

一、概念

新媒体研究中关于新媒体的概念众说纷纭，莫衷一是，但这又是了解"新媒体"这一事物无法绕过的一关，因此必须通过对学界及业界已有的概念认知，从多角度、多类型的定义范畴来形成关于新媒体概念的轮廓，并通过从时间范畴和技术范畴着手剖析，找到"新媒体"的关键词，从广义和狭义的范围划分来区分"新兴媒体"与"新型媒体"，综合分析来界定新媒体概念。

（一）"新媒体"概念的提出

"新媒体"这一概念普遍认为是 20 世纪 60 年代由美国哥伦比亚广播公司技术研究所所长 P. 戈尔德马克（P.Goldmark）提出，他撰写的开发电子录像（EVR）商品的计划书中将"电子录像"称作"New Media"（新媒体）。

20 年代末期，联合国新闻委员会年会中正式提出将互联网看作"第四媒体"，随着网络技术的快速发展，新媒体应运而生并持续演进，如今在生活的方方面面新媒体都如影随形。起初对新媒体的理解只是望文生义地认为"新媒体"就是"新"+"媒体"，将一切新兴的承载信息的物体，或者为信息传递服务的实体视为新媒体，而当时因经济及技术等原因，新媒体也并非唾手可得。截至 2022 年年底，中国互联网普及率首次过半，达到 75.6%，中国网民规模达 10.67 亿人，移动互联网塑造了全新的社会生活形态。这意味着互联网对于整体社会的影响已进入新的阶段，"新媒体"概念的内涵、外延以及意指范畴都在不断依据其技术发展和传播功能变化而调整，直接影响到对新媒体的界定和认知，目前代表性的观点主要有：

传播技术观："今天的'新媒介'的主要特征是集中了数字化、多媒体和网络化等最新技术。"

媒介要素观："构成新媒体的基本要素是基于网络和数字技术所构筑的三个无限，即需求无限、传输无限和生产无限。人们的物质需求有限，但精神需求无限。作为满足人们精神需求的传媒，其市场无限广大。"

传播特征观："解读新媒体的关键词包括数字化、传播语境的'碎片化'、话语权的阅众分享、全民出版。"

媒介形态观:"新媒体是新的技术支撑体系下出现的媒体形态,如数字杂志、数字报纸、数字广播、手机短信、移动电视、网络、桌面视窗、数字电视、数字电影、触摸媒体等。"

(二)新媒体概念的意义维度

通过以上定义梳理可以看出,新媒体不同的观察视角决定了新媒体定义的界定维度。

从时间范畴看,新媒体的"新"与"旧"是相对且不断变化的,清华大学的熊澄宇教授曾指出,"每个时代都有其所谓的新媒体,每一种新媒体也都终将成为旧媒体"。就如同广播相对于报纸是新媒体,电视相对于广播是新媒体,网络相对于电视是新媒体。在时间的维度上层层涌出,不断更新,当受众还在庆幸印刷赋予时间永恒时,电视的出现就让信息内容转瞬即逝。但单从时间范畴定义也不准确,新出现的媒体并非都可称作"新媒体"。

从技术范畴要求看,"新媒体是以数字技术、通信网技术、互联网技术和移动传播技术为基础,为公众提供资讯、内容和服务的新兴媒体"。在早期,联合国教科文组织给新媒体的定义是"新媒体即网络媒体"。虽然现在看来未必准确,属于新媒体的手机媒体已被视为"第五媒体",但可以从教科文组织的定义中看出,以互联网为代表的技术是必要的,这是新媒体依托的基础,就如熊澄宇教授谈到的:"所谓新传媒,或数字媒体、网络媒体,是建立在计算机信息处理技术和互联网基础上,发挥传播功能的媒介的总和。"但也并不能说以互联网为平台,具有互动性、数字化的媒体就一定是新媒体。如上所述媒体的"新"与"旧"是相对的且不断更新的,"第四媒体"或"第五媒体"都是针对当下技术的新媒体,而新媒体还在马不停蹄地跨进,正如"摩尔定律"所指出的当价格不变时,集成电路上可容纳的元器件的数目,每隔 18~24 个月增加一倍,性能也将提升一倍。换言之,每美元所能买到的电脑性能,将每隔 18~24 个月翻一番以上。这一定律所揭示的信息技术进步的速度正印证新媒体所依托的技术将持续快速发展,谁也无从得知并预测在互联网技术下之后又会有何等技术样态的"新媒体"问世。

如果将"新媒体"概念做广义和狭义的划分,广义上的"新媒体",是利用数字技术、网络技术和移动通信技术,通过互联网、宽带局域网、无线通信网和卫星等渠道,以电视、电脑和手机等为主要输出终端,向公众提供视频、音频、语音数据服务、在线游戏、远程教育等集成信息和娱乐服务的所有新的传播手段或传播形式的总称,包括"新兴媒体"和"新型媒体",而狭义的"新媒体"则专指"新兴媒体"。广义和狭义的共性在"新兴"二字,即媒体都依托互联网具备数字技术,而差异则在"新型",狭义认为新媒体改变了传统的传受关系,受众反客为主成为公众,从"点对面"的单向传输到"点对点"的双向传播,实现了互动性。可以认为像世园会车体广告一样,少数新兴媒体依然是传统媒体的延续,新兴媒体包含着新型媒体,而如中国人民大学匡文波教授所说,只有同时具备了"数字化"和"互动性"才可界定为新媒体。

综上可以看出,对新媒体概念的界定不一而足,这里结合新媒体的两大范畴给出一个参考的概念：当下所谓的新媒体即新兴诞生的数字化、互动式、多渠道的复合媒体。

二、新媒体的传播特征

新媒体是一个数字化、互动性、多渠道的复合媒体，伴随着互联网技术的突飞猛进，新媒体渗透进受众生活的方方面面，营造了一个新媒体环境。新媒体系统就好像四通八达的高速公路，将人们的意识信息快速传递到接收的各个端口。在和新媒体的频繁接触中会发现很多传播特征，这些特征也正是受众愿意融入新媒体环境中的原因。

（一）信息传达高速及时

信息的需求是人类好奇心和控制欲的使然，心理学上认为人们在掌握更多信息的同时会感觉一切在自己的掌控之中。信息最开始是人际间传播，通过口口相传的方式传播，但会发现人际传播要受制于时空限制，只能在特定时间的相对小范围内展开，稍远一点，声音就会分散掉。于是为了使信息传达得更远，传播载体渐渐增多。从马匹到飞鸽到电报，载体的传播能力越来越强，时空对信息的限制一点点在缩小，而新媒体的出现，不仅突破了时空限制，可以做到随时随地传播，更是可以通过数字化做到信息高还原、低损失，达到了历史传播进程中的顶点。施拉姆说道："大众媒介通常是指一种传播渠道里有中介的媒介。"新媒体的第一大优势正在于传播渠道里的媒介，互联网带宽的扩张使每秒能通过的数据位更多，就如同给新媒体这个高速公路拓宽道路使得同时通过的车流量更大。1M 宽带的速率是 125kb/s，换算到带宽的基本单位比特就是 1M 宽带可以传递 1.024×106 bit/s，而现在百兆光纤将信息传输速度进一步提升了一个数量级。最明显的信息高速传达体现在新闻采访中，每当重大新闻事件发生时，新闻直播节目都会连线当地记者进行现场报道，这种实时连线以 1 秒左右延时，传输着来自主持人和连线记者之间的沟通，以及现场记者所在场景的一切声画。因此，信息传达的高速及时性，让传媒环境更加真实可信，受众也越来越难判断，一切看上去都是栩栩如生。

（二）传播方式数字化

判断一个媒体"新"或"旧"的基本特征就是看是否数字化，从广义的概念上来看，只要符合传播方式的数字化就可判定为"新媒体"，这是因为新媒体广义上被定义为新兴媒体，数字化代表最新传播方式的技术，自然无可非议。

新媒体采用数字化的制作传输手段，是从技术层面上突破传统模拟线路的传输，将采集信息转换成二进制编码，通过数字信号传递到终端，再进行数据的解码进行呈现。从量的角度上看，数字化传播解放了传播中介和传播终端，也诞生了信息，一方面在不拓宽信息公路宽度的情况下，为信息瘦身；另一方面解放了模拟信号对线路的要求，让终端可以自由移动；再者信息本身的传播范围、传播速度也得到极大提升。从质的角度上看，数字信息的复制、传输和转换更加容易，在编码及解码的过程中信息损失小，而且随着数字化技术的不断改进，高清、超清、无损画质日益出现，数字传播的质量越来越高。20 世纪 60 年代中期，麦克卢汉在《理解媒介——论人的延伸》中首次提出了"全球村"（Global Village）这一概念，仅仅两年后，互联网的出现加速了人与人交流方式的转变和"重新村落化"，而数字化时代的来临让全球村基本形成。这和数字化的传输特点有关，在传输过程中可以将任何信息统一成数字编码，在接受过程中亦可以将数字编码转换成任何信息，这种方式消除了地域的界限和文化的差异，让人类重回村落和"巴别塔"前的社会，开创一种新的和谐与和平。

（三）信息传播具有互动性

互动特征是新型媒体的标志，和数字化特征合并起来构成狭义范围内的新媒体特征，因此互动性是新兴媒体到新型媒体的一次质的飞跃。互动性是对传统单向度传播的升级，改变了传统媒体"点对点""点对面"的固定传输方式，这种传播方式下信息传达以时间为轴呈线性传播，公众的态度只能通过事后的民意调查和收视率等来反馈。而新媒体采用双向传输，信息不再是某一方掌握主动权，而是权利双方的互相转化，传受身份不再一成不变，曾经的传输方发现接受公众的反馈会利于其良性发展，并且公众生产信息可以帮助传输方内容的丰富，而曾经的接收方主体意识也在增强，发现参与信息生产也是对自己生存媒介环境的打造，就会积极主动地参与其中。这种互动循环形成的是自发的良性互动，不同于之前的民意反馈，传者欣然接受并重视，收者主动参与并献策，双方有来有往，循环往复又相辅相成。信息传播的互动性也是"重回村落化"的一个体现，口语社会的交流是双向传播，A对B说话，B也对A说话，即使是"点对面"的传播，"面"的表情、情绪都能形成对点的反馈，而且"面"之间会形成小声互动交流。随着媒介的发展互动在弱化，书信的互动只有在接收方回复才能形成，且互动受制于文字效果不佳，从印刷品开始媒介就已经形成单向度，无论书籍、报纸，或是电台、电视，传播一直是传和受的单向关系。因此，互联网时代后的互动性打开了"重回村落化"的通道，这对信息的有效传播起到重要作用，每个人的行为依据都不是直接而确凿的知识，而是他自己制作的或别人给他的图像，随着信息的传播，个人脑海中图像是一个更新过程，当接收到的信息与既有图像不符时，开始会先排斥，再协调，最后有可能接受。而单向传播过程中出现图像排斥时，受众无法和传播主体产生沟通（有极少的读者、电视观众会给传播主体写受众信），所以传播的效果大打折扣。

以数据算法推荐为例，运营方重视公众的收视习惯，大到公众信息选择倾向，小到各时段兴趣选择，公众手到之处，眼睛停留时间都成为运营方收集到的反馈，根据后台算法整理，最终依据公众喜好为公众提供源源不断的私人定制服务。公众也乐于通过自己的行为暗示运营商如何进行满意的信息提供，获取更佳的公众体验。在这个流动性的过程中，运营商源源不断地接收公众数据，提供公众感兴趣的信息，公众通过行动反馈来获得越来越好的服务，双方互动频繁，相辅相成。即使有"信息茧房"的弊端出现，但运营商意兴在此，而公众也全然不知。

（四）传播携带海量信息

21世纪是信息爆炸的时代，媒体对社会的发展产生重要的影响作用。信息传播海量性是互联网时代下媒体传播的独有特征，报纸受制于版面、广播受制于频率、电视受制于频道，这些传统媒体都无法摆脱传播内容的有限性，直到新媒体的出现，传播的海量性让受众从"没什么看"转变为"不知道看什么"。从技术角度看，这一切都归功于互联网技术和数字化技术，互联网空间上的无限性使信息只在时间轴上形成覆盖，但在空间线上形成堆砌，每分每秒信息都在急剧增加，所以从空间上看信息海量还在递增。另外，数字化技术让世界四个维度的信息都可以经过数字化处理而传播，理论上依托数字化技术的新媒体就具有了信息资源的无限丰富性。再者带宽的增加，为海量信息的传播提供载体，如果说互联网平台和数字化技术是个大仓库可以让信息进行海量存储，那么互联网带宽就相当于运输工具可以帮助海量信息传输。

（五）信息传播的多媒体化

媒介融合已经成为当前媒体发展的基本态势，传统媒体在新媒体的步步进逼下不得不走向转型。不同于传统媒体线性的文本处理方式，基于网络的新媒体是超文本的传播方式，纸媒以字符为基本单位，广播以电波频率为基本单位，电视以帧速率为基本单位，而新媒体以结点为基本单位，结点是由文本、图像、声音、画面等共同组合而成的，因此新媒体和传统媒体并不是一个维度的事物。

这种传输的差别在于过去纸媒传播文字和图片，广播传播声音，电视传播声画，而新媒体传播的是多媒体内容。例如，虎扑体育是一家做体育新闻的新媒体，主要通过手机端为公众提供体育即时资讯，在新闻内容中文字介绍穿插精彩图片，静止图像无法展示的视频，接着会提供完整视频或是集锦放在新闻条目中点开即可收看，或是以超链接的形式转到网页收看，并且开启省流量模式，移动数据使用期间只提供文字介绍，公众可以根据自己的需要决定使用数据点开图片或动图或视频等。新媒体环境下，媒体将受众视作客户，提供最优质的服务，这种优质不仅仅在于内容质量，声画是信息最丰富的形式，若仅凭内容质量单单提供可移动的高清声画即可，但服务质量比的是"人有我优"，在公众适合的条件下选择最优接受方式，才可以算作最优质服务。

（六）信息的跨时空传播

新媒体的跨时空传播体现在时间和空间两方面。跨时间方面并不是指信息可以在多维空间下在时间线上非线性穿梭，而是指信息传播突破传受双方时间上的间隔，也就是可以即时传播。跨空间方面是真正突破自然空间限制，无论山川河流，还是太空或海底，只要有公众关注的消息，新媒体都可获取，地球空间近乎被信息全部覆盖，当时间、空间被结合起来形成跨时空传播时，公众就可随时随地接收即时信息。

跨时空传播的另一层面涉及虚拟现实技术对消失时空的再现，这种再现自古就有，只是随着媒介的发展，信息跨时空传播更加能唤起情感共鸣。口语时代人们用混乱无序的口语描述过去的故事，这种形式留下对故事的平淡了解；印刷时代书本以有序详尽描述调动人们想象力形成对过往故事、形象添加诸多既有图景的不准确印象；电视时代可以"再生"出原有图像，形成形象较准确但缺少感觉的印象。这些都算这一层面的跨时空传播，但从传播效果来说，只有视觉、触觉、嗅觉等多样体验下诉诸情感共鸣的传播才有更深的印象，营造仿佛置身其中的感觉。这一点新媒体的虚拟现实技术一步步帮人们接近。以侏罗纪时代的跨时空传播为例，电视时代可以"再生"这一消失时代生物的画面和声音，公众接收到 2D 视觉和听觉的体验，而新媒体的虚拟现实技术，让公众可以接收到 3D 视觉、立体听觉甚至通过穿戴设备得到部分触觉，新媒体无疑是历史进程中跨文化传播最有力的载体。

（七）信息传播的个性化

"个性化"这一概念在新媒体环境下有了新的含义，早期的网络媒体的公众主动地选择个性化，在海量信息和媒体筛选分类的信息中选择自己喜欢的方向，加收藏或加定制，来实现信息传播的主动个性化，而随着数据技术的崛起，公众以被动方式享受着个性化。

数据支持下的算法通过内容习惯推荐、协同过滤推荐或其他混合推荐方式来判断公众喜好，提供个性化服务，内容习惯推荐基于公众的接收喜好和历史浏览记录来分析公众的兴趣点，当信息库里出现接近公众兴趣点的信息时就会优先推荐。而协同过滤推荐是通过公众兴趣分析和公众社群划分，为有相同兴趣的群体提供群体中成员感兴趣的信息。内容习惯推荐是运营商跟着公众喜好走的方式，采用保守方式巩固公众，如果算法不准确将面临失去公众的风险，而协调过滤推荐是走在公众前的方式，通过合理猜想来引导公众的收视习惯。

新媒体信息传播的个性化让大众媒介变成分众媒介，同一传播端可以生成"千人千面"的终端服务。

（八）信息传播的虚拟化

信息传播的虚拟化主要指传播内容，前面提到的虚拟现实技术在新媒体上的应用即是此类。能进行虚拟化的前提是信息的可篡改，这又要归功于数字化技术，数字化技术下"0"和"1"构成的二进制编码让信息可以轻易复制修改，基于此类似于 3DMax、AE、C4D 等一批软件才可以辅助视觉信息制做出各类虚拟影像及特效，常见的如新闻中的虚拟演播间、好莱坞大片中的华丽特效、网络游戏中的虚拟场景等。

虚拟化优化的是信息传播中的公众体验，以新闻中对于犯罪案件的报道为例，对于犯罪案件的报道往往是事后信息的采集，很少能巧妙地撞上，所以犯罪类新闻通常会用与案件有关的空镜头配上文字描述。当然随着"公民记者"的出现，公民素材的使用率越来越高，但遇上类似于抢劫等难以取证的素材时，虚拟画面新闻的优势就凸显了，通过虚拟案件经过的全过程，可实现声画同步，增加信息传播的质量，带给公众更多的体验。

综上特征分析可以看出，新媒体的传播特征无论是新兴出现的"数字化""互动性"，还是基于原有特征进行升级优化的"跨时空""个性化"，所体现的都是作为新型传播载体来为公众提供最优质的信息服务。

三、新媒体的技术表征与传播价值

（一）新媒体传播与日常生活记忆

日常记忆承载着一个时期、一个群体的集体意识，在无数具体和抽象的生活细节中构筑了历史。新媒体和新媒体技术是一些国家的舶来品，无论是数字化，还是交互性；无论是微博，还是微信。虽然进行了因地制宜的改良，但都还带有明显的欧美社会的影子，这也带来了中国个体和集体关系的转化，促进了个性化的生长。因此，新媒体对日常生活的记忆也是对集体记忆的描述，也有可能是对社会记忆的建构。日常生活记忆研究涵盖从记忆到个体记忆到集体记忆到社会记忆的整个过程，而媒介记忆的涉入被认为颠覆性地改变了人类记忆与思维方式。

1. 记忆与媒介记忆

"记忆"一词的定义：记忆是人脑对经验过事物的识记、保持、再现或再认。它被视为进行思维、想象等高级心理活动的基础，从心理学上看它是保存和积累个体经验的过程。记忆过程是对视觉看见的客观图景，进行人为筛选并采集输入，在大脑中加工并保持最后主观再现的一系列活动，因客观存在和个体的差异记忆过程会形成鲜明的个性化和信息存储时间差异，正所谓"一千个读者就会有一千个哈姆雷特"，即使是相同的客观存在，在不同个体的记忆过程中会产生不同的主观图景和再现，而个体的记忆能力、客观存在的记忆难度和对客观存在的主观选择会产生瞬时记忆、短时记忆、长时记忆三种记忆结果。综上，基于记忆活动的个性化产生的个体记忆，个体记忆在人际交互中形成的集体记忆，以及集体记忆的整体化组成的社会记忆构成了日常生活记忆的全内容。

记忆在传播中不仅仅指大脑的输入和再现过程，其外延也包含了记忆方法。媒介作为一种超强记忆工具，衍生出作为媒介工具的记忆。媒介记忆是指媒介通过对日常信息的采集、编辑、记载或报道，形成一种以媒介为主导的对于社会信息的记忆过程，并以此影响人类的文化记忆、历史记忆与社会记忆。不能忽视其社会功能，媒介记忆也是通过存留在媒介空间中的各种符号营造一个社会环境。由于各个媒介的特殊性，或形成文字符号，或形成图像声音，或是复合形式，加上媒介空间的不同会形成独具特色的媒介记忆。而新型媒介即新媒体，通过增强记忆间的互动模式和转变人类对媒介记忆的使用方式，起到颠覆性的效果。一方面，新媒介依托技术优势和媒介特色频繁穿梭在个人记忆与集体记忆之间，形成更强的互动模式，将记录的媒介符号作用在个人记忆和集体记忆中，又从二者中获取源源不断的素材，同时在个人记忆和集体记忆间搭起了传输的桥梁。另一方面，新媒介成为信息记忆的中心，一个巨大的信息存储库，人们从这里提取记忆，媒介也主动传输记忆，正因如此，人们解放了大脑的记忆，将原先记忆的时间用来创造更多的信息，要是有记忆模糊或者记忆缺失，只需要打开信息存储库来获取。

2. 新媒体与个体记忆

"媒介记忆是个人记忆的集合与凝聚"，作为基础要素的存在，个体记忆和媒介记忆联系紧密，从媒介记忆的方向看去总能找到个体记忆的影子，与此同时个体从媒介获取信息形成记忆的过程也赋予了媒介记忆更大的影响力。新媒体以颠覆性的姿态出现在媒介发展历史的进程中，既带有媒介记忆的典型特征，又具有自身的特性。新媒体更加重视公众身份存在的个体，因而对个体的记忆也更加关注：

首先新媒体以其广阔无限的纵深性吸收着每个个体的记忆，越来越多的记忆样本构成集体记忆的元素，丰富着集体记忆的储存室，甚至随着数据技术的发展，个体记忆的采集会越发细微。

其次新媒体点对点和不断互动的传输模式，让个体记忆在双向的传播中动态趋势更明显，媒介记忆的影响力更大，一方面能覆盖的个体更广；另一方面形成记忆的可能性更大，在单向传播中面临接受形成记忆或不接受形成遗忘的选择，而双向的动态演进中为转变提供了可能。

另外，媒介记忆通过对个体记忆倾向的数据化分析，投其所好地将相似信息传递到个人，这种"信息茧房"也是对个体记忆的束缚，将媒介记忆中的元素加工成个体的模拟记忆起到强化或束缚个体记忆的作用。

依照传播的功能观念，新媒体对个体记忆产生作用主要表现在以下几点：

（1）赋予个体身份认同

新媒体的记忆在传递给个体的同时，也唤起个体记忆之间的共鸣，帮助个体确认了自我的身份，以及自己所属的记忆范围，正如《想象的共同体——民族主义的起源于散步》中提到的，传播媒介通过想象意象将同民族的身份认同结合起来，媒介的记忆也是如此将个体的身份认同进行确认。

（2）传承社会中的记忆

新媒体在媒介历程中有着最强大的采集和记录能力，将个体记忆记录、积累并保存，或在日后主动地提供记忆，或以记忆中心的方式供个体按需提取。

（3）提供危机记忆

新媒体通过技术手段汇聚到更多的记忆元素，在提供给个体丰富的信息时也为个体遇到相似情况的应对起作用，另外技术的分析能力也将个体的亲近记忆进行预筛选，形成个体可能遇到的危机记忆，起到预警和环境侦察作用。

新媒体和个体记忆之间也发生着显著的改变，新媒体在吸收个体记忆方面的强化和传输记忆方面的弱化是有目共睹的趋势。新媒体集合各种各样个体记忆，以及凝聚个体记忆的方方面面，没有其他媒介在记忆聚合上可以与它相提并论，但新媒体的海量记忆也带来了个体记忆的弱化。一方面，丰富的记忆元素对个体有限的注意力起到稀释作用。另一方面，新媒体带来了记忆形式和公众阅读习惯的改变，碎片化和浅层化的记忆形式以及快速阅读、跳跃获取的阅读习惯也让个体记忆向瞬时记忆靠拢，记忆的能力和时间让位于记忆元素的生产，当有个体记忆被模糊或遗忘时，只需要打开新媒体这个记忆仓库快速提取即可。

3. 新媒体与社会记忆

关于社会记忆的讨论开始于 20 世纪 80 年代，法国社会学家莫里斯·哈布瓦赫认为个人记忆是无法独立存在的，人们通常要在社会中获取，并在社会中加以定位，从而打破记忆在个体层面的禁锢，反思个体记忆在社群中的延续性，提出了"集体记忆"这一概念。美国学者保罗·康纳顿是"社会记忆"概念的提出者，他在《社会如何记忆》一书中指出，除了个体记忆外，还存在着另外一种记忆，即社会记忆。他将集体记忆进一步延伸，也将独立的个体记忆置于社会属性中来探讨。《社会记忆》的主编者哈拉尔德·韦尔策将社会记忆概括为"一个大我群体的全体成员的社会经验的总和"，从中可以看出社会记忆的群体集合和社会经验这两大必备属性。

置于新媒体的环境下来看媒介和社会记忆的关系可以发现，新媒体占据了社会记忆产生的主要渠道，也成为重要的组成部分，新媒体公众群体的不断增长和媒介接触时间的扩张反映出个体对新媒体的依赖性在强化。媒介已经淡化了充当个体记忆和社会记忆的纽带作用，而融入二者之间，成为其组成部分。另外，新媒体也将社会记忆一次次激活并强化，随着新媒体技术的发展，记忆元素的丰富，以及新媒体和个体关系的深化，个体在使用新媒体的同时，新出现的记忆元素也将趋于遗忘的社会记忆唤醒，并在激活过程中起到强化作用。最后新媒体对社会记忆还起到重构的作用，哈布瓦赫认为集体记忆是对社会的建构过程，是立足于当下环境对过去记忆的重构。在新媒体技术的帮助下，对过去的记忆进行详尽梳理和数据分析成为可能，一些从当下视角出发的新元素不断浮出水面。

新媒体对社会记忆的最大帮助在于数字化技术的支持，既可以将新近产生的社会记忆置于互联网空间内传播，也可以将过去的历史记忆通过数字化进行存储。由此使得社会记忆的存储成本大大降低，过去需要笔墨纸砚，需要印刷仓储，需要磁带光碟这些物质载体来保留社会记忆，而新媒体则将既有的和未来的记忆通通数字化呈现，大大节省了记忆成本。而且数字化社会记忆的获取更加便利，或被动接受新媒体的筛选呈现来激活记忆，或主动在新媒体中搜索记忆元素来获取，节省记忆时间的同时也产生更多的记忆元素。另外数字化的保存方式，也使社会记忆真正超越时空而存在，印刷书籍的出现一度认为打破了传播的时间障碍，让信息可以永恒传播，但时间、霸权、战争、文化压制等都会出现对信息永恒的致命挑战，而新媒体的记录能力让记忆得到更好的保护，愉快的记忆、伤痛的记忆、该保护的记忆与不该存留的记忆都留存了下来，即使可以删除新媒体的信息也无法抹去留下的痕迹。

新媒体对社会记忆的转变产生了双重影响，新媒体带来的社会记忆多样化、长久化，很好地丰富并推动了记忆对社会的建构。而碎片化和快餐化，则使社会记忆的深度缺乏，产生社会记忆流于表面的危机，个体在跳跃和快速浏览中，社会记忆的影响力正在稀释。另外新媒体带来了社会记忆的情感化倾向，一方面新媒体语言的娱乐化，把关的放宽，使得记忆的煽动性更强；另一方面迎合公众口味，唤起更多个体记忆的共鸣的同时，却是让社会记忆的"愉悦"或"忧伤"等色彩标签更加明显。

（二）社会现实的再度重构

1. 虚拟环境

美国新闻评论家和作家沃尔特·李普曼指出"在社会生活层面上，人对环境的调适是通过'虚构'这一媒介进行的"，因此这个环境在某种程度上是由人类本身创造出来的，是外部世界在人们头脑中的景象。至于"虚构"的原因是因为客观世界是人们获取信息和认识的来源，而"直接面对的现实环境实在是太庞大、太复杂、太短暂了，人们并没有做好准备去应付如此奥妙、如此多样、有着如此频繁变化与组合的环境"。但人们无法逃离这个环境而生存，所以只能进行重构。

媒介传递外部世界的消息对人们的重构起到重要作用，从口语传播的小范围到电子媒介的"全球村"，媒介延伸了人们的触角去感知更为丰富的外部世界。但即便在如今这个看似无所不能的新媒介面前，依然无法真切地体验到本真的世界，一方面客观世界是庞大而复杂的；另一方面个人在主观认识世界上存在着差异，而"媒介+科技"只起到辅助作用，提供更多真实世界的信息，提供更多的认识渠道来弥补人未体验到的部分。因此，只要人们和外界世界还存在交集，虚拟环境就还会生成在人们的脑海中，人们无力消除，只能适当弥补，而相较于弥补个人认识能力的缓慢和微弱，"科技+媒介"是唯一仰赖的，媒介的演变和科技的发展让我们看到虚拟环境也是一个动态的过程。

2. 新媒体与虚拟世界

虚拟世界是依托互联网技术并基于人类心理需要开发出的模拟环境，虚拟环境源于真实世界，其中的场景设置、人物排列或多或少都来源于真实生活的反映，这样体验者才能有更深的浸入感，因此虚拟世界力求贴近现实世界来唤起体验者的共鸣；虚拟世界高于真实世界，体验者在虚拟世界中可以满足现实生活中无法实现的需求，在虚拟世界中穿越、生死、上天入地等这些随着千百年来人们诉诸神话幻想的心理需求，一一得以实现，在虚拟世界中人类已经成为"智神"；虚拟世界却又和真实世界有所不同，即使虚拟现实技术极力营造浸入感也无法给体验者带来等同于真实世界的多维感觉，视觉上3D的立体呈现和真实场景中的多感官接触相比少了许多质感，只能是作为工具来使用，帮助人类获得较人体感官更进一步的真切体验。

（1）虚拟技术

新媒体的技术正带来更丰富的虚拟世界体验，以网络游戏为例，线上游戏以视觉加感知元素的虚拟交互美学，逼真的场景和立体的人物带来视觉上的冲击，贴近真实的流血、交流、货币等元素产生感知上的共鸣。加上新媒体为线上游戏扩展了更广阔的平台，从网站线上，到电视 IPTV，到手机 App，多种形式的线上游戏满足着游戏玩家多种多样、随时随地的虚拟世界体验。

VR 技术（Virtual Reality）即虚拟现实技术是以计算机技术为核心，结合相关科学技术，生成与一定范围真实环境在视、听、触觉等方面高度近似的数字化环境，公众借助必要的装备与数字化环境中的对象进行交互作用、相互影响，可以产生亲临对应真实环境的感受和体验。这种 VR 体验基于对虚拟世界的进一步仿真，以多感知性、高存在感和交互性实现三维的动态体验。和之前的虚拟体验不同，体验者需要通过外接设备的帮助，实现虚拟世界的三维浸入感，而 VR 设备仍处在萌芽期，技术研发还在进行中，这也使外接设备成为获取 VR 体验的一个障碍。

AR 技术（Augmented Reality）即现实环境增强，是通过将计算机生成的虚拟物体、场景或系统提示信息叠加到真实场景中，从而实现对现实场景的增强。和虚拟现实 VR 技术不同，VR 是完全营造一个三维的虚拟世界，公众通过虚拟的仿真模拟达到身临其境的感觉，而 AR 技术通过外接设备实现的是虚拟信息和真实环境的叠加，虚拟信息的作用是辅助公众更好地感知真实世界。

AR 技术具备两大特征：①虚实结合：通过计算机图像技术将虚拟信息叠映在现实对象上，现实环境没有被取代或影响，反而因和虚拟技术的融合而增强，达到超越现实的感官体验。②实时交互：实时交互体现了虚实结合中虚拟对现实更深的依赖，AR 体验者通过外接设备获得增强体验，又将现实环境中的信息通过传感器传递给设备来获取反馈。

世界信息的复杂和人体感官的有限及进化的缓慢形成了天然的鸿沟，像镜子那般映射真实世界是人体本身永远无法企及的，"媒介＋科技"只是通过外在力量来改善这一现状，如果按照麦克卢汉的说法，电子媒体延伸的是人的中枢神经，那么虚拟现实媒介延伸的则是人的大脑，VR 帮公众模拟接近真实的体验，AR 为公众认识世界补充更多的信息，归根结底这些虚拟现实技术都是在弥补人脑重构世界的局限性，为了尽可能帮助公众获得真切体验从而使外部世界在公众头脑中的景象变得逼近真实。

（2）虚拟新闻业

技术的发展撬动了行业的变动，虚拟现实技术带来的是新闻行业的又一次变革，帮助个体在感知真实世界的道路上更进了一步。视觉传播呈现立体化和综合化是媒介一直以来的发展趋势，这是在丰富人们的感知，单一符号传播下的体验只是局部的展示，受限于感知而无法体验整体。报纸文本利用平面视觉来获取信息，虽有清晰的逻辑性但缺少形象直观，电视图像打破单一，形成视听结合，虽然形象直观却又稍显杂乱并且转瞬即逝，新媒体的复合信息虽然可以有的放矢地将信息送达，满足公众的多样需求，但公众的浸入感不强，参与限于知觉的平面维度，如文字互动、表情达意、视频传输等，虚拟新闻的出现真正地将新闻的信息元素立体化，等着公众去主动探知。

虚拟新闻也可以称为"沉浸式新闻"，因其最大特点是能带给公众沉浸新闻之中的体验，即在虚拟现实技术的帮助下公众能够在新闻报道中置身新闻现场之中，获得更丰富、更真切的体验。这是人类感知世界能力里程碑式的突破，互联网出现之时人们可以做到"足不出户而知天下事"，但这种感知仅限于知晓，而虚拟技术带来的是诉诸公众情感的相似感受，当公众改变自己的视角时，虚拟环境也会做出相应反应，并呈现出真实环境，从而使公众变成了参与者和目击者。从虚拟现实新闻的技术转变来看，主要发生在拍摄制作和收视设备上，虚拟现实新闻的拍摄对技术有着更高的要求，多台摄像机进行 360 度的实景拍摄,呈现出立体空间感,再通过后期技术的合成和对虚拟三维环境的打造,对音频的立体环绕处理,有时甚至需要技术手段模拟,最终实现虚拟现实环境的构建,大大增加了新闻的制作难度和成本。公众在收看时需借助虚拟现实的可穿戴设备,通过 VR 眼镜或头盔等科技产物的延伸,实现虚拟环境的穿越。从虚拟新闻行业来看,一方面推动了新闻业和技术的联合甚至是融合。新闻的传播一直离不开最新科技的帮助,印刷技术产生了书籍、报纸的传播,第二次工业革命带来了电子媒介的问世,而第三次科技革命更是将网络媒体推上历史舞台,但不同以往的是虚拟新闻实现了媒体和科技公司的真正联手共同生产新闻。另一方面推动了新闻报道内容的深化。VR 技术带来沉浸式的新闻体验,新闻的信息元素也成了三维状态,公众的真切感受正是来源于信息的立体式包围,每个方向的转头都会给公众留下多面的印象,另外 AR 技术带来了更多的信息补充,在观看新闻的同时,AR 可以呈现出更丰富的相关新闻和背景信息,帮助公众更全面地建构脑部图景。

整体来看,虚拟现实新闻产生了以下影响:首先解放了观众,公众可以直接参与新闻现场,更是在思维上,公众可以在多元立体的信息元素中搜寻自己的发现,找到自己的新闻视角。另外进一步打破了传受关系,传受的天平已从双向平衡开始向公众倾斜,传统意义上的传者演变成新闻信息的呈现者,只负责尽可能真实全面地呈现 360 度空间上的新闻元素,而从哪一度视角看去,吸收哪些有效信息,更像是公众主动的选择。最后带来极强的娱乐感,媒介的发展越来越贴合尼尔·波兹曼的娱乐生态,这种从虚拟游戏引进而来的技术,让每个观众都变成了新闻事件中的虚拟玩家,带来极强的趣味性和娱乐感,唯一和游戏的区别在于不能改变新闻的结果。虚拟现实新闻业还处在探索阶段,其技术上的不成熟、不稳定,成本上给双方带来的高昂代价以及理论和秩序建构上的缺失都是虚拟新闻业迫切需要解决的,但即便如此,虚拟新闻业未来也已经呈现出清晰的发展方向。

(3)虚拟文化产业

虚拟现实技术的渗透不仅仅在新闻行业,甚至对整个社会的文化产业的发展都起着作用。按照文化产业的分类来看:首先是在"生产与销售以相对独立的物态形式呈现的文化产品的行业",即虚拟现实技术对图书、影视、音像作品的影响。由于受限于技术、成本和拍摄难度等多方面原因,真正意义上完整的虚拟现实影视作品还未浮出水面,继好莱坞著名导演斯皮尔伯格宣布拍摄 VR 电影之后,罗布麦克莱伦拍摄完成了全球第一部被分级的 VR 微电影《ABE VR》,这一带有杀戮气息的 VR 电影给观众带来恐怖的沉浸感。即便如此,一个显著的发展倾向呈现在面前,加之断断续续在 VR 平台、景区、科技馆冒出的 VR 影像作品,VR 在文化产品行业的积极作用已是显然。其次是在以劳务形式出现的文化服务行业,如戏剧、舞蹈、体育、娱乐等的发展。最后是在向其他商品和行业提供文化附加值的行业如旅游文化上的作用。既包括公众可以足不出户获得相似的文化旅游体验,也包括在旅游景区主客双方更好地协调配合,一方面景区维护者可以通过虚拟现实更好地保护资源,对于易损耗、难修复的文物通过虚拟现实技术,来隔开游客的触碰，也提供了更优的游客体验。另一方面虚拟现实技术可以帮助逝去场景的再现，游客可以通过 VR 装置获得侏罗纪、秦汉时代、动画场景等客观世界无法触及的体验。再者虚拟现实技术可以帮助资源创造，对于特色或文物有限的景点，光靠大力宣传效果有限，如今借助技术可以在既有基础上创造新的景色。

有观点认为虚拟现实技术推动文化产业发展具有四个方面，"一是推动文化产品的内容创新；二是推动文化产品外在形式的创新；三是激发消费者新的文化需求；四是重塑文化产业的产业链，促进整个文化产业链条的升级"。如今看来，虚拟现实技术还停留在前两方面，且只在部分形态中出现，重塑文化产业链条并推动升级最终形成虚拟现实技术下的文化产业生态还有很长的路要走。

（三）公共信息的个体化实现

公共信息的个体化实现主要是指传播话语权的转移，过去的信息生产是传统媒体主导的、精英阶级的发声利器，而如今自媒体的成熟，话语权向平民阶级转移，大众媒介成了草根发声的平台，从而发现公共信息的生产个体化，公民新闻的崛起，以及公共信息的传播个体化，私人定制千人千面这两大现象。思考其原因，首先互联网平台的交际本质决定了依托该平台生长的新媒体所具备的交互特色；其次新媒体的全息性决定了各形态间必须相互依存的互动关系，各个媒介系统的有机联合构成的交互网络系统产生了一荣俱荣、一损俱损的效果；再者个人终端的兴起，使点对点的传播成为常态，彻底瓦解了传统媒体为中心的单一信息传播，诞生了多元网络结构。另外信息门槛的降低，打破了传统媒体对器材对技术对专业性的垄断，个人的微内容一样产生了传播价值。

1. 新媒体的信息分享

新媒体信息的内容更加多样化和平民化，这主要来自新媒体内容生产方式的变化。在传统媒体环境下，新闻内容生产是由专业领域员工的垄断行为，报纸的采访到印制，电视的采集到播出，相关新闻的制作都是专业领域的内部行为，流程是单向的生产到接受过程，受众是新闻传播过程中被动的客体。直到网络媒体的出现，为公众生产内容的兴起提供了适宜土壤，囊括海内、包罗万象的门户网站是一个提供信息内容服务的平台，一方面为了吸引足够多的浏览，需要庞杂的新闻信息，而庞大的公众流量又为提供多样个性化信息奠定了基础；另一方面商业网站没有获得新闻业务从业许可，成为缺少自主采编能力的媒体，这一劣势反而转变成为汇集公众提供信息的推动力。

随着网络的发展，信息从单向度的传播转变为双向的互动，有传递有反馈，且自由流动、循环往复。UGC（User Generated Content）公众生产内容模式顺风而呼，逐渐成为主流，形成了文学创作类、图片分享类、音视频分享类、社区论坛类、文件共享类、社交网络、维基类、博客类、微博类、电子商务类等多种表现形式。

公众生产内容大致分为两种：

（1）公众直接发布内容

公众编辑一条微博，发一张有新闻价值的图片或生活中拍下一段能引起注意的视频并上传等都属于该模式下的公众生产，公众以直接参与的方式生产内容，打破之前专业领域的垄断，有影响力的人发布的消息，如明星、领袖或普通人发布一条有影响力的消息，都能吸引人们的注意力，甚至能参与信息互动产生更大效应的消息极大地丰富了新闻信息的内容。

（2）公众间接生产内容

新媒体强大的互动平台成为众多有价值信息线索的诞生地，公众通过对信息的反馈提供信息生产者更多有价值的信息。例如，对一论坛问题进行回帖讨论，提供多一度视角，或信息的多一点儿要素，从而推动信息的反转或更新。另外，互联网强大的信息采集能力使得公众生产内容或有意上传或无意为之，只要出现在网络这个公共领域就有成为信息的可能。

UGC 是一种互动信息生产的良性循环，公众可以将获取到的信息通过多种渠道上传至公共平台，其他公众可以轻易地进行信息的参与和分享，并提供反馈，丰富互联网信息的同时也给其他公众提供源源不断的信息更新。UGC 也充分调动了公众的积极性，赋予公众更深的参与感和信息的丰富多样性。在此之前，公众是信息的接收者，由媒体筛选议题呈现，公众即使能找到具有亲近性的信息，但也是置身事外的看客，UGC 赋予平民话语权，公众可以一同登上信息高速列车，来参与信息运输。另外媒体生产内容时期，记者是一个博而不渊的职业，需要运用自己有限时间习得的各种知识完成信息报道，随着社会分工细化，专业领域的信息由专业公众生产，不仅可以丰富信息内容的种类，更可以提升信息的精确度。因此，媒介内容是新媒体复合技术及特征带动下自然而然形成的产物，相较于内容的表象呈现，模式的突破创新是根本。

2. 众筹新闻的生产

众筹新闻是一种依靠民众集资来制作新闻的方式，其大致过程为媒体记者或自媒体人以众筹网站和社交媒体为平台，发起新闻报道计划，面向公众筹集报道所需资金，资金筹集成功后，便开展调查和报道，作为回报，受助人在整个新闻报道过程中需及时向捐助公众呈现报道内容。它也是一种利用群策群力来做新闻的新形式，群力是因为群众的义务捐助是新闻得以顺利完成报道的保障，而群策是因为受众的智慧和兴趣倾向检验并决定了众筹新闻的报道方向。

众筹新闻的生产流程和体系中，受众替代了传统媒体中政府或经济集团的地位，成为出资人和把关人，记者不再向部门主编汇报选题，而是向受众展示，受众根据自己的兴趣和期望决定是否支持报道，并了解进展，参与其中最终获得的报道成果作为回报。对于新闻记者来说，摆脱了传统新闻制作中的层层束缚获得了适当的报道自由，可按照自己的兴趣，本着对受众负责的心态生产优质新闻；对于受众来说，既可以参与新闻报道，又可以以低成本途径生产高质量新闻。

众筹新闻是基于公众对新闻产品的需求难以满足而催生的产物，虽然开拓出了新闻报道的新形式，但问题也很明显，一方面受众的新闻素养不足以支撑其判断新闻选题的优劣，这种以市场来推动，社会来投资，受众来决定的方式使新闻在价值上大打折扣；另一方面发起人发布选题迎合投资的倾向明显，因此其商业主义倾向会对新闻价值和社会功能产生巨大挑战。

（四）新媒体传播与社会服务

新媒体传播形成了三大社会服务内容趋势，一是社会服务信息覆盖全面化，涉及出行、经济、教育、医疗等方方面面，和生活息息相关的信息日益丰富。二是社会信息服务专业化，新媒体不仅可以做到提供信息广，更可以做到信息的深度更深，以出行方面为例，新媒体可以提供分时段天气情况、最优交通方式、交通流量情况等周全齐备的服务支持。三是社会信息服务个性化，依靠私人定制或数据分析提供更适合使用者个人的个性化信息服务，过滤掉其他分散信息。基于新媒体提供社会服务的周全详备，公众依赖性也与日俱增，公众更是将这些服务信息视为自己日常生活必备的一部分。

新媒体的服务功能包括了以下几部分：

1. 信息提供

信息提供是媒介固有功能，也是其释放社会价值的所在，通过媒介信息的传递，人们获取外在消息，进而和人交流，最后形成对客观世界的主观图景。施拉姆在《传播学教程》中归纳了媒介的基本结构和功能，可以看出在结构的两端分别是信息内容和受众，而媒介充当的是传输信息内容给受众的中介，这决定了媒介的本身意义就在于传递信息。而新媒体作为一种新型媒介，信息提供是其首先要履行的职能，继承传统媒体固有的功能并发挥出自身的优势。

（1）新媒体信息提供的海量内容

信息成几何数的数量级传播于网络平台上，这是由新媒体媒介的海量性特征所带来的。对比传统媒体的媒介自身有着无法摆脱的制约，报纸受制于版面、广播受制于频率、电视受制于频道，可供信息内容呈现的时间空间是有限的，以至于传统媒体需要在信息中进行筛选，哪些更有价值。新媒体真正面向世界各地，公众群体更为多样，信息需求更广泛，传统媒体虽然技术上打破边界限制，但内容选择上还是倾向性地服务区域地区，再加上传播渠道更全能，信道容量可承载复合形态的信息元素高速传播，以及信息空间接近无限的存储等共同释放了海量内容的活力。

（2）新媒体信息提供的碎片化形式

媒介电子化后信息内容的逻辑性和全面性就大打折扣，到新媒体时代更是呈现出碎片化的样态。新媒体就像可以自由进行信息生产，不同信息提供者提供各式各样的信息，因此前后很难连贯形成体系，另外内容呈现也是 24 小时随时推送，未经专门的训练也没有一定的传统媒体下的专业素养，打破原先的传媒制作体制，形成碎片化生产、碎片化内容、碎片化呈现的流程。

（3）新媒体信息提供的反馈

信息反馈在新媒体时期有极大的可能性变成信息内容，新媒体的互动性为公众内容生产创造了条件，也第一次让媒体重视了受众的转变和来自受众的力量，连极具严肃的传统媒体也开始从公民新闻中获取有价值的素材。自此信息提供就打破了传统媒体的单向度、单线条传播，形成信息循环圈。

2. 产业价值

新媒体的产业价值演进路线为：规模化生产到网络规模化传播（互联网）到个性化搜索（搜索引擎）再到个性化传播（网络社区）。整个看来，最终的走向将是个性化的生产。虽然如今公民新闻已经崛起，实现了个性化内容的呈现，但从经济学角度考量完成生产还需要实现经济效益，即"个性化内容＋内容付费"成为常态才能称作"个性化的生产"。

新媒体的产业价值主要体现在以下四个方面：首先是新媒体的零成本传播，新媒体有固定成本，需要一次性投入设备、网络等成本，却有着无限趋近于零的边际成本，每次信息传播几乎不需要额外付出什么；其次新媒体有着巨大的市场，不仅新媒体公众的数量庞大，变现方式多样，内容影响还可以涉及周边交叉产业或者泛媒体产业，以至于如今几乎所有产业都会引入新媒体运营；再次新媒体的内容生产由规模化转向个性化，让个人端的信息生产产生价值；最后新媒体充分发挥了"长尾效益"。较互联网带来的长尾效益更进一步，新媒体商家不一定依托淘宝、亚马逊、京东等电商平台来获取"长尾效益"，新媒体本身就给存储和流通提供了足够大的渠道，如微商营销、微博商品营销、公众号软文营销等都提供给个体获取长尾收益的可能。

3. 社会教育

随着手机公众数量的逐年递增，手机成为继报纸、广播、电视和网络之后的"第五媒体"，日益成为公众生活中难以分割的组成部分，因此以个人手机为典型的新媒体成为人们获取信息的新渠道。

新媒体的社会教育在于首先提供了社会教育和信息流通的平台，新媒体自身的互动性和吸引来的公众群，形成了一个舆论场或者知识场，信息的交会讨论，为公众提供源源不断的新信息或自己信息框架中的盲点，奠定了相互学习、讨论相长的平台基础，当然目前的平台的优质信息较少，充斥着大量无效甚至负面信息，这也是新媒体需要重视社会教育功能的原因，过度娱乐化而忽视了媒体的社会职责。

4. 娱乐功能

新媒体环境下，媒介的娱乐功能分为新媒体本身的娱乐性和新媒体内容的娱乐性。首先新媒体本身是娱乐化的，由传统的机器和人的互动，转变为人和人之间的互动方式，如电视通过画面来娱乐受众，而网络则通过平台上的多媒体内容促进公众与公众之间的交互来达到娱乐的效果，比较起来传统机器的娱乐方式更固定和单一，且是相对而论的，不同受众可能会产生迥异的体验，而新媒体的人际互动，则提供了动态的、多样的娱乐方式，在人际互动中，同类相吸引产生更优的娱乐体验；其次新媒体的内容极具娱乐性，碎片化、大众化的信息迎合着公众的胃口，公众通过浏览轻松的信息获得精神上的欢愉，新媒体运营者通过制造轻松的内容来吸引公众获取收益，双方相互依存，互利共赢。

商业消费和娱乐的结合形成产业化是新媒体的趋势，新媒体更动态、多样的娱乐方式和新媒体自身的趋利本质使两者的结合、新媒体信息的呈现不仅在于信息娱乐的形式，更在于信息娱乐的产业化，信息娱乐作为第三产业中的新型产业，正取代工业产业中能源作用，成为新的经济增长点。

第二节 汉语言文学专业概述

一、专业课程一览

（一）古代汉语

古代汉语是指汉族在古代使用的语言形式，包括先秦时期、两汉、三国、南北朝、隋唐、宋元明清等历史时期的汉语形式。它与现代汉语在词汇、语法和发音等方面存在着一定的差异。

1. 通论部分

①文字：介绍汉字的构造和演变，包括古今字的比较和异体字的形成与使用。

②词汇：比较古代汉语与现代汉语中词义的异同，探讨单音词和复音词的本义和引申义。

③语法：讲解古代汉语的词法和句法规则，包括词性、语序、句式等方面的内容。

④音韵：介绍古代汉语音韵的基础知识，包括音位的分类和发音特点，并简要概述上古音的记音方法。

⑤古书的注解：解读古代文献中的注解，包括注解的种类、形式和注释的方法等。

2. 文选部分

在文选部分，将选择一些经典的古代汉语文献进行阅读和分析，旨在通过文本学习，加深对古代汉语的理解和运用。选取的文本可能包括古代诗词、史书、哲学著作等。

通过本课程的学习，学生将对古代汉语的文字、词汇、语法、音韵和古书注解等方面有较为全面的了解，培养对古代文献的阅读和研究能力，提高对古代汉语文化的理解和把握。

（二）现代汉语

本课程主要涵盖现代汉语的基础理论和基本知识，依据国家语言文字政策，以汉民族共同语（普通话）为基础。课程分为语音、文字、词汇、语法和修辞五个部分，内容概括如下。

①语音：学习现代汉语的音位系统和音变规律，包括声母、韵母、声调等方面的知识。通过训练，提高学生的标准发音和口语表达能力。

②文字：介绍现行汉字的构造和基本知识，包括汉字的结构、部首、偏旁、笔画顺序等。学习常用汉字的书写规范和常见字形变异。

③词汇：学习现代汉语的词汇系统和词义辨析，包括词语的构词规律、词义的多样性和辨析技巧。通过词汇训练，提升学生的词汇量和词语运用能力。

④语法：系统学习现代汉语的基本语法规则和句子结构，包括词类、语序、句型、成分关系等。掌握常见的语法现象和用法，提高语言表达的准确性和流利性。

⑤修辞：介绍现代汉语修辞手法和表达技巧，包括比喻、夸张、排比、修辞问答等。通过修辞分析和练习，培养学生的文采和表达能力。

通过课程学习，学生将系统了解现代汉语的语音、文字、词汇、语法和修辞等方面的基本知识和规则。通过语言分析和训练，培养学生理解、分析和运用现代汉语的能力，提高语言表达和沟通的效果。同时，课程也符合国家语言文字政策，推动普通话的规范使用和推广。

（三）中国古代文学史

本课程是汉语言文学专业的基础课程，涵盖中国古代文学史和历代文学作品选两部分。课程旨在系统阐述和揭示中国文学的发展过程和规律，深入研究各个历史时期的文学作品和文学现象，并对文学观念和文学潮流的发展变化进行探讨。以下是课程内容的概要。

①中国古代文学史：介绍中国文学的发展历程，从古代开始，包括先秦文学、汉魏六朝文学、唐宋文学、元明清文学等各个时期的文学特点和代表作品。着重分析文学思潮、文学流派、文学理论的演变，探讨文学作品与社会背景、历史变迁的关系。

②历代文学作品选：选取不同时期和流派的文学作品，涵盖诗歌、散文、小说、戏曲等多种文学形式。通过分析和评价作品的思想、艺术风格、创作技巧等方面，深入理解文学作品的内涵和价值，探讨作品对当时社会和文学发展的影响。

③文学观念和文学潮流：研究不同时期的文学观念、创作理念和文学潮流的兴衰变化。重点关注文学思想的演变、文学理论的形成和影响，以及文学作品在不同时期中所反映的文化价值观和审美观念。

④文学流派分析：对各个时期形成的文学流派进行深入研究，包括诗派、散文派、小说派、戏曲派等。探究不同流派的特点、代表作品和影响，分析其在文学史上的地位和作用。

通过本课程的学习，学生将全面了解中国古代文学的发展历程，掌握不同时期文学作品的特点和价值，理解文学与社会、历史的相互关系。同时，通过对文学观念、文学潮流和文学流派的分析，培养学生对文学作品的批评和评价能力，提升对文学艺术的欣赏和理解水平。

（四）中国现代文学史

中国现代文学史是对中国近现代文学发展过程和作品进行系统研究的学科。以下是中国现代文学史的内容提要。

①时代背景和文学变革：介绍中国近现代的社会、政治、文化背景，包括晚清时期

的文化危机、五四运动的思潮冲击、新文化运动的兴起等。重点探讨这些时代背景对文学的影响和文学变革的发生。

②文学思潮和学派：分析中国近现代文学的思潮和学派，包括新文化运动、马克思主义文学、抒情主义、现代主义等。研究各个思潮和学派的理论观点、作品特点和影响。

③代表作品和作家：选取中国近现代文学中的代表作品和重要作家进行分析和研究。包括诗歌、散文、小说、戏剧等不同文学体裁的作品，涉及鲁迅、胡适、巴金、茅盾、沈从文、老舍等知名作家。

④文学批评和文学理论：研究中国近现代文学的批评观点和理论，包括文艺复兴、现代主义批评、马克思主义文艺理论等。分析文学批评对作品的评价和影响。

⑤文学与社会变革：探讨中国近现代文学与社会变革的关系。研究文学作品对社会现象、历史事件、政治运动等的反映，分析文学在社会变革中的作用和意义。

通过学习中国现代文学史，学生可以深入了解中国近现代文学的发展轨迹和特点，掌握各个时期和流派的文学作品和代表性作家，理解作品与时代背景、思潮变迁的关系。同时，通过对文学思潮、学派和作品的分析，培养学生对文学作品的批评能力，提升对文学艺术的鉴赏和理解水平。

（五）中国当代文学史

中国当代文学史是对中华人民共和国成立后至今的文学发展过程和作品进行系统研究的学科。以下是中国当代文学史的内容提要。

①时代背景和文学变革：介绍中华人民共和国成立后至今的社会、政治、文化背景，包括新中国成立后的文学政策、社会主义文学运动、改革开放以及当代中国社会的变革。重点探讨这些时代背景对文学的影响和文学变革的发生。

②文学思潮和学派：分析中国当代文学的思潮和学派，包括社会主义现实主义文学、"文化大革命"文学、后现代主义文学等。研究各个思潮和学派的理论观点、作品特点和影响。

③代表作品和作家：选取中国当代文学中的代表作品和重要作家进行分析和研究。包括小说、诗歌、散文、戏剧等不同文学体裁的作品，涉及余华、莫言、王小波、杨绛、北岛、贾平凹等知名作家。

④文学批评和文学理论：研究中国当代文学的批评观点和理论，包括马克思主义文艺理论、后现代主义批评、文化研究等。分析文学批评对作品的评价和影响。

⑤文学与社会变革：探讨中国当代文学与社会变革的关系。研究文学作品对社会现象、历史事件、政治运动等的反映，分析文学在社会变革中的作用和意义。

通过学习中国当代文学史，学生可以深入了解中华人民共和国成立后至今的文学发展情况和特点，掌握各个时期和流派的文学作品和代表性作家，理解作品与时代背景、思潮变迁的关系。同时，通过对文学思潮、学派和作品的分析，培养学生对当代文学作品的批评能力，提升对文学艺术的鉴赏和理解水平。

（六）外国文学史

外国文学史是对世界各国文学的发展过程和作品进行系统研究的学科。以下是外国文学史的内容提要。

①古代文学：介绍各个国家和地区古代文学的发展，包括古埃及文学、古希腊文学、古罗马文学、古印度文学等。研究古代文学的流派、作品特点和影响。

②中世纪文学：探讨中世纪各国文学的发展，包括中世纪英国文学、中世纪法国文学、中世纪德国文学等。分析中世纪文学的主题、风格和文学流派。

③文艺复兴与启蒙时期文学：研究欧洲文艺复兴时期和启蒙时期各国文学的发展，包括文艺复兴时期的意大利文学、启蒙时期的英国文学、法国文学、德国文学等。重点探讨人文主义思潮、宗教改革和启蒙运动对文学的影响。

④浪漫主义与现实主义文学：分析19世纪浪漫主义和现实主义文学在欧洲和其他地区的兴起和发展。研究浪漫主义作品的主题、情感和艺术风格，以及现实主义作品的社会批判和真实描写。

⑤现代主义与后现代主义文学：研究20世纪现代主义和后现代主义文学的发展，包括美国现代主义文学、拉丁美洲魔幻现实主义文学、法国存在主义文学等。分析现代主义和后现代主义的文学实验性质、主题多元性和形式创新。

通过学习外国文学史，学生可以了解各个国家和地区的文学发展历程、文学作品的风格特点和思潮变迁。同时，通过对外国文学的研究，拓宽视野，丰富文化知识，培养学生的跨文化交流能力和对多元文化的理解和欣赏能力。外国文学史的学习也有助于学生对比分析不同国家和地区的文学作品，从中汲取灵感和启示，提升自身的文学创作和理论研究能力。

（七）写作学

写作学是研究写作过程、写作技巧和写作理论的学科。它涉及对各种文体和文体特征的研究，以及对写作风格、修辞手法、结构组织等方面的分析和探讨。以下是写作学的主要内容。

①写作过程：研究写作的整个过程，包括预写、写作、修订和编辑等阶段。探讨创作灵感的来源、构思的方法、素材的选择和组织，以及如何表达思想和情感。

②文体与风格：研究各种文体（如小说、散文、诗歌、戏剧等）的特点和表现方式。分析不同文体的语言风格、叙事结构、节奏韵律等方面的特征，以及如何运用适当的文体和风格来表达作者的意图。

③修辞与表达：研究修辞手法的运用和语言表达的技巧，包括比喻、象征、排比、夸张等修辞手法的分析，以及如何运用清晰、生动、富有感染力的语言来传达信息和引起读者的共鸣。

④结构与组织：探讨文章的整体结构和段落的组织方式。研究起承转合、主题句、论证和逻辑推理等方面的写作技巧，以及如何使文稿有条理、连贯和易于理解。

⑤修订与编辑：讲述修订和编辑文稿的重要性，并提供相关的技巧和方法，包括修改语言错误、改进句子结构、精简文字、提高文采等方面的指导，以及如何通过反复修改和润色来提升文章的质量。

写作学的学习可以帮助人们提升写作能力，培养思维的清晰性和表达的准确性。它也有助于培养批判性思维、分析问题的能力和提高文字表达的艺术性。通过学习写作学，人们可以更好地理解和欣赏文学作品，并将所学的写作技巧应用于各种写作任务，包括学术论文、商业文书、创意写作等领域。

（八）语言学概论

语言学是研究语言的科学学科，主要关注语言的结构、使用和演变等方面。它探讨语言的各个层面，包括语音、语法、语义、语用和语言历史等，并研究语言与思维、社会和文化之间的关系。以下是语言学的主要内容。

①语音学：研究语音的产生、传播和感知。它涉及音位（语言中的音素）、音节、音系和语音变体等方面的研究，以及语音的声学特性和语音知觉的原理。

②语法学：研究语言的句法结构和句子的组织规则。它关注词类、短语结构、句子成分和句法关系等方面的分析，以及句法规则的形式和功能。

③语义学：研究语言的意义和符号表示。它研究词义、句义和篇章意义等方面的语义关系，以及语言符号与概念、世界知识和推理之间的关联。

④语用学：研究语言在特定语境中的使用和交际功能。它探讨语言的言外之意、指代、话语结构和语用规则等方面，以及言语行为的原理和社会语言交际的规范。

⑤语言历史学：研究语言的演变和变化。它追踪语言的历史发展，包括语音演变、词汇变迁、语法变化和语言联系等方面，以及语言接触、语言家族和语言分布的研究。

⑥心理语言学：研究语言在个体心理过程中的表征和加工。它关注语言习得、语言记忆、语言理解和语言产生等方面的认知过程，以及语言与思维、注意和记忆之间的关系。

⑦社会语言学：研究语言与社会因素的相互作用。它考察语言在社会群体中的使用、变体和社会意义，以及语言和社会身份、社会地位和文化背景之间的关系。

（九）文学概论

文学概论是一门介绍文学基本概念和理论的课程，旨在帮助学生了解文学的本质、特点和研究方法。以下是文学概论的主要内容。

①文学定义和特点：介绍文学的定义和本质特征，包括文字表达、艺术性、情感表达和人类经验的反映等。

②文学体裁：探讨不同文学体裁的特点和分类，如小说、诗歌、戏剧、散文等。分析各种体裁的结构、风格和表现手法。

③文学史和流派：概述不同时期和地区的文学发展历程，介绍不同文学流派和代表作家，了解文学作品在历史和文化背景中的地位和意义。

④文学理论：介绍文学批评和研究的基本理论，如形式主义、结构主义、后现代主

义等。了解不同理论对文学作品的解读和分析方法。

⑤文学分析和解读：培养学生分析文学作品的能力，包括文本分析、主题探究、人物塑造和情节发展等方面。学习文学解读的基本原则和方法。

⑥文学与社会：探讨文学与社会、历史、政治和文化之间的关系。分析文学作品对社会现象和人类价值观的反映和批判。

⑦文学与其他艺术形式：研究文学与绘画、音乐、电影等艺术形式之间的关联和相互影响。探索文学与其他艺术形式的交叉创作和表现方式。

⑧文学欣赏和评价：培养学生对文学作品的欣赏能力，学习文学评论和评价的基本标准和方法。了解文学作品的价值和意义。

通过学习文学概论，学生可以获得对文学的整体认识和深入了解，培养对文学作品的欣赏和批评能力，拓展对文化、历史和人类经验的理解。此外，文学概论还为学生进一步深入研究特定文学领域或文学理论奠定基础。

（十）语文教学论

语文教学论是一门研究语文教学原理、方法和策略的学科。它涵盖了语文教学的各个方面，包括教学目标、教学内容、教学方法与策略、评价与反馈等。以下是语文教学论的主要内容。

①语文教学目标：明确语文教学的总体目标和具体目标，如培养学生的语言表达能力、阅读理解能力、文学鉴赏能力等。

②语文教学内容：确定语文教学的核心内容，包括语言知识、语言技能和文学知识。设计合适的教材和教学资源，使学生获得全面的语文素养。

③教学方法与策略：选择适合的教学方法和策略，包括讲授法、讨论法、实践法、合作学习等。灵活运用不同的教学方法，激发学生的学习兴趣和积极性。

④评价与反馈：建立科学有效的评价体系，对学生的语文学习进行评估和反馈。采用多样化的评价方式，如考试、作业、项目等，帮助学生提高学习效果。

⑤教学环境和资源：创造良好的语文教学环境，包括课堂氛围、教学设备和资源的利用。充分利用图书馆、多媒体设备、互联网等资源，丰富语文教学内容和形式。

⑥学生差异与个性化教学：重视学生的个体差异，采用个性化教学方法，满足学生不同的学习需求和能力水平。关注学生的情感需求和兴趣，培养他们对语文学习的积极态度。

⑦教师角色和素养：探讨语文教师的角色和素养，要求教师具备扎实的语文知识和教学能力，能够引导学生主动参与、独立思考和合作学习。

⑧教育技术与语文教学：研究教育技术在语文教学中的应用，包括多媒体教学、在线学习和智能化教育等。探索教育技术对语文教学的促进作用和挑战。

（十一）音韵学

音韵学是语言学的一个分支领域，研究语音的产生、传播和变化规律，以及音素、音位和音系等语音单位的组织和相互关系。它主要涉及以下几个方面。

①音素与音位：音素是指语音中最小的、在不同词语中可以互相替换的单位，而音位则是在某一语言中区分词义的基本音单位。音韵学家通过对语言中的音素和音位进行系统研究，揭示不同音素之间的异同和在不同上下文中的变化规律。

②音系与音变规律：音系是指一个语言中所有音素的总体组合，包括其分类、分布和相互关系。音变规律研究不同语音单位在不同环境下的变化规律，如音位的浊化、辅音的失去等，揭示语音变化对于词义的影响。

③语音传播和声音变化：音韵学关注语音的传播和变化过程。通过对不同地区、社会群体和语言接触情况下语音的变化进行研究，可以了解语音演变的规律和声音的扩散路径，揭示语音变化的原因和机制。

④声调和音韵体系：声调是一种语言特征，通过音高的升降和音调的组合来区分词义。音韵学家研究声调在不同语言中的存在形式、变化规律以及与其他音韵要素的关系，探究声调对于语言的功能和结构的影响。

⑤语音实验和声学分析：音韵学运用实验方法和声学分析技术，通过实验记录和声音数据分析，来研究语音的物理性质、感知规律和产生机制，进一步验证和支持音韵学的理论假设。

音韵学的研究对于了解不同语言的音系和音变规律、探究语音演变和语言接触现象、改进语音教学和语音识别技术等方面具有重要意义。

（十二）训诂学

训诂学是研究古代文献解释和注释的学科，主要涉及对古代文献的文本内容、语义和修辞等方面进行分析和解释。它的研究对象主要包括经典文献、古代文学作品、史书、碑铭、文化遗产等，旨在还原古代文献的原意、揭示文献的历史背景和文化内涵。

训诂学的研究内容主要包括以下几个方面。

①古籍考订：对古代文献进行考证和校勘，包括整理文献版本、校对错讹、纠正传抄错误等工作，旨在恢复文献原貌，还原作者原始意图。

②文本解读：对古代文献的词句、句子、篇章等进行解读和分析，厘清文本的语义和修辞特点，揭示作者的思想、文化背景和时代氛围。

③文献考据：通过对古代文献的比对和对照，考察文献的互文关系、引用和影响等，揭示文献之间的联系和演变过程。

④释文注疏：对古代文献进行释义和注释，解释生僻词汇、古语用法和典故，帮助读者理解文献内容和文化内涵。

⑤修辞分析：对古代文献中的修辞手法和表达方式进行分析，揭示作者的修辞意图和文学风格，帮助读者欣赏和理解文学作品。

训诂学的研究方法包括文献考证、文本比较、语义分析、修辞学和历史文化研究等，需要广泛运用古代文献、辞书、词典、注疏和研究成果等资料来支撑研究工作。训诂学的发展对于古代文献的保护、研究和传承具有重要意义，也为古代文化的研究和传承提供了理论和方法支持。

（十三）汉字文化学

汉字文化学是研究汉字的起源、演变、结构、形态、意义、应用以及与汉字相关的文化现象的学科。它探讨汉字所承载的丰富文化内涵，包括语言、文字、历史、哲学、文学、艺术等多个领域。汉字文化学的研究旨在深入了解汉字的形成和发展过程，揭示汉字与中华文明的密切关系，以及它在文化传承和交流中的作用。

汉字文化学的研究内容主要包括以下几个方面。

①汉字的起源和发展：研究汉字的起源、进化和演变过程，追溯古代文字的形成和汉字的衍变，探讨汉字的发展与汉族文化的历史演进之间的关系。

②汉字的结构和形态：研究汉字的构造、笔画、字形和字义等方面的规律和特点，揭示汉字的结构体系和形态美学，探讨汉字的书法艺术和字体设计。

③汉字的意义和文化内涵：探讨汉字的词义、典故、象形意义、引申义等方面的意义和文化内涵，研究汉字与中华文化、哲学思想、历史事件等之间的关联。

④汉字的应用与传承：研究汉字的应用领域，包括汉字的教育、文化传承、文学创作、广告设计等方面的运用，探索汉字在现代社会中的价值和作用。

⑤汉字文化的传播与交流：研究汉字在国际交流和跨文化交流中的地位和作用，探讨汉字的国际教育和汉字文化的国际传播。

汉字文化学的研究方法包括文字学、考古学、历史学、语言学、文化人类学等多学科的交叉研究方法，需要广泛运用古代文献、铭文、金石、字书、辞书、语料库等资料来支撑研究工作。

（十四）中国古代文献学

中国古代文献学是研究中国古代文献的学科，旨在系统地整理、研究和保护中国古代的文献遗产，揭示其中的历史、文化和学术价值，以及对于理解古代社会、思想和文化的重要性。它涵盖了各种形式的古代文献，包括古代经典、史书、古籍、碑刻、铭文、手抄本、官方文书、私人信函等。

中国古代文献学的研究内容主要包括以下几个方面。

①文献整理与考订：对古代文献进行整理、分类、编目和校勘工作，还原文献原貌，确立准确的版本，恢复文献的完整性和准确性。

②文献研究与解读：对古代文献进行深入研究，分析文献的内容、结构、风格和意义，揭示文献背后的历史、文化和思想内涵。

③文献价值与意义：探讨古代文献对于研究古代历史、文化和学术的价值，以及对于现代社会的启示和借鉴意义。

④文献保护与传承：开展古代文献的保护、修复和数字化工作，推动古代文献的传承与普及，确保文献的永久保存和利用。

古代文献学的研究方法包括文献学、历史学、考古学、语言学、文化人类学等多学科的交叉研究方法，需要运用古籍文献的研究技法，如校勘、鉴定、注释、辑佚、编目等。此外，古代文献学还需要借助考古发现、碑刻研究、实地调查等手段来辅助文献研究工作。

通过中国古代文献学的研究，人们可以深入了解古代社会的政治、经济、文化、宗教、法律等方面的情况，还原历史真相，挖掘古代思想和学术的宝库，丰富我们对于中华文明的认知。

二、汉语言文学专业的性质

汉语言文学专业的性质，从其专业名中即可得到相关的理解。首先是"语言"，其次是"文学"，其中"语言"起修饰"文学"的作用，"文学"是中心词，二者呈偏正关系。在此结合汉语言文学相关专业课，来理解汉语言文学的性质。

（一）语言性

汉语言文学专业的语言性指的是该专业对汉语言文学的研究和学习所强调的语言方面的特点和性质。作为一门语言学专业，汉语言文学专业关注的是汉语的语言系统、语言规律和语言运用。以下是汉语言文学专业的语言性的一些特点。

①语言结构和形式：汉语言文学专业关注汉语的词汇、语法和句法结构，研究汉语的基本构成和组织方式，包括词语的形态变化、句子的语序和句法关系等。

②语音和音韵：汉语言文学专业研究汉语的音系、音变规律和音韵体系，包括声母、韵母、声调等音素的分类和变化规律，以及音韵学上的相关概念和理论。

③语义和语用：汉语言文学专业关注词语和句子的意义和使用情境，包括词义的解释和词语之间的关联关系，以及句子的语义结构和语用功能。

④修辞和文体：汉语言文学专业研究修辞手法和文体特征，包括汉语的修辞方法和表达技巧，以及不同文学体裁和文体形式的特点和应用。

⑤语言变异和历史：汉语言文学专业关注汉语的历史演变和语言变异，包括不同历史时期的汉语形式和用法的差异，以及汉语在不同地区和社会群体中的方言和口语变体。

通过对汉语言文学专业的语言性的学习和研究，学生可以深入理解汉语的语言特点和规律，掌握汉语的正确表达和运用技巧，并在文学创作、文学评论和语言教学等领域发挥专业能力和独特贡献。

（二）文学性

文学性是指文学作品所特有的、与其他类型作品不同的性质和特点。它是文学作品所具有的艺术性和文学价值的表现。以下是文学性的一些主要特征。

①想象力和创造力：文学作品具有丰富的想象力和创造力，通过作者的表达和构思展现出独特的艺术形象和情感体验。文学作品可以创造出各种虚构的世界和人物，引发读者的联想和思考。

②文学语言和表达：文学作品具有独特的语言风格和表达方式。作者通过精心选择

的词汇、句子结构和修辞手法，创造出富有音乐性和美感的文学语言，使作品具有独特的艺术味道。

③深度和内涵：文学作品往往具有深度和内涵，通过对人类生活、情感、道德和社会问题的思考和揭示，展现出丰富的人性和社会意义。文学作品常常通过寓言、象征和隐喻等手法，传递更深层次的主题和观念。

④故事性和叙事技巧：文学作品通常包含一个或多个故事情节，通过叙事的方式展现出人物的行动和心理变化。作者通过叙事的技巧和结构安排，使作品具有引人入胜的情节发展和悬念，吸引读者的兴趣。

⑤情感和共鸣：文学作品通过对情感的表达和描写，引发读者的情感共鸣。作品中的情感体验可以是喜悦、悲伤、愤怒、恐惧等，通过对人类情感的深刻揭示，拉近了作品与读者之间的距离。

⑥主体性和个性化：文学作品往往反映了作者的个人观点、思想和感受。每个作品都具有独特的主题和风格，展现了作者独特的个性和创作追求。

文学性是文学作品与其他类型作品的重要区别，它使文学作品成为一种独特的艺术形式，能够给读者带来美的享受和思想的启示。

（三）文学教育性

文学教育性指的是通过文学教育培养学生的人文素养、审美情趣和思维能力的特点和目标。文学作为一种艺术形式和文化载体，具有丰富的教育价值和作用。以下是文学教育性的几个方面。

①人文素养的培养：文学作品反映了人类的智慧、情感、道德和价值观念等方面的内容，通过接触和研究文学作品，学生能够深入了解人类的文化传统、历史变迁和思想发展，培养对人类文明的理解和尊重。

②情感体验和情感教育：文学作品中丰富的情感体验能够激发学生的情感共鸣和情感表达能力，帮助他们更好地理解和处理自己的情感，培养情感情操，提高情商和社交能力。

③审美情趣的培养：文学作品具有独特的艺术美感，通过欣赏和鉴赏文学作品，学生能够培养审美情趣，提高审美能力和鉴赏水平，从而更好地欣赏和理解艺术作品，培养对美的追求和欣赏力。

④思维能力的培养：文学作品中包含复杂的情节、人物关系和思想内涵，通过分析和解读文学作品，学生能够具有批判性思维、逻辑思维和创造性思维等多方面的思维能力，提高问题解决能力和表达能力。

⑤文化传承和身份认同：文学作品承载着民族、地域和个体的文化特点，通过接触和研究本土文学作品，学生能够更好地了解和认同自己的文化身份，培养对本土文化的传承和发展的责任感。

三、汉语言文学学习的重要性

汉语言文学是中国传统文化体系中辉煌灿烂且密不可分的一个部分。中国文学由瑰丽奇特的上古神话开端，历经《诗经》《楚辞》、诸子散文、汉赋、魏晋诗文、唐诗、宋词、元曲、明清小说，再到现当代文学。中国文字由甲骨文开始，历经金文、大篆、小篆、隶书，再到如今使用的行书和楷书，无论是连绵不断的文学脉络，还是语言文字的发展演变，都无不与传统文化及时代风貌相契合。

随着中国国际地位的日益提高、综合国力日益增强以及汉语言文学本身的大放光芒，国外汉语言文学学习掀起热潮。

近年来，汉语言文学的学习热潮席卷世界，国外亿人学习汉语，汉语在美国、韩国、日本、法国、德国等国跃居为第二外语。汉语言文学的学习之所以十分重要，除了汉语言文学是中国传统文化体系的一部分之外，学习汉语言文学对于个人来讲就像是春风之于万物。主要体现在：

（一）有利于提高人文素养

学习汉语言文学可以显著提高人文素养。以下是汉语言文学学习对人文素养的一些益处。

①增强对文化传统的理解：汉语言文学是中国悠久文化传统的重要组成部分，通过学习汉语言文学，可以深入了解中国文化的历史、价值观、思想体系和艺术风格，提升对文化传统的理解和认同。

②培养审美情趣：汉语言文学作品融汇了丰富的情感、形象和意境，通过欣赏和阅读文学作品，可以培养审美情趣，提高欣赏艺术作品的能力，并培养对美的追求和欣赏力。

③增强人文关怀与同理心：汉语言文学作品描绘了丰富的人物形象和社会生活，通过阅读这些作品，可以感受到人们的情感、痛苦、喜悦和追求，增强对他人的理解和同理心，培养人文关怀的态度。

④拓宽思维广度与深度：汉语言文学作品具有复杂的结构、丰富的隐喻和象征，通过研究和分析文学作品，可以培养批判性思维、逻辑思维和创造性思维，拓宽思维广度与深度，提高问题解决和表达能力。

⑤培养文学创作与表达能力：学习汉语言文学可以激发个人的文学创作和表达潜力，通过模仿和学习经典文学作品的写作风格和表达技巧，提高自己的写作能力和文学表达能力。

综上所述，学习汉语言文学对提高人文素养具有积极影响。它不仅丰富了个体的文化知识，更重要的是培养了对文化传统的理解和认同、审美情趣、人文关怀与同理心、思维能力和文学创作能力，使学习者在人文领域具备更全面的素养。

（二）有利于提高道德品质

学习汉语言文学有助于提高个体的道德品质。以下是一些汉语言文学学习对道德品质的积极影响。

①道德启蒙：汉语言文学中经常涉及人类的道德思考和行为，通过学习文学作品中的人物形象、道德抉择和伦理问题，可以启发个体对道德价值观念的理解和认同，从而塑造积极的道德品质。

②道德审美培养：文学作品通常包含着美好的道德情感、品质和行为，通过欣赏和阅读这些作品，可以培养个体对道德美的欣赏和追求，提高道德审美能力，并借此激发自身的道德觉悟和行为。

③道德情感培育：汉语言文学作品中的人物形象和情节常常触动人们的情感共鸣，通过接触和理解这些情感体验，可以培养同情心、善良心和慈悲心等道德情感，使个体更加关心他人、关爱社会。

④道德思考与决策：汉语言文学作品中常常涉及道德困境和抉择，通过研究和分析这些作品，可以培养个体的道德思考能力，提高面对道德冲突时做出正确决策的能力，塑造正直和负责任的道德行为。

⑤道德意识的培养：学习汉语言文学可以提供一种道德意识的环境和氛围，让个体在阅读和讨论中不断思考和反思自己的道德观念和行为准则，从而培养道德自觉和责任感。

通过汉语言文学学习，个体可以在接触优秀文学作品的过程中，接受道德价值观念的熏陶和洗礼，提高道德品质和素养。这种学习不仅使个体在个人生活中更加正直和善良，还能在社会互动中发挥积极的道德引领作用，为社会和谐与进步做出贡献。

（三）有利于充实自己的精神

学习汉语言文学有利于充实个体的精神世界。以下是一些汉语言文学学习对个体精神充实的积极影响。

①文学作品的思想深度：汉语言文学作品中蕴含着丰富的思想内涵，包括人生哲理、社会观察、人性探索等。通过阅读和研究文学作品，个体可以接触到不同的思想体系和观点，丰富自己的思维方式，提升思考的深度和广度。

②情感的丰富表达：文学作品通过丰富的语言表达和情感描写，能够触动人的内心世界，唤起各种情感共鸣。通过阅读文学作品，个体可以体验到多样的情感体验，丰富自己的情感世界，增强情感表达的能力。

③人物形象的塑造：文学作品中的人物形象是作者艺术创作的产物，他们的性格特点、命运遭遇和情感经历可以激发人的想象力和共鸣。通过接触和分析这些人物形象，个体可以拓宽自己的人生视野，思考人类存在的意义和个体的人生价值。

④文化传承和认同：汉语言文学作为中华文化的重要组成部分，承载着丰富的文化内涵和历史传统。通过学习汉语言文学，个体可以更好地了解和认同自己的文化根源，加深对中华文化的理解和热爱，形成对传统文化的传承意识。

⑤精神享受与放松：阅读文学作品是一种精神享受和放松的方式。在繁忙的生活中，通过阅读文学作品，个体可以进入作品的世界，与作者进行心灵的对话，感受美的享受

和心灵的宁静。

通过汉语言文学学习，个体可以开阔思维、丰富情感、拓宽人生视野，从而充实自己的精神世界。这种充实不仅可以给个体带来思想上的满足和情感上的丰富，还能为个体提供心灵的栖息和精神的滋养。

（四）有利于规范人们的行为

学习汉语言文学有助于规范人们的行为。以下是一些汉语言文学学习对规范行为的积极影响。

①道德意识的培养：汉语言文学作品中常常涉及人与人之间的道德问题，如善恶、正义、诚信等。通过接触和思考这些作品，个体可以提高道德意识，明确和认同正确的道德价值观，并在实际生活中将其应用于行为规范。

②角色建构与行为模范：文学作品中的人物形象往往具有一定的行为模范性，他们的善良、勇敢、努力等品质可以成为个体行为的参照和榜样。通过学习文学作品，个体可以借鉴其中的行为模式，规范自己的行为举止。

③道德冲突的思考：文学作品中常常描绘了各种道德冲突和伦理困境，个体通过接触这些作品可以拓展自己的道德思考能力，学会权衡利弊，做出符合道德规范的决策。

④价值观的反思和修正：文学作品可以引发对个人价值观的反思和修正。通过阅读和思考作品中的人物命运和故事情节，个体可以审视自己的行为和价值观，发现其中的偏差和不足，并努力修正和改善自己的行为准则。

⑤文化传统的尊重和继承：汉语言文学承载着中国丰富的文化传统，其中包含着对人伦道德的思考和传统伦理观念。通过学习汉语言文学，个体可以更好地了解和尊重传统文化的价值观，将其融入自己的行为准则中，规范自己的行为。

通过汉语言文学学习，个体可以获得道德意识、行为榜样、道德决策能力等方面的提升，从而对自己的行为进行规范和调整。这种规范行为的影响不仅体现在个人的日常行为中，还能对社会道德建设产生积极的影响，推动社会秩序的良好发展。

第三节　新媒体环境下文学类课程教学改革策略

一、新媒体环境下汉语言文学所面临的机遇

虽然在新媒体环境下，汉语言文学受到了网络用语的冲击，受众地位和作用在逐渐降低，但是不能否认，新媒体的迅速发展也确实给汉语言文学教学带来了新的机遇。

（一）利用网络资源丰富教学内容

现今，新媒体发展迅速，为了使汉语言文学教学能够跟上时代的发展步伐，那么在平时的教学过程中，一定要懂得利用网络资源来给自身进行一定的优化。我们也知道，在新媒体环境下，它的网络教学资源是极为丰富的，我们可以抓住这一点，利用网络资

源丰富汉语言文学的教学内容,结合汉语言文学题材、教学目标等,以文字、图片、视频、动画等多种载体形式,将汉语言文学更加生动、形象地呈现出来,便于学生对其中的人物特点、故事背景等内容进行深层剖析,并将当下网络热点话题与汉语言文学教学相结合,使汉语言文学教学回归生活,帮助学生养成良好的汉语言思维方式,以及规范的用语习惯。

(二)利用网络资源创新教学方式

在新媒体迅速发展的情况下,我们可以利用其进行教学方式的创新。在传统的教学中,老师一般都是采用板书教学,这样的教学方式虽然可以使学生跟上教学进度,但是由于文字的单调性以及教学方式的僵化,学生难免兴致缺缺。为了改变这种现象,我们可以利用网络资源来进行微课教学。

"微课"是指以视频为主要载体,记录教师在课堂内外教育教学过程中围绕某个知识点(重点难点疑点)或教学环节而开展的精彩教与学活动全过程。

1. "微课"的组成

"微课"是一种基于视频和辅助教学资源的教学形式,它以一个主题或一个教学单元为核心,通过课堂教学视频、教学设计、素材课件、教学反思、练习测试、学生反馈和教师点评等多种辅助教学资源的组合来呈现教学内容。这种资源的组织和呈现方式共同构建了一个半结构化、主题式的学习环境,使学习者能够更好地理解和应用所学知识。

2. "微课"的主要特点

"微课"具有以下特点。

①综合性资源:"微课"不仅包含课堂教学视频,还包括与教学主题相关的多种辅助教学资源,如教学设计、素材课件、教学反思、练习测试、学生反馈和教师点评等。这些资源的综合运用可以提供更全面、多样化的学习体验。

②主题化学习:"微课"以一个主题或一个教学单元为核心,通过多种资源的组合来深入探讨和展示该主题下的知识和技能。这种主题化的学习方式有助于学习者更好地理解和应用所学内容。

③半结构化环境:"微课"通过有序的组织关系和呈现方式,为学习者创造了一个半结构化的学习环境。学习者可以按照自己的节奏和需求选择和学习不同的资源,从而更好地满足个体化学习的需求。

④反馈和评价:"微课"中的学生反馈和教师点评等辅助性资源可以提供学习者的反馈信息和教师的评价指导。这种及时的反馈和评价有助于学习者更好地理解和应用所学内容,并提高学习效果。

总的来说,"微课"是一种多种教学资源综合运用的教学形式,它能够提供更全面、主题化的学习体验,帮助学习者更好地理解和应用知识,促进个体化学习和提供及时的反馈与评价。

（三）建立多元化、多样化的教育方式

回顾以往的汉语言文学教学经历，我们可以发现，由于受到传统思想的束缚，老师的教学方式一般都是采用传输—接收的"填鸭式"教学，偶有互动，也是浅尝辄止，这样的教学方式对调动学生学习兴趣以及凸显学生主体性地位有着不利的影响，甚至在一定程度上会限制汉语言文学的发展。在这样的情况下，我们的教学方式必须进行优化，利用网络资源使用多元化以及多样化的教学方式。

网络教学资源具有较强的可塑性，能够实现对汉语言文学教学课程的优化，通过调整教学内容结构和顺序，能够利用丰富的网络资源，使汉语言文学教学更加灵活多变，实现对教学空间的拓宽和延伸。比如，在汉语言文学鉴赏教学中，可以让学生代替老师站在讲台上，暂时成为主讲人，借助网络丰富的资源做出自己的教案，进行班级讲授，讲授者在班级内随机挑选。这样一场实验性的课堂上下来，不仅能够增强学生的信息整合能力、文学鉴赏能力和语言表达能力，还可以让年龄偏高的讲师体会新生代学生的心理态势和语言系统，一举两得。

总的来说，想要在新媒体环境下不至于被淘汰，汉语言文学就必须认清现状，并结合现状利用新媒体来对自身进行优化，通过这样的方式来推动汉语言文学教学的进步。

二、新媒体环境下文学类课程教学现状

在新媒体环境下，文学类课程的教学现状呈现出一些新的特点和变化。以下是一些可能的教学现状。

①多样化的教学资源：随着新媒体技术的发展，教师可以利用各种数字化和在线的教学资源来支持文学类课程的教学。这包括电子书籍、在线文学作品、文学评论和解读的视频和音频资源，以及在线讨论平台等。这些资源丰富了学生获取文学知识和理解文学作品的途径。

②交互性和参与度提升：新媒体环境下的教学可以更好地提高学生的交互性和参与度。通过在线平台和社交媒体，学生可以积极参与讨论、分享自己的观点和感受，与教师和其他学生进行互动交流，从而加深对文学作品的理解和思考。

③跨时空的学习体验：新媒体使得学生可以更方便地接触到不同时期、不同地域的文学作品和文学批评，实现跨时空的学习体验。学生可以通过在线平台浏览和研究经典文学作品，参与在线文学研讨会，与来自不同地方的学生一同学习和交流，拓宽视野和文学认知。

④个性化学习和自主学习：新媒体环境为学生提供了更多自主学习的机会。学生可以根据自己的兴趣和学习进度选择学习资源，自主安排学习时间和方式。在线学习平台还可以提供个性化的学习建议和反馈，帮助学生更好地规划和管理学习。

⑤文学创作与传播的融合：在新媒体环境下，学生有更多机会参与文学创作和传播。他们可以通过博客、微博、短视频等平台展示自己的文学作品，与其他人分享创作成果，与读者进行互动。这种创作与传播的融合，促进了学生的创造力和表达能力的发展。

三、以文本为主的文学类课程教学内容的改革策略

改革策略是为了更好地教授以文本为主的文学类课程，以下是一些可能的改革策略。

①多元化的文本选择：传统的文学教学常以经典文学作品为主，但改革中可以引入更多多元化的文本选择，包括当代文学作品、跨文化文学、少数民族文学等。通过多元的文本选择，可以拓宽学生的文学视野，增加他们对不同文化和时代的理解。

②阅读体验的重视：将阅读作为核心的教学活动，鼓励学生深入阅读文学作品。教师可以引导学生进行细致的文本分析，探究作品的意义、结构、风格等方面。同时，鼓励学生表达自己的阅读体验和理解，促进思考和讨论。

③批判性思维的培养：培养学生的批判性思维是重要的目标之一。教师可以引导学生对文学作品进行批判性分析，让他们思考作品中的意义、价值观、文化背景等，并提出自己的观点和见解。通过批判性思维的培养，学生能够更深入地理解文学作品，并发展自己的独立思考能力。

④跨学科的整合：将文学与其他学科进行跨学科的整合，促进学科间的交叉学习和综合能力的培养。例如，可以将文学作品与历史、哲学、社会学等学科相结合，探讨文学作品与时代背景、社会变革、思想观念等的关系，帮助学生更全面地理解作品的内涵。

⑤创新的教学方法和技术应用：利用创新的教学方法和技术应用来激发学生的学习兴趣和参与度。例如，可以运用数字化技术、多媒体资源、在线讨论平台等，为学生提供多样化的学习体验和交流平台。同时，教师可以设计探究性的学习任务和项目，让学生主动参与和合作。

⑥考虑学生个体差异：在教学过程中，要充分考虑学生的个体差异，尊重学生的兴趣、学习风格和学习需求。

四、以新媒体为辅助的文学类课程教学方式的改革策略

改革策略是为了更好地利用新媒体辅助文学类课程的教学，以下是一些可能的改革策略。

①创造互动学习环境：利用新媒体平台和工具创建互动学习环境，如在线讨论平台、社交媒体、博客等。学生可以在这些平台上分享自己的观点、发表评论，与教师和其他学生进行互动交流。这种互动学习环境能够促进学生之间的合作和讨论，加深对文学作品的理解。

②多媒体资源的利用：利用新媒体提供的多媒体资源，如音频、视频、图片等，丰富文学教学的呈现方式。教师可以使用音频剧、视频解读、艺术图片等来引导学生对文学作品进行感知和理解。多媒体资源的运用可以激发学生的学习兴趣，提升他们对文学作品的感受和体验。

③运用虚拟实境技术：利用虚拟实境技术，创造虚拟的文学世界，使学生能够身临其境地体验文学作品。通过虚拟实境技术，学生可以参与文学情节，与文学人物互动，更加深入地理解作品的情节、人物形象等。

④引入在线合作项目：设计在线合作项目，让学生在小组中共同探究文学问题或完成文学创作任务。通过在线协作工具和平台，学生可以分工合作、交流分享，并共同完成文学项目。这样的项目可以培养学生的团队合作能力和创造力，同时增加他们对文学的深入探索。

⑤提供个性化学习支持：借助新媒体技术，提供个性化的学习支持。教师可以利用在线学习平台提供个性化的学习资源和指导，根据学生的学习需求和兴趣，推荐适合他们的文学作品、扩展阅读、学习任务等。这样可以更好地满足学生的个体差异，激发他们的学习兴趣和积极性。

第二章 新媒体环境下中国文学生产机制

第一节 新媒体改变了中国文学的生产方式

一、新媒体创造了文学活动的新环境

20世纪90年代以来，中国逐渐进入"新媒体"时代。新媒体的应用，最开始只是作为一种新的传播介质，后介入文学活动。新媒体所营造的文学新环境，创造了全民自由参与的虚拟时空，带来了新的文化逻辑，打破了传统的文学规约，改变着传统的文化观念，重建着文学秩序，为文学发展提供了新的可能。

（一）全民自由参与的虚拟时空

新媒体为每个人提供了平等和自由的话语环境，让他们可以自由表达自己的观点、情感和创作。这种平等和自由的环境使得文学活动不再受限于少数知识精英，每个人都有机会参与其中，从而重塑了传统的文学秩序和话语权威。

通过新媒体，文学活动的参与者可以跨越传统媒体的限制，自由地进行创作、发表和评论。他们有了时间和空间的自由，可以在任何时候、任何地点参与文学活动，表达自己的观点和创作。这种自由的虚拟时空为个体提供了展示个性和特点的机会，让他们暂时忘却现实生活中的身份束缚，追求自我表达和个性展示。

然而，虚拟时空中的自由也带来了一些挑战和问题。一方面，个体在追求自我表达的过程中可能标榜特立独行，刻意追求异质的写作格调，甚至攻击他人，违背道德底线。另一方面，个体在新媒体中的自由表达也可能面临异化和标准化的问题，追求热门话题和潮流，失去了真实和独特性。

因此，在新媒体介入的文学活动中，需要平衡个体的自由表达和社会的规范。同时，也需要关注个体在虚拟时空中的价值认同和道德意识，避免滥用自由权利和攻击他人。只有在平等、自由和负责任的前提下，新媒体才可以真正成为文学活动的有益补充，促进文学的多样化和发展。

（二）新媒体带来新的文化逻辑

新媒体的出现确实打破了过去知识分子对文化的垄断，使大众成为文化活动的主体。这种转变在文学创作中表现为深度模式的削平、主体性的缺失、历史意识的弱化以及距离感的消失等特征，这与后现代主义文化的特点相呼应。图像为主导的影视媒体通过感性符号的表现特征，削弱了语言的指向性。

互联网和新媒体对滋生和传播后现代文化精神起到了重要推动作用，计算机和手机成为这一过程中的关键角色。在新媒体时代，网络连接了世界，每台计算机和手机都成为接收和传播信息的终端。网络的平等参与和自由性打破了既有的话语等级秩序，呈现出众声喧哗的局面，任何声音都很难成为权威。此外，网络上的用户几乎无法留下真实的痕迹，只有虚拟的名字和 IP 地址。

新媒体创造的文学活动新环境拓宽了文学的领域，给文学创作、接受和批评提供了多种可能性。当前的文学发展已经改变了传统文学发展的条件和制约。全民自由参与的虚拟时空和新的文化逻辑为文学生产机制的改变创造了条件，社会的文学生产也面临持续的调整和发展。此外，新媒体还给文学本身的特点带来了变化，迫使文学突破传统的规范。不同的媒体平台为文学的生产、创作、传播和接受提供了多种可能性。这些新变化可能是在传统条件下难以预测和接受的，已经出现的新变化极大地挑战了人们对文学经验、文学观念和文学理想的认知。因此，我们需要研究当前正在发生和即将发生的新变化对文学的影响。

二、新媒体改变了文学活动的主体与组织形式

新媒体时代，作家身份完成了由传统的启蒙者、社会精英向普通大众的转变，而文学的组织方式也打破当代文学前 30 年政治规约下的组织化和一体化。任何人都可以参与文学写作，不再受身份的限制，实现了"平民的文学"。网络文学社团、新的读书沙龙和微信平台是传统文学社团在新时代下的演变，其借助网络将更多的文学爱好者组织起来，进行文学创作，坚守文学。

（一）作家身份的嬗变：从精英到大众

在中国文化的历史过程中，文化权力逐渐下移到了更广泛的人群中，知识精英化逐渐平民化。在文字出现之前，知识文化一直被少数人掌握，普通人缺乏读写能力，因此文学创作也是少数人的专利。即使在印刷术和机械的时代，文学创作仍然由少数人掌握，大众只是被动的接受者，没有形成文学创作的自觉。

然而，随着新媒体时代的到来，文学创作门槛大大降低，写作变得更加平民化。只要有写作欲望，拥有一台能上网的计算机，并且会打字，任何人都可以进行文学创作。论坛、博客、社交媒体等平台上充满了自由表达的文字，文学成为普通大众生活的一部分，成为记录和体验生活的方式。新媒体时代是全民作家的时代，文学不再是少数人的专利，任何人都有机会进行创作，呈现出非职业化和平民化的趋势。随着文学创作主体从知识精英向普通大众转变，文学也不再崇高高远，而是更贴近生活。

网络数字空间的平等性和包容性使得与文学无关的身份因素，如年龄、性别、种族、相貌、财富、权势等，在数字化的文学空间中变得无关紧要。文学摆脱了束缚，每个普通大众都可以参与其中，无须受限于身份。这种平民化的文学意识在人们心中滋生。每个所谓的文学圈外人士都有机会进行文学表达，民间话语权真正崛起，全民作家的时代正在到来。

（二）作家的组织形式：体制的"逾越"

中国当代文学前30年是"准政治"下的文学生产，作家在文联和作协的领导下开展创作——"领导出思想，群众出生活，作家出技巧"。自20世纪80年代中期以来，作家的组织形式改变了，文联和作协组织功能弱化，甚至有作家退出作协，成为"自由撰稿人"。在新媒体时代中，又出现了因共同的文化立场、价值倾向所建立的网络文学社团和文学同人群落等新的组织形式。写作者的文学活动正超出"体制"的范围，并以新的方式组织在一起。

1."体制内作家"与"自由撰稿人"并存

随着文化体制改革的深入和市场经济的兴起，传统的文学体制逐渐瓦解，为文学的存在创造了新的可能性。在这个过程中，出现了"体制内作家"与"自由撰稿人"，他们的出现凸显了文学的多样性和宽容性。

"体制内作家"与"自由撰稿人"摆脱了文化管理部门的约束，直接面对市场和读者群体，追求独立思想和自由人格的实践。他们打破了过去严格的组织方式，摆脱了单位制度的束缚，开始在制度之外寻求自我价值。然而，作家身份的转变也带来了创作自由性与生存困难性之间的冲突。

脱离单位后，"自由撰稿人"没有了固定的经济收入，需要依靠卖作品为生，面临着物质来源的不确定性。因此，他们需要更广阔的表达、传播和市场空间。然而，不幸的是，市场、传媒和资本等因素成了新的障碍，使得原本自由的空间出现了新的限制。金钱的诱惑和生存的焦虑让一些自由撰稿人受到新的奴役，放弃了自己的文学理想，为了经济利益而写作。

在新媒体时代，写作不再具有某种神圣的意味，成了每个人都可以涉足的领域。写作者的创作可以大致分为两类不同的价值取向。一种是标榜自身文化资本，在表达灵性的同时展示精神品格，他们的作品可以划归为"严肃文学"；另一种是将写作作为生计，将文学创作视为生产，追求文学的娱乐性、消遣性和经济性。总之，在新媒体时代，写作超越了体制的界限，在体制之外出现了文学的繁荣。

2.多样的新文学群落：文学同人的聚集

新媒体时代，产生了因共同的文学理想聚集在一起的同人团体，如网络文学社团、文学读书会以及微信朋友圈等。他们作为有别于传统组织化、一体化的文学组织形式，应该得到充分关注，这些新的文学群落为考察当下社会民间的精神生活以及文学生活提供了一个新的视角。

（1）网络文学社团

文学研究会、创造社、新月社、莽原社、未名社等文学社团的建立组织起了中国新文学队伍，为新文学的发展做出了积极贡献。然而，在当代文学秩序的建立过程中，自发的文学社团逐渐消失，作家的文学创作被纳入文化部门的管理中。不过，随着新媒体时代的到来，互联网上再次出现了文学社团活动，并呈现出一些新的特点。

与传统的文学社团相比，网络文学社团在发表周期短、作品容量大方面更为突出，为更多的文学爱好者提供了实现文学梦想的空间。网络平台的交互性也促使文友之间得以及时交流。这些文学社团以创作群体的身份出现，因着相近的文学理想和追求而聚集在一起，每个社团都有自己的文学主张和组织原则。相较于经济化的文学写作，这些社团代表了一股纯净的文学力量，在网络文学环境中扮演着"绿化树"的角色。

这些网络文学社团的主页上通常设有名家评论专栏和理论专栏，著名作家、评论家如葛红兵、施战军、洪治刚、季桂起、曹建国、许自强、马原等发表专业评论。理论专栏涉及重点作家、热点现象、知名作品的专题评论，如"80后"作家、"90后"作家、鲁迅研究、苏童研究、网络文化等。这些评论增强了网络文学的理论内涵，对引导网络文学向高层次发展起到了推动作用。它有助于扭转网络文学发展的低俗化倾向，而且评论者的加入也是他们在新媒体时代对文学活动方式转型的积极适应。

（2）线上与线下结合的读书会

在新媒体时代，传统的"读书沙龙"确实重新出现并且变得更加活跃。许多读书爱好者在互联网平台上有组织地聚集在一起，分享他们的阅读体验、心得和见解。这种组织形式为读者提供了一个相互交流、学习和讨论的空间。他们可以讨论各种文学作品、社会现象、文化趋势等，并邀请相关专家和学者进行讲座和分享。

这些读书会不仅在全国各地兴起，还在许多高等院校和初等院校中成为文学教育和语文学习的一部分。它们以组织的形式展开读书活动，为繁忙的人们提供了一个重拾精神世界的场所。这些读书会的存在不仅鼓励人们多读书、广泛阅读，还促进了阅读文化的传承和发展。它们为人们提供了一个共同探索、理解和欣赏文学作品的平台，帮助读者更好地理解和应用所读的书籍。

通过参与读书会，人们可以结识志同道合的朋友，扩大自己的文学视野，深化对文学作品的理解，同时也能够在互动中获得更多的启发和思考。这种组织形式在新媒体时代为读者提供了更广泛、更自由的交流和分享读书心得的途径，促进了读书文化的繁荣和传承。

（3）微信朋友圈的文学分享交流

微信的朋友圈功能使得相似背景和兴趣的人聚集在一起，形成了一个类似社交群体，他们可以在这个平台上分享自己对热点问题的看法、产生争论，并转载一些文章来表达自己的立场。这种分享和交流的方式突破了传统的时空限制，使得人们能够更广泛地传播和讨论自己的观点和感受。

此外，微信网民对朋友圈公众号的共同关注也间接体现了相近的价值立场。公众号是传统刊物在面对新媒体时代新的传播形势下所做出的策略性调整，通过在微信平台上建立公众号来吸引更多的关注者，并适应新的读者阅读要求。这些公众号可以是文学刊物、文化评论、作家专栏等，它们为读者提供了定期更新的内容，满足了读者对文学、文化等方面的需求。通过关注这些公众号，读者可以获取最新的文学动态、作家观点、文化评论等信息，丰富了自己的阅读体验。

总的来说，微信平台作为一个社交媒体，为文学爱好者提供了一个方便、快捷的分享、交流平台。通过朋友圈和公众号等功能，文学爱好者可以在这个平台上与志同道合的人分享自己的观点和体验，获取最新的文学信息，拓宽自己的文学视野。这种新媒体形式为文学的传播和交流带来了新的可能性，并促进了文学爱好者之间的互动和共同成长。

三、新媒体促成了新的经济化文学生产模式

（一）文学网站的文学生产线

网络写手作为在文学网站或网络平台上发布作品并通过点击率和作品排行获取稿酬的作者，在经济化的文学生产模式中崛起。他们的作品需要达到一定的标准才能与网站签约并获得报酬，因此经济收益成为他们追求的重要目标。然而，对于大多数写手来说，收入并不丰厚，成为"超级写手"或"白金写手"需要满足更新速度快、小说质量高的要求。

文学网站的栏目设置和文学生产模式的推动也促进了类型文学的兴起，各种类型的文学作品如玄幻、仙侠、言情、校园、军事等都在网站上出现。这些分类详尽的文学作品更像是文化工业的产物，文学被批量化生产，并且阅读者的偏好将决定写作者的创作内容和方式。商业利益成为新的文学评价标准，这可能会导致作品的审美品质和文学内涵的丧失。

然而，这种过度强调写作速度和经济利益的商业写作趋势对文学的审美品质构成了威胁，可能导致文学的粗制滥造和文学的健康发展受到影响。尽管网络上出现了各种品质、风格的作品，但以消费和娱乐为导向的商业化趋势占据主导地位。经济化的文学生产带来了文学的繁荣，但也无意中导致了文学的人文内涵和审美价值的缺失。我们需要警惕艺术成为市场的奴隶。

在经济化的文学生产中如何保障原创文学的质量是一个需要思考的问题，也是对写手们在追求经济价值的同时所提出的期待。

（二）利用网络资源的生产形式

新媒体的出现确实改变了传统的书写方式，使得文学作品可以更快地完成和传播。键盘输入代替了传统的笔纸书写模式，大大提高了写作速度和信息传播的便利性，实现了文学的即写即发。同时，新媒体还具有复制技术的特殊功能，使得文字可以轻松地在不同空间进行复制粘贴。这种条件下衍生出的文学生产形式是利用网络资源拼贴的方式，根据特定主题和关键词，在网上搜集相关文字篇章，进行筛选和整合，再进行简单的排版和封面设计，最终结集出版。这种方式满足了消费者对于热点文学现象的即时阅读需求，但也引发了盗版图书和版权争议的问题。

在互联网时代，各种文学艺术形式通过新媒体进行生产和传播。然而，无论是写作者还是信息消费者，很少关注作品的归属和版权问题，对网络版权意识淡薄。然而，网络作品和传统著作同样是智力成果，都应该得到版权的保护。网络版权指的是合法权利人将作品上传到互联网上，允许他人使用作品并从中获得报酬的权利。由于互联网的开

放性、速度性和复制性，使得信息传播和资源共享变得方便，但相对于传统作品，网络作品的版权保护存在困难。当前，人们对传统出版下的版权保护更加重视，而对于网络传播的信息，版权意识还不够，这为一些不法分子随意使用他人成果获取经济利益提供了便利。盗版行为使得创作者无法获得相关收益，影响了创作的积极性。在网络时代，需要探索并建立网络服务商、著作权人和公众共赢的文学生产发展道路，重视和保护网络版权。

另一种利用网络资源进行生产的形式是利用网络的人力资源，充分发挥集体的力量。众包模式指的是将过去由职工完成的工作任务以自由自愿的形式承包给网络大众完成。企业不再需要雇佣全职员工，而是通过虚拟的网络社区，招募适合的人才共同完成任务。

第二节　新媒体改变了文学创作观念与形式

文学观是指如何理解和看待文学。新媒体改变了传统的文学创作观念。在这个多元化的社会环境当中，文学很难再承担唯一的价值和意义，不同的作家也因不同的文学追求，在文学活动中践行着言志载道或是娱情快意的文学观念。文学作品的内容、艺术样式和美学品质因数字技术的介入出现了新的思想意蕴和审美品质。

一、文学创作观念的重塑：从言志载道到娱情快意

作家的文学创作观念与社会历史时期的政治、经济、文化和思想状况密切相关。他们的文学观念受到"一般世界情况"所塑造的"普遍精神力量"的影响，并同时受到教化功能和审美功能的共同塑造。

20世纪90年代以来，文学所依赖的社会条件发生了巨大变化。市场经济的确立促进了物质繁荣，随之而来的是全新的文化态度。大众文化和消费文化盛行，传统的精英文化在商业利益的驱使下逐渐边缘化。尽管文学开始摆脱"启蒙"或"救亡"的重负，拥有自主的发展空间，但在经济驱动下，越来越多异质的声音盘旋在"纯文学"的上空。

进入新媒体时代，文学不再受政治或经济功利主义的束缚，更加注重抒发自我的功能，回归到表达人的精神世界的自由本质，强调个人情感的展现。虽然有些作家和读者仍然将文学视为神圣的事物，但更多的创作者持有自由创作的态度。他们逃避庄严的要求，独立表达自己的思想和情感，不受限于固定的规范。新媒体时代的文学创作观念以个体为出发点，然后回归到个体。然而，有时候一些作家将文学当作游戏、娱乐和发泄的途径。不过，这种快感脱离了性本能，而是思维和情感的喷发与流动。

正是这种自由姿态展现了文学的活力。通过自由的文学创作，我们看到了现代人真实的精神世界、价值取向和文化立场。透过文学的窗口，我们更关注人的存在。这些都与新媒体时代自由的文学创作和传播平台密不可分。自由是一切艺术的人文起点和终极母题，也是文学精神的根基。

二、作品内容与艺术形式的转型

新媒体在文学中的介入，改变了文学的内容和艺术形式。文学体裁、题材到表现手法都出现新的样式，文学发展出现新的趋势："小叙事"与"超长篇"是新媒体环境中出现的新文体；类型文学则是商品化文学生产的产物，充满本能欲望；多媒体技术丰富了文学的表现形式。新的社会文化环境和新的媒介环境给文学发展带来了新的可能，也是当下社会生活对文学提出的要求。

（一）网络新文体："小叙事"与"超长篇"

在新媒体时代，文学体裁的稳定体系被打破，新的文体应运而生，而传统的文体则正逐渐消亡或整合。传统的文类划分已经无法适应当今文学的新发展，新兴的文学样式正在打破传统文类的规约，网络文体快速发展，并逐渐形成了新的审美范式，得到普通大众的接受。

反体裁已经成为当前时代的主导模式。在全民写作的时代，大量非专业作者由于没有接受过正规的文学训练，对文体意识的重视较低，他们更倾向于即兴创作、发表感想，而不像传统的精英写作需要经过深思熟虑，根据所要表达的内容选择合适的文类。网络时代下，随性而为的写作态度导致了文体的泛化、界限的模糊，文学文体呈现出无序化的状态，传统文体的严整性逐渐消失，自由散漫的文体逐渐成为主流。作家们抛开传统诗歌、小说、散文、戏剧等文体的规约，随心所欲地在键盘上流露所见所思所想。在这个过程中，一些新的文体应运而生，如一些短小精悍的"小叙事"形式，如"博客体""日志体""短信体""微博体""微信体""网络民谣（段子）""电子广告""超长篇"小说等。

新媒体时代的文学发展使得文体呈现多样化和开放化的趋势，为作家们提供了更大的创作空间和自由度，同时也带来了文学审美标准的多元化。这种变化既是文学发展的一种必然结果，也是时代变迁的反映。

（二）类型化题材：充斥着本能欲望的虚构世界

在现代文学发展中，根据对文学题材和主题的认识，传统的题材划分已经无法完全包括当下的文学内容。新媒体时代以来，出现了新的题材形式和分类方式。通过扫描各大文学网站主页，可以看到题材分类大致涵盖了玄幻、奇幻、科幻、仙侠、武侠、言情、都市、历史、军事、游戏、竞技、灵异、同人等。这些题材既包含超越现实的想象元素，也有基于现实的叙述，还有再现历史的回望，它们指向人们在现实生活中无法实现的欲望，涉及权力、爱情、新奇等方面的向往。作家通过对生活的深入挖掘，将文学题材延伸到各个领域，包罗万象，无所不谈，使得当代文学变得丰富多样，许多话题的禁区也被打破。这一切归功于网络写作和发表的自由，不再受传统文学生产、审查和发表的严格限制。

网络为类型小说的消费提供了超市化的服务，也为写作和接受提供了新的互动模式。在网络上，读者的欲望被放大和细分，他们可以选择符合自己喜好的作品。众多的文学类型满足了不同读者的阅读偏好。然而，类型文学创作本身也面临着标准化和平均化的命运，变得类似于普通消耗品，失去了作为精神产品的独特性。类型文学的商业化发展已经被纳入文化产业的经济效益。一些作家只需紧跟读者的喜好，按照固定的模式进行创作，而不再考虑生活的真实性，这导致了大量内容相似的复制和拼贴现象，也带来了网络文学粗俗化的趋势。然而，无论如何，在这种"高度架空"的写作中，作家们仍然创造和满足着阅读者的欲望，反映着特定时期的社会文化和心理状态。

三、多媒体语言：声像并茂的逼真体验

在新媒体时代，科学技术的应用对文学创作产生了深远影响。除了传统的文字表达，多媒体技术引入了声音、图片、视频、动画、录像、数码摄影、影视剪辑等多种形式，丰富了文学的表现手段。多媒体语言的应用可以同时调动人类的多重感知，创造出身临其境的感觉。一些需要通过几页散文来表现的景象，可能在新媒体创造的影像中就能立即呈现，弥补了文字表达的有限性。这使得读者能更快地进入审美状态，并将物体从同一连续的印刷文字空间中解放了出来。

传统的单一文字表达具有间接性，需要转意、思索和领悟。如果缺乏一定的阅读能力和理解力，无法将抽象的文字符号组合成有意义的内容，并生成具体的想象画面。文字在某种程度上的抽象性限制了读者的欣赏体验。多媒体语言在文学写作中的应用可以加深对事物的认识和理解，形成互文的阐释效果。随着自媒体的发展，人们通过个人终端将即时的见闻和感受以文字和图片的组合形式分享在互联网上。在日常生活中，人们更倾向于用直观的声音和图像来直接表达和体验情绪。这种展示方式中的细节丰富性使一种新的写实主义流行起来，创造出一种身临其境的感觉。

然而，多媒体语言的应用除了带来新的审美范式外，也可能产生一些负面影响。图像化的结果使审美变得直观，剥离了文字所蕴含的言外之美，传统文本中的留白被图像填补，失去了反复体味的美感。阅读者的想象、思考和分析能力也受到影响。电子技术挑战了传统的真实观念，不再仅是对现实生活和客观世界的真实再现，而是一种超越真实的状态，比真实还真实。影像不再是再现或虚假意识的遮掩，而成为真实本身。

四、文学美学品质的变异：从追求崇高到美学追求的多元化

文学作为一种艺术形式，总是受到特定历史条件和社会风尚的影响，并在作品中间接地反映出来。因此，文学的美学品质与时代息息相关，它能够反映特定时代的精神气息。21世纪以来，新的传播媒介已经不再只是一种工具或手段，而是已经融入所承载的内容，成为审美价值的一部分。互联网为文学提供了新的生态环境，其中的后现代意义指向着中心的消解和个体的凸显，正在逐渐消解集体价值下的唯一崇高文化，创造出崇高、优美、喜剧、悲剧、丑陋和滑稽共存的文学现场。

避开崇高，回归日常生活，开启了世俗化的道路。日常生活确认着人的价值，使人脱离了"神性"的存在，而与尘世的琐事相连。在新的历史条件下，人们的基本生存欲

望得到了满足，涉及性、物质和情感的欲望都得到了合法的认可。当"活在当下"成为现世人生的追求时，摆脱泛政治的压抑变得急不可待，美好的"天堂"在现世的绚丽中变得越发遥远。

网络、手机等媒介的参与将社会文化的塑造融入其中，为世俗化的快乐审美、感官刺激和文化消费提供了新的可能性。新媒体的互动性、自由性、即时性和随意性吸引了大众的广泛参与，为文化的创作和传播提供了有效的工具和手段，也为多元审美提供了成长的条件。多元的审美趋势反映了文学的生命力，为创作出优秀的文学作品创造了可能。

第三节 新媒体改变了文学传播方式

新媒体突破了传统媒体发表空间的有限性，实现了超时空的即时的无限传播。各种数字化的信息交流平台，为大众提供了一个尽情言说的空间。以网络文学为核心，实现了包括传统纸媒、影视、游戏、广告、动漫等在内的"多层次的衍生品"的共存，大大激活了网络文学的生命力，丰富了文学的生命形态，吸引了不同趣味的消费者，获取了巨大的经济收益。

一、数字媒体实现了超时空的即时传播

在工业时代，印刷术和机械媒介如报纸、杂志和书籍等扮演着主要角色，但它们受到了时间、空间和物质的限制。然而，在 21 世纪的数字化时代，以比特为基础的互联网和手机等媒介以数字化方式解放了信息传播，摆脱了时间、空间和物质的束缚。

数字化生存的发展使得每个人都有了更广泛的表达机会和自由表达的权利。网络空间的无限性让人们可以在虚拟的网络空间中自由展示自己，超越了现实世界的物理限制。对于文学来说，数字化的媒介扩大了其存在的空间。通过数字化媒介，文学作品可以以更高的容量被传播和保存。相比之下，传统的纸质媒介受版面和周期限制，只能挑选少数作品发表，导致一些有价值的作品错失了机会。而新媒体所创造的数字化文学空间使得文学完全解放出来，任何有意愿发表作品的人都可以与他人分享自己的作品。

数字媒介的突破解决了传统媒介中的物质、时间和空间的限制。作家只需将作品在计算机或手机上完成，并发送出去，就能够将信息通过比特以极低的成本传输到世界各地，同时其他用户也能即时接收到发送者的信息。数字媒介实现了信息传播的即时性、超越时间和空间的特性。

数字化生存是人类社会未来发展的趋势。虽然印刷媒介和电子媒介之间存在竞争，但它们在相当长的时间内将共存。比特媒介的成本低于原子媒介，能以极低的成本传播大量信息，并且具有快速传播的优势，甚至实现了信息的同步和实时性。从存储和环境保护的角度来看，数字化也是必然的发展方向。

二、新媒体提供了自由选择的传播平台

互联网、手机等的广泛应用为人们提供了 BBS、博客、个人主页、微博、微信等个人化写作空间，使得每个人都能成为信息的发布者，实现自己的说话权。

这些自媒体的出现为大众提供了语言交流的场所，也为文学创作开启了全新的时代。网络文学的多源性参与机会通过技术实现了作者、读者、文本和环境在开放的场域中共存。相较于传统媒体的单向传播方式，新媒介实现了互动式传播，参与者不仅是信息的接收者，也是信息的制造者。

借助电脑、手机等工具，在个人主页、博客、微博、微信等平台上，作者可以随时开始他们的心情日记。网民通过网络编辑、发送、转载信息等行为已经成为普遍现象。在这些新平台上，写作者不再受特定文体或格式的限制，甚至可以省略标点符号，通过表情、文字、图片、视频等多种形式记录情感，毫无顾忌。相较于传统发表平台，博客、个人主页、微博、微信等具有许多优势。首先，写作者可以实现即时的见、写、发，表达此时此刻的心情，同时实现多媒体的互文表达，使文学变得多样化。多媒体的参与使得表达更加生动有趣。新的发表方式开辟了一条独立于传统文学写作之外的新路径，不再受篇幅、时间和传统规范的限制。其次，转发和回复功能为用户搭建了一个信息化的社交平台，实现了双向互动和交流，去中心化，并彰显每个个体，实现了民主性。最后，这些平台突破了地理限制，在共同的兴趣、爱好和经历基础上构建虚拟社区。状态发布者可以在这些社区中获得情感支持、友谊和归属感。

三、全媒体融通促进了文学多种艺术形式的传播

网络文学通过传统出版、影视改编、游戏改编等全媒体的跨界合作，再次扩大了其传播空间，赢得更多的消费者，实现了其经济价值的最大化。网络文学原创作品，通过与影视、娱乐、广告等的深度合作，正在形成一条引人注目的产业链条，已经实现了"一次生产，多次利用，全版权获利"。更重要的是在"视觉"时代，找到了文学的生存出路。

（一）线上文学的线下出版

网络文学与传统出版相结合可以实现文学网站的盈利，并吸引更多读者。实体出版的作品也可以通过数字化技术转化为数字图书形式，扩大市场。然而，也暴露了网络文学发展过程中存在的问题，一些早期网络作家逐渐回归到传统出版，而网络文学的商业化发展导致了大量写手的繁殖，写作质量下滑。有些写手为了生存而透支身体和青春，选择实体出版是为了获得更高的稿费和版税。

纸质出版相对于网络文学具有严格的出版程序和发行限制，有利于提高文学品质。网络文学的超大容量给出版商带来了选择空间，他们可以在泛滥成灾的作品中选择优秀的作品进行出版，促进网络文学的经典化。然而，在传统出版中，网络文学可能会失去其自身特质，失去依赖新媒体的便捷阅读、流行时尚、开放轻松等特点，而且离开网络后也面临合法化危机。

总体而言，网络文学与传统出版的结合有助于文学网站的发展和盈利，同时也给传统出版业带来了新的发展机会。然而，在这个过程中，需要平衡网络文学的商业化与保持作品质量和独特性之间的关系，以及如何保留网络文学的特色和吸引力。

（二）畅销作品的影视改编

影视化改编是文学在市场化和产业化中的重要选择，通过将文学作品转化为影像作品，可以吸引更多观众和读者。影视作品相对于纯文字作品具有生动、形象、直观、动态、多维的优势，通过声音、语言、画面、动作、行为等多种符号进行表达，更容易吸引大众的注意。影视作品的多角度图像呈现和虚拟的仿真情境，能够充分结合观众的感官系统，让他们产生身临其境的感觉，增强对作品的认知和体验。

网络文学的影视改编通常选择已经经过市场检验、点击率高的作品，这样可以降低风险并吸引更多观众。文学作品改编成影视剧后，原有的读者会怀着不同的心理期待观看影视作品，而影视作品的成功也会促进原著的点击率，吸引更多人开始阅读。然而，在改编过程中，编剧或导演的误读可能限制观众对原作的理解，甚至给原作造成伤害。文学的影视化改编也会对文学创作产生影响，导致思想显浅化、语言表达简洁化、情节戏剧化等现象。文学正在失去其独特属性。因此，需要注重发展影视文学的独特性，利用拍摄手段和技术制作，突出语言的表现力，并结合新媒体技术，以丰富表现手段。影视文学应当考虑观众的审美需求，复归影视文学的文本特性，利用新媒体技术创造更多的想象空间。

影视作品的直观性决定了它们能够传播的范围更广。一些影视作品以演员的时尚和外貌为卖点，吸引观众的消费欲望。在追求高收视率的目标下，一些古代历史题材作品关注皇家秘史、宫廷政变、宫闱逸事和情爱绯闻，这些古代思想意识的复苏与当下中国社会的发展相契合，得到社会的认可。

（三）网络文学的游戏制作

网络游戏作为网络文学产业链中的重要环节，与文艺有着密切的关系，并且在新媒体时代成为文学发展的新出路。网络游戏不仅满足了大众对多样化文化形式的需求，也带来了巨大的商业利益。将文学作品转化为游戏形式既是文学的生存需要，也是对经济价值的追求。

网络文学与网络游戏的结合填补了游戏文化的不足，为游戏带来了宏大严谨的世界观、深远的文化背景与内涵。通过网络文学改编的游戏，打破了传统游戏的单一性，丰富了游戏的故事性和情节。高水平制作和艺术氛围的营造，使玩家参与一种审美活动。

网络文学中的玄幻、科幻、仙侠等类型作品与游戏有着紧密的关联。这些作品所构建的想象世界与游戏的虚拟世界有着内在的相通性。通过数字化技术的应用，游戏能够再现文字所描述的假想世界。尤其对于玄幻类作品来说，宏大奇特的构思和超长篇的文本架构非常适合改编成游戏。

网络游戏拥有一大批资深玩家，而受欢迎的网络文学作品已经有稳定的读者群体，这些网络文学读者很可能成为新玩家。游戏开发商通常以网络文学的人气和点击率作为改编的前提，以吸引更多的潜在用户和社会关注。

然而，当前中国的网络游戏市场面临的问题是原创力的缺乏。网络文学原创故事的版权拍卖为游戏开发商提供了新的出路，从源头上为网络游戏注入活力。2014 年 8 月 1 日亮相的国内首个网络文学作品游戏版权拍卖会为这一趋势奠定了基础。

总之，网络游戏作为网络文学的跨界发展方向之一，具有重要的商业利益和创新空间。它通过与网络文学的结合，为游戏带来丰富的故事性和情节，满足了玩家的精神需求，同时也为网络文学作品提供了更广阔的传播途径和更大的商业价值。

第四节　新媒体使中国文学产生新的接受与批评方式

新媒体使中国文学产生新的接受和批评方式。普通的读者在阅读中追求娱乐和休闲，专业的文学批评者在网络文学面前，面临着前所未有的尴尬。旧有的文学评价体系已经无法对现有的文学现象进行阐述，而新的评价体系尚未建立。因此，理论界亟待建立新的评价体系，而不能因网络文学的一些缺陷而排斥回避。

一、"浅阅读"演变为大众的文学接受方式

在改革开放的背景下，随着人民生活水平的提高和物质生活的满足，大众对文学阅读的需求不断增长，形成了大众阅读的新景观。大众阅读的崛起打破了知识精英的垄断，使普通人也有了参与文化的权利，实现了精英文化和大众文化的融合。相比传统的精英阅读，大众阅读具有流行性、娱乐性和日常性，更符合大众的口味和需求。

自 21 世纪以来，随着计算机、手机等新媒体的普及应用，文化的生存空间得到了扩大，文化传播速度加快，推动了大众文学阅读的发展。新媒体时代的文学阅读具有社会性，促进了文艺的民主化进程。网络文学作品的数量庞大，为受众提供了丰富的选择，读者可以找到适合自己口味的作品。

在新媒体时代，文学消费和接受发生了转变，不再是少数知识人的特权，而是由少数到大众，由接受到对话，由过去时到现在进行时。新媒体时代的文学阅读实现了普及，让大批隐形读者逐渐浮出水面。网络文学的价格低廉吸引了不少读者，尽管一些网站实行收费制阅读，但读者的阅读兴趣并未降低。新媒体时代，读者变得更加主动参与，他们的文化需求得到了满足。对于作家来说，摸准读者的口味是赢得生存地位的关键。

新媒体时代海量的文学作品给阅读者提供了巨大的选择空间。作家们为了满足读者的需求，根据读者对题材和情节发展的要求进行专门的写作。从各大文学网站的点击量和排行榜来看，玄幻、奇幻、仙侠、灵异等非现实主义题材的小说深受阅读者喜欢，满足了对未知探索和情感填补的渴望，实现了对现实的逃离。

二、精英批评的式微与大众批评的兴起

当前的时代确实是一个全民写作、全民阅读和全民批评的时代。文学批评在过去的30年中的确受到过度夸大的影响，批评权力被局限在文学体制内或者少数文化权力者手中，专栏评论所呈现的群众观感往往只是一种表达官方意识的假象。

文学批评是一种通过对已有文学活动和现象进行分析、研究和评价的科学活动，并对未来的文学活动提供指导。在这样的前提下，批评主体（行家）的任务是"'跑到幕后'，去窥探文学创作的社会历史背景，设法理解创作意图，分析创作手法"。文学批评需要在揭示本质规律后对文学活动进行指导，以实现批评的公共性。因此，文学批评对批评主体本身提出了很高的要求，通常由受过专业训练的读者来进行。专业读者在进行文学欣赏时不仅带着审美动机和休闲娱乐的心理体验，还会用价值判断的眼光来审视作品，试图理解其思想意义、判定其时代意义和文学史意义。批评者除了需要具备良好的文学感受力外，还需要掌握丰富的文学理论，并具备良好的文字表达能力，能够从感性认识升华到理性认识，从经验直观上升到理论分析，从具体的文学现象抽象出普遍意义的规律。从知识精英的批评文字中可以看出，引经据典、阐述婉转、滔滔不绝，甚至有统一的格式要求。要理解他们的文字，读者必须具备一定的学理知识。在大众媒体出现之前，文学批评一直是一种神话，与世隔绝。

新媒体时代的文学批评不再是知识精英在象牙塔中自言自语，普通网民从各个角落涌现，走上十字街头，发出属于他们自己的文学声音，文学批评也进入了"平民时代"。

三、文学批评原则与标准的建构

新媒体时代，网络文学有着很大的阅读群体。可是，注重消遣性和娱乐性的网络文学与强调思想性和艺术性的主流评价形成了价值上的冲突。面对这种冲突，我们需要重新思考当下的文学评价体系，建立适应符合文学时代发展的文学理论。

（一）主流评价与网络文学的价值冲突

传统的文学评奖标准主要基于传统文学的范畴，而网络文学作为一种新兴形式并未得到充分的肯定。尽管主流文学评奖范围有所拓宽，但评审的话语权仍然主要掌握在传统文学领域内部，而来自民间的网络文学创作并未得到以文学奖的形式的承认。

然而，主流文学界已经意识到网络文学在民间的影响力。要在现有的文学传统下实现传统文学和网络文学的平等对话，还需要克服一些困难，不仅需要在内容和形式上对网络文学进行全面提升，还需要发挥网络文学的特点。网络文学作为一种新的创作环境和接受特点，应该结合网络的特点建立自己的评价体系，而不是仅仅通过主流文学奖项来确认自身，以免带有一种"殖民"色彩。

另外，新媒体时代的文学评奖反映了主流文学与民间文学的价值位移。历史上，许多最初在民间形成的文化形态，经过多种因素的作用，最终成了被视为"高雅"之作的主流文学。对于"雅"与"俗"的评判，需要考虑具体的社会历史、社会风俗、文化取

向和审美趣味。民间文化不断为主流文化提供新鲜的血液。主流文学将网络文学纳入参评范围，表明已经意识到网络文学为不可忽视的文学力量。一些重要的文艺工作会议也反映了主流评价和网络文学的冲突和解。

文学与大众传媒的关系日益密不可分，文学奖项和影视改编可以相互促进。线下出版的网络文学与传统文学共同存在于榜单上，甚至在中国文学的接受活动中，网络文学的接受程度略高于传统文学。这引发了对于实际接受情况的思考。尽管主流评价对网络文学存在价值上的偏见，将其归为消遣性或商业性，但实际的文学消费情况证明了网络文学的价值。

（二）新媒体时代文学批评体系的建立

在新媒体时代，文学的生产、创作、传播和接受都受到了新媒体的影响。这也导致了文学批评面临着一些困境，包括理论困境、尺度模糊、批评者个人身份以及批评队伍分化等问题，这些问题也同样存在于网络文学批评中。新媒体时代的文学批评呈现出一种"众神狂欢"的状态，批评活动繁荣，却缺乏中心、权威和标准。新媒体文学批评现场面临着失序的可能性。虽然网络文学阅读成为新的阅读焦点，网络上涌现出大量无法统计的文学作品，但相应的专业化文学评价并没有及时全面展开，严重滞后于网络文学的发展。

传统的批评范式要求一部优秀的文学作品不仅在思想上表达对社会、人生和人性的思索，还要在行文用笔上展现出独特的韵味和格式。网络文学仍以文字为主要形式载体，强调思想性和文学性，但直接将传统文学批评的一套方法应用于网络文学批评显然是不合适的，因为网络文学的研究需要考虑其在线性特点。

网络文学与传统文学最明显的差异在于其载体不同。正是网络载体的在线性、开放性、自由性和网络性，带来了书写方式、发表平台、表现手段、表达方式和审美趣味的变异。文学作为一种具有审美特性的精神产物，每个时代都有属于自己的文学。评判网络文学应放置在它所存在的历史秩序中，在历史、美学和技术三个维度上进行考察。在坚持文学本质的基础上，对网络文学的评判应充分考虑网络媒介、科学技术、市场、文化、创作者和受众等多重影响因素，实现科技与人文、市场与理想的统一，并通过文学批评展现时代的精神面貌。

第三章 新媒体环境下汉语类教学

第一节 新媒体时代现代汉语教学资源的整合与利用

一、目前现代汉语教学所面临的问题

（一）教学内容与实际相脱节

随着社会的发展和变化，语言的使用方式也在不断演变，新的词汇和语言现象不断出现。如果教学内容无法及时跟上这些变化，就容易导致教学与社会实际脱节。

为了解决这个问题，现代汉语教学需要不断更新教材内容，确保其与当下社会实际相符合。教材编写者应密切关注社会语言变化的趋势，引入新的词汇和表达方式，并提供相应的解释和例句，以帮助学生理解和应用。此外，教师也需要具备教学创新能力，能够将现代汉语教学与学生的实际生活联系起来，通过真实的语言环境和情境教学，激发学生的学习兴趣和动力。

教学内容的更新和与社会实际的结合对于激发学生学习兴趣和提高教学效果非常重要。当学生能够感受到学习的内容与他们的实际生活相关时，他们更有动力去学习和运用所学的知识。同时，教学内容的现代化也有助于提高学生的语言能力，使他们能够更好地适应社会需求。

因此，现代汉语教学应该紧密结合社会实际，不断更新教学内容，提供与时俱进的语言知识和技能，使学生能够更好地应对现实生活中的语言需求。同时，教师也应具备创新能力，通过多样化的教学方法和真实情境的引入，激发学生的学习兴趣，提高教学效果。

（二）教学理念相对落后

在传统的教学观念下，教师通常扮演主导角色，将课堂视为自己的表演平台，而忽视了学生的主体性和参与性。这种教学方式可能导致学生被动地接受知识，缺乏主动思考和参与课堂活动的机会。为了解决这个问题，教师可以采用更加互动和合作的教学方法，积极引导学生参与课堂讨论、小组活动、角色扮演等互动学习，激发学生的学习兴趣和积极性。

另外，现代汉语教学也需要注重因材施教，关注学生的个体差异。每个学生的学习风格、兴趣爱好和学习能力都有所不同，教师应该根据学生的实际情况进行灵活的教学安排和个性化指导。这可以通过分组教学、个别辅导、差异化任务等方式实现，帮助学

生更好地理解和掌握现代汉语知识。

此外，教师在教学过程中应该注重创新，采用多样化的教学手法和教学资源，使现代汉语教学更加生动有趣。例如，可以运用多媒体技术、互联网资源、游戏和角色扮演等方式，使学习过程更加互动和有趣，提高学生的学习积极性。

通过改变教学观念，采用互动合作的教学方法，关注学生个体差异，并注重教学创新，可以有效解决现代汉语教学中存在的问题，提高教学质量，促进现代汉语教学的发展。

（三）学生学习态度不端正

对于现代汉语这门理论学科，学生可能会认为它缺乏实践性和现实意义，从而对学习和研究现代汉语不感兴趣。

然而，现代汉语作为一门学科，在提高学生的语言能力和文学修养方面具有重要作用。它有助于学生提高语言表达能力、理解文本的能力，培养文学鉴赏和批判思维等能力。同时，现代汉语也是推动中文传播、促进文化交流的重要工具。因此，教师可以通过引入相关案例、实际应用场景、文化背景等，将现代汉语与学生的实际生活和社会实践联系起来，增加学科的实践性和现实意义，从而激发学生对现代汉语学习的兴趣。

此外，教师也可以通过创设有趣的学习活动和教学方法，使现代汉语学习更具吸引力。例如，可以通过讨论现代汉语在广告、新闻报道、社交媒体等中的运用，让学生感受到语言的力量和影响力。另外，可以组织学生进行实践性的项目，如写作比赛、文学研究、语言分析等，让学生亲身参与并体验到现代汉语学科的实际应用和研究价值。

在教学过程中，教师还可以积极引导学生发现现代汉语学科的价值和意义，帮助他们树立正确的学习态度。这可以通过讲解学科的学科性质、发展趋势、应用领域等方面进行，让学生了解现代汉语学科的内涵和外延，进而认识到学习现代汉语的重要性。

教师在现代汉语教学中应该注重培养学生对学科的认识和理解，将现代汉语与实际生活和社会实践相结合，创设有趣的学习活动和教学方法，以激发学生的学习兴趣和提高学习效果。这样可以帮助学生树立正确的学习态度，重视现代汉语学习的重要性和实际意义。

二、新媒体时代现代汉语教学资源整合利用的可能性与现实性

科学技术不断发展的当今社会，新媒体技术也成为教学改革的重要手段之一。"新兴传媒传播的信息是社会变迁的晴雨表。"新媒体作为信息载体，其包括丰富的资源，内容贴近社会实际，不仅能够引起学生的学习热情，还能够激发教育工作者的创新能力。利用新媒体技术将现代汉语教学资源加以有效的整合利用，能够促进现代汉语教学的进步，实现教学与实际相结合。

（一）新媒体蕴藏丰富的资源

通过新媒体，学生可以获取到当今社会快速变化的信息，了解时事政治、社会万象、娱乐新闻等各个领域的内容。这些信息包含了丰富的资源，可以用于丰富现代汉语教学

的内容和实例。教师可以引导学生关注并分析这些信息，包括其中的新兴词汇和表达方式，从而使学生更好地理解和应用现代汉语。

借助新媒体，教师可以使用多媒体教学资源、网络文献和语料库等工具，为现代汉语教学提供更广泛、更及时的参考资料。例如，可以利用网络文献和语料库来研究现代汉语的语言变化和语用规律，或者利用多媒体教学资源来展示语言在不同场景中的运用。这样可以使教学更加生动、贴近实际，并且让学生在教学中积极参与。

此外，新媒体还为学生提供了更多的学习资源和交流平台。学生可以通过网络阅读和参与社交媒体的讨论，与其他人交流汉语表达、文化理解等方面的问题，从而提高他们的语言表达能力和文化意识。

当然，在利用新媒体进行现代汉语教学时，也需要教师具备相应的能力和判断力，筛选出优质、准确、符合教学目标的信息资源，并引导学生正确使用新媒体，培养其信息获取、分析和批判思维的能力。

总之，新媒体的广泛应用可以为现代汉语教学提供丰富的社会资源和信息，促进现代汉语的发展和丰富。教师可以充分利用新媒体，引导学生关注和分析当今社会的信息，并通过分析新兴内容来体现现代汉语学习的实质和意义，从而激发学生的学习兴趣和提高教学效果。

（二）新媒体的使用方便快捷

大学生们对手机和计算机的普遍使用使得他们在日常生活中与新媒体保持紧密联系，这为现代汉语教学提供了更多实践性的机会。

新媒体的使用不仅仅是信息传递的工具，也是情感交流和语言表达的平台。大学生们通过手机、社交媒体和网络平台进行短信、语音视频、微博讨论等活动，这些交流过程中涉及丰富的语言技巧、鲜明的语言特点以及多元化的语言形式。在这样的实践中，学生们能够更加自然地运用现代汉语，增强语言能力和语言敏感性。

新媒体的技术应用简单方便，并具有信息量大和传播速度快的特点。教师可以利用新媒体技术，将文字、语言和画面有机结合，设计丰富多样的教学内容和活动，以更具吸引力和互动性的方式引导学生学习现代汉语。例如，通过制作教学视频、在线讨论、网络博客等形式，教师可以激发学生的学习兴趣，提高他们的参与度和学习效果。

此外，新媒体的使用还可以促进学生之间的合作与交流。学生们可以通过新媒体平台共享学习资源、互相讨论和合作完成任务，这有助于培养他们的团队合作意识和沟通能力。

然而，虽然新媒体在现代汉语教学中有诸多优势，但教师在应用新媒体技术时也需注意选择适当的内容和平台，确保信息的准确性和可靠性。同时，教师还应指导学生正确使用新媒体，培养他们的信息获取能力、信息分析能力和媒体素养，以避免信息过载和误导。

综上所述，新媒体的普及和广泛应用为现代汉语教学提供了丰富的资源和实践机会，可以提高教学的实效性和吸引力。

（三）新媒体在教学中具有实用性

现代汉语与新媒体相结合的方法可以实现全方位的教学目标，并且丰富了现代汉语教学的内容和形式。通过运用新媒体，教师可以创造多样化的教学场景，激发学生的学习兴趣和参与度。

拼音输入法的应用可以帮助学生训练普通话的发音和拼写，提高他们的语音准确性和表达能力。同时，韵文的学习和运用可以培养学生在语言表达中的灵活性和语言使用技巧，使他们更加熟练地运用现代汉语进行创造性的表达。

连续联想输入法的使用可以提高学生的想象力和创造力。通过联想输入法，学生可以更加灵活地使用词汇和句型，表达自己的思想和情感，使现代汉语的学习过程更加富有活力。

在现代汉语教学中，播放影视作品、流行歌曲等可以激发学生对语言的兴趣，并帮助他们更好地理解和运用现代汉语的语言特点和魅力。这样的教学方法可以通过视听的方式，提供丰富的语言输入和真实的语言环境，让学生在欣赏中学习，从而加深对现代汉语的印象。

此外，新媒体还可以帮助教师将汉语使用中的常见问题以最有效的方式展现给学生。通过多媒体演示、实例分析等形式，学生可以直观地理解和解决语言学习中的困惑，加深对语言知识的理解和记忆。

总之，将现代汉语与新媒体相结合可以丰富教学内容和形式，激发学生的学习兴趣和参与度。教师可以通过运用新媒体技术，创造多样化的教学场景，提供丰富的语言输入和真实的语言环境，从而加深学生对现代汉语的理解和运用能力。

三、整合利用的方法和途径

新媒体与现代汉语教学相结合能够提高学生的兴趣，也能提高现代汉语的实用价值。那么，怎样将新媒体技术与现代汉语有机地结合起来，在不破坏课堂秩序的情况下，提高现代汉语教学效率是一项重要课题。"要大力推进信息技术在教学过程中的普遍应用，促进信息技术与学科课程的整合。"新媒体与现代汉语教学资源的整合也有重要的实践意义。

（一）积累和筛选教学资源

在多媒体时代，教学资源的多样性给了我们更多的选择，但同时也需要我们在众多资源中进行筛选和整合，以确保选择到适合教学的内容。

首先，在课前进行有效资源的筛选是十分必要的。并不是所有的资源都适用于教学，需要根据教学目标和教学内容的要求进行选择。教师可以根据自己的经验和专业知识，结合学生的需求和学习特点，筛选出高质量、具有教学效果的资源。

同时，对于大量收集到的资源，需要进行整合。整合教学资源可以采取多种方法，如重新组合、技术分类、科学改编等。利用新媒体技术将资源进行有效归类和组合，可以使教学内容更加丰富和有序。通过整合，可以将教学资源与现代汉语教学的需求相匹配，使得教学内容更加贴近学生的实际需求，提高教学效果。

科学改编也是整合教学资源的重要环节。对于收集到的资源，可以根据教学的特点和要求进行适当改编，使其更加适用于课堂教学。改编可以包括对资源的精简、扩展或与其他资源的结合等，以满足教学的需要。

将新媒体技术与现代汉语教学资源有效结合，不仅可以展示新媒体技术的优越性，还可以通过新媒体技术展现现代汉语的独特魅力。新媒体技术具有丰富多样的表现形式和互动性，可以更好地激发学生的学习兴趣和参与度，提高教学效果。

因此，在现代汉语教学中，积累和筛选教学资源是非常重要的，同时利用新媒体技术对资源进行整合和改编，可以为教学提供更加丰富和有效的内容，使学生更好地理解和运用现代汉语。

（二）生成和构建课堂资源互动

通过运用新媒体，教师可以在课堂上播放新闻联播等实际语言材料，引发学生的讨论。这样的做法不仅可以训练学生的逻辑思维能力和语言表达能力，还可以让学生接触到最标准的汉语。新闻联播等媒体资源提供了丰富的社会话题和实时信息，能够引发学生的兴趣和思考，并促使他们主动参与讨论中。

然而，其中也有一些负面作用。例如，对于一些中性的社会话题，讨论过程中可能会出现较大的分歧。这需要教师具备辨别和把握资源的能力，善于分析价值并选择适当的方式进行总结和阐述。在引导学生讨论的过程中，教师可以起到引导和调节的作用，促使学生形成合理的观点，并进行有效的沟通和交流。此外，教师还可以提供背景知识、提出问题、引导思考，以帮助学生更好地理解和表达自己的观点。

总之，通过运用新媒体技术，教师可以创造积极互动的课堂环境，激发学生的学习热情和能动性。在利用来自社会和媒体的鲜活语料时，教师需要善于分析资源的价值和难度，并运用适当的方法进行引导和总结，以确保教学效果的提高。

（三）练习与实践相衔接

课堂之外的实践活动和资源整合可以帮助学生更好地应用和巩固所学的现代汉语知识和技能。

通过运用新媒体技术，教师可以设计丰富多样的课外教学活动，如快速打字、朗诵、写作竞赛等，以激发学生的创新能力和实践操作能力。这些活动能够加强学生的实际操作能力、巩固知识，并提高语言技能。此外，利用户外教育资源与新媒体相结合。例如，通过图配文的形式将文字转换为语言，可以更好地体现现代汉语的实际应用价值。

在现代汉语教学中，整合和利用多媒体教学资源，包括传统教学资源和新媒体技术，是提升教学效果和引领现代汉语教学发展的重要手段。传统教学资源具有严谨、权威、准确的特点，而新媒体技术则提供了更广阔、丰富的资源和教学手段。通过科学整合和创新应用，我们可以充分发挥传统教学中的优势，同时结合新媒体技术的优势，使现代汉语教学能够与时俱进，凸显其重要性和内涵，并展现出现代汉语的独特魅力。

因此，在现代汉语教学中，我们应充分利用新媒体技术，设计多样化的课外活动和实践环节，使学生能够亲身参与现代汉语实践，提高语言运用能力和创新能力。同时，我们也要继承和发扬传统教学资源的优点，通过整合和创新，使现代汉语教学更加丰富、有趣，并与时代发展相适应。

第二节　基于微信平台的现代汉语翻转教学

网络化和信息化是当今时代的特点，随着新媒体时代的进一步发展，微信公众号进入人们日常生活中的方方面面，利用微信公众号为专业教学服务，不仅增强了学生学习的参与感，还能丰富教学模式，促进我国教育事业的发展。传统教学方式就是一种以教师为核心、将知识教授当作重点的方式，是围绕板书、考试、教学规定的一种方式。在这一教学方式内，学生只学会了被动性地记住教师讲解的知识点，在课堂内没有跟教师进行互动，也没有一个良好的学习气氛；同原来的教学方式有所差别，借助翻转课堂进行教学就是一种将学生当作核心的方式，学生成为学习中的主导，教师则成为指导者，这是一种"信息技术＋教学"的方式，也是一种提前预习、课上探讨的方式。

信息技术的进步，使得学生在进行现代汉语的学习期间，可以借助网络，收获各种各样有关现代汉语知识的信息及材料，而可以不只是将教师在课堂内教授的知识点当作唯一收获知识的源泉。微信作为21世纪下的产物，它的发展速度令人备受瞩目。微信不再局限于个人与个人之间的交流交往，而被广大社会组织使用在日常的人员工作管理以及生产营运活动中。微信公众号作为微信的一种功能，并且作为一种新媒体，它的无时间、空间限制等优点有效地改善了教学水平，并开始将微信平台作为一种新的教学模式。

一、微信平台在现代汉语翻转课堂教学的应用价值

（一）提升学生的学习兴趣

微信作为一种新兴的社交媒体软件，在现代汉语教学中具有广泛的应用潜力。通过微信平台，教师和学生可以实现及时的沟通和交流，包括文字、图片、语音、视频等多种形式的信息传递。这种互动性和多样性的特点使得微信成为一种有效的工具，可以强化教师和学生之间的互动，促进学习效果的提高。

在现代汉语翻转课堂教学中，微信平台可以发挥重要作用。教师可以在微信群中发布学习资源、课程安排等信息，学生可以根据自己的兴趣和学习需求选择学习内容，实现个性化学习。同时，学生可以通过微信进行互相讨论、分享学习心得和答疑解惑，教师也可以及时给予指导和反馈。这种实时互动和交流的方式有助于加强学生的学习动力和参与度。

另外，微信平台操作简单、灵活开放、功能强大，可以通过文字、声音、图片等多种形式传达信息，丰富了教学手段。教师可以利用微信发布练习题、学习资料，学生可以通过微信完成作业和提交答案。此外，微信还可以提供在线课堂、语音聊天、视频会议等功能，为教学提供更多样化的形式和可能性。

综上所述，将微信平台应用到现代汉语翻转课堂教学中，可以有效强化教师和学生之间的互动和交流，实现个性化学习，推动教学模式的革新。微信的简单操作和多样化功能，使得教学变得更加灵活和丰富，为现代汉语教学带来了更多的可能性。然而，使用微信平台时也要注意教学目标的导向，合理安排和管理学习内容，确保教学效果的实现。

（二）实时交流和沟通

在现代汉语翻转课堂教学中，利用微信公众平台可以推动教育活动的创新，提高学生的个人素养。学生通过微信公众平台可以与教师进行直接互动和交流，提出对教学的建议和意见。微信公众平台的特点是多样化的信息传递形式，学生可以用表情、图片、视频、音频等形式来反馈自己的观点和看法。相比于面对面访谈和问卷调查，学生在微信公众平台上反馈的信息更能真实地反映他们的想法和看法。

微信公众平台还具有多渠道、快捷、准确和方便的特点，可以实现信息的及时传递和广泛共享。教师可以通过微信公众号发布课程资料、学习指导和学习资源，学生可以方便地获取和使用这些内容。同时，学生也可以通过微信公众平台进行讨论、交流学习心得和分享学习成果。这种多渠道的互动和交流方式有助于拓宽学生的思维和知识视野，提高个人素养和学习能力。

综上所述，微信公众平台在现代汉语翻转课堂教学中具有很大的潜力和应用价值。它可以促进教师和学生之间的互动和交流，提高教学效果和学习体验。然而，在应用微信公众平台时也要注意教学目标和教学内容的导向，合理管理和使用学习资源，确保教学活动的有效性和质量。

（三）随时随地学习

利用微信公众平台可以打破空间和时间的限制，使学生能够随时获取所需的信息。学生可以通过微信公众平台办理一些图书馆服务，如预约续借和挂失借阅证等，无须前往实际的办公地点，提高了办事效率和便捷性。此外，学生还可以直接进入一些数据库，搜索和获取所需的资料，从而满足学习和研究的需要。这样的便利性不仅给学生带来了极大的便捷，也减轻了教师的工作量。

此外，通过关注微信公众号，学生可以充分利用碎片化的时间，获取平台推送的内容和信息。微信公众平台可以推送学术资讯、学习资源、课程通知等相关内容，学生可以根据自己的兴趣和需求进行阅读和学习。这种个性化的推送功能可以帮助学生更好地安排和利用自己的学习时间，提高学习效果。

总的来说，微信公众平台的运用给学生带来了诸多便利，使得学习和获取信息更加便捷和高效。同时，它也为教师提供了一个更广泛、更灵活的教学和信息传递平台。然而，在使用微信公众平台时，学生和教师都需要具备媒体素养和信息素养，明确目标和用途，正确管理和利用平台资源，确保教学和学习的质量和效果。

二、微信平台在现代汉语翻转课堂教学中的运用策略

（一）注重对相关教师开展教育及培训

在开展翻转课堂之前，教师需要具备视频制作的基本能力。虽然可以请专业人员进行视频制作，但教师仍需掌握基础的视频制作方法，以便顺利推进翻转课堂教学。翻转课堂已经颠覆了传统的教学方式，因此教师需要形成新的教学观念，并制订全面的教学计划，以激发学生对现代汉语学习的兴趣，并促进学生个性的全面发展。这对教师来说是一个不小的挑战。

为了应对这样的挑战，教师应定期参加培训和教育活动，不断充实自己。这样做不仅可以转变教学观念，提高教学素养，还可以增强教师在微信平台的应用能力。通过培训和教育，教师能更快地掌握制作简单视频的技术，突破传统教学常规，形成新的教学理念，并借助全新的教学方式实施教学。

因此，教师需要持续学习和提升自身能力，适应新的教学需求和技术发展。通过不断更新教学观念、掌握新的教学方法和工具，教师能够更好地适应现代汉语教学的要求，提高教学效果，激发学生的学习兴趣，并有效地开展翻转课堂教学。

（二）确保平台推送内容的质量

微信公众平台的运用可以改变传统教学资源的利用和传播方式，使现代汉语资源得以广泛传播，并为学生提供重复学习的机会，从而提高学生对现代汉语内容的接收和学习效果。

在建设微信公众平台时，关键是确保所推送的内容符合学生的口味和需求。这意味着现代汉语教学应充分利用微信平台的优势，共享教师的丰富资源。同时，要向学生传递有质量、有价值的内容，以提供良好的学习体验。

首先，内容的原创性是非常重要的，应注重平台的长期发展，而不是追求短期的关注度。

其次，在编辑内容时要提炼精华，精心进行排版，以确保内容的易读性和吸引力。此外，在设计内容形式时，应考虑文字、图片、简短视频和语音等多种形式，以帮助学生缓解文字阅读的疲劳。

最后，推送频率和时间也需要注意。推送频率不宜过高或过低，过高的频率可能引发学生的反感，而过低的频率可能导致学生失去对公众号的关注。除了发送紧急通知外，每天应保证有推送内容，并确保每期都有几条有价值的内容和信息。

通过合理的推送内容和适度的频率，微信公众平台能够提供学生所需的现代汉语教学资源，并激发学生的学习兴趣，促进他们更好地学习现代汉语。同时，教师还可以根

据学生的反馈和需求不断优化平台内容，提供更好的学习体验。

（三）增强学生的引导和督促

教师在翻转课堂中需要更加注重学生的课后活动，引导、督促和激励学生对教学内容进行正确的理解和学习。微信平台可以提供学生观看视频材料、与教师互动等轻松的教学方式，因此教师应合理利用微信平台，将翻转课堂的各个步骤和内容贯彻其中，以发挥更大的作用。

翻转课堂的特殊之处在于可以缩短教师课堂上的信息传授时间，为教师和学生之间的交谈留出更多的空间。这不仅加强了教师与学生之间的交流互动，增进彼此的情感，还能拉近彼此之间的距离。教师应在课前设计教学目标、重点和难点，并制定好课前学习任务，让学生充分预习。教师根据教学目标和任务进行教学视频的录制，并明确重点和难点，最后通过微信平台让学生进行自主学习。学生通过在线自主学习，教师通过网络平台进行指导，并加强主题的探究，引导学生进行课堂教学讨论。之后，让学生进行学习汇报，帮助巩固理论知识学习。课后，学生自主完成作业，并在微信平台上分享学习心得，加强交流。教师在批改作业时，需要及时与学生讨论存在的问题，并根据学生的表现、讨论和作业完成等因素进行评定成绩。

微信公众平台的运用已成为现代汉语翻转课堂教学的时代趋势，为学校带来了机遇和挑战。一方面，它为学校的现代汉语翻转课堂教学提供了载体，有利于培养学生的素质和创新教学模式，还有利于实时了解学生的思想状态，深入探讨学校的现代汉语翻转课堂教学；另一方面，微信公众平台的运用也带来了挑战，学校需要处理好如何科学合理地运用平台，以及网络舆情和信息监控等问题。

第三节 新媒体时代古代汉语教学方法的创新

古汉语教学对于丰富广大学生的语言内容，实现对文化的了解来说，具有非常重要的意义。在新媒体时代下，古汉语文学教学体系对于大学生文学素养的提升来说具有非常重要的意义。古汉语教学在新媒体时代下，逐步形成了自身的特色，极大地推动了古汉语的发展。

一、新媒体时代下古汉语文学发展的困局

（一）古汉语受网络流行语的冲击

网络流行语在新媒体时代的发展确实对古汉语教学带来了一些冲击。网络流行语通过改变古汉语的语法结构和人们的用语习惯，对古汉语进行了改革，这可能对古汉语的传承不利，尤其对初学者深入理解古汉语的含义不利。

然而，我们也要认识到网络流行语的诞生对古汉语具有一定的创新意义。它实现了部分汉语言的个性化，推动了古汉语的发展，使其与人们的生活和生产有机结合。网络

流行语展现了古汉语的时空跨越性和数字化特点。在实际交流中，越来越多的人在 QQ 和微信上运用古汉语知识，这在一定程度上使人们之间的交流方式变得更加多样化，使语言变得更加丰富。

与网络语言对古汉语的积极意义相比，我们也不能忽视网络语言给古汉语发展带来的冲击。在语言结构的形成过程中，语言使用者往往忽视古汉语严格的语法结构，导致所选择的语句往往存在不规范之处，没有遵循古汉语的用语规范，这对古汉语的发展起到了一定的消极作用。

对于处于学习阶段的青少年来说，受网络流行语的冲击，可能会对他们的古汉语学习产生一定的误导，不利于传承我国的传统文化。

因此，教育者和社会应该共同努力，通过教育和宣传，加强对古汉语的正规教学和正确使用的引导，让学生正确理解和运用古汉语，保持古汉语的纯正和规范，同时也应该重视对网络语言的引导和规范，确保古汉语和网络语言能够和谐共存，不断促进古汉语的研究与发展。

（二）传统受众的地位发生了变化。

在新媒体时代，信息技术的提升确实使传统受众地位产生了巨大的变化。人们更多地依赖电子传媒载体进行生活实践和交流。这种环境下，网络流行语的应用也会在一定程度上影响对古汉语的研究。

在新媒体的影响下，许多学生在研究古汉语时可能会忽略古汉语本身的意思，而将网络流行语的含义机械地应用到古汉语文字中，这对古汉语文学的健康发展是不利的。新媒体技术的出现使得人们在网络上发言的权利得到更好的实现，年轻人成为网络语言发展的主要推动力量，这导致古汉语的受众地位发生了一定的变化，不利于广大学生形成正确的古汉语思维方式。

为了应对这一问题，我们需要采取一些措施。首先，教育机构和教师应该加强对古汉语的教育和引导，帮助学生正确理解和运用古汉语，强调古汉语的特点和文化内涵。其次，学生在学习古汉语的过程中，应该注重真正理解古汉语的含义和用法，而不仅仅是简单地套用网络流行语的表达方式。同时，学生也需要增强对古代文化的学习和理解，以便更好地把握古汉语的精髓。

此外，对于网络流行语的使用，我们也应该加强引导和规范。网络流行语作为一种语言现象，本身也有其独特的特点和功能，但我们需要确保在学习和研究古汉语时能够正确分辨和应用。这需要教育机构、教师和社会共同努力，通过教育宣传和规范引导，让学生了解网络流行语的使用范围和适用场景，同时保持对古汉语的尊重和正确运用。

总之，在新媒体时代，我们需要平衡传统文化的传承和新媒体语言的发展，以确保古汉语的健康发展和广大学生正确理解和运用古汉语。

（三）古汉语教学知识，与现实生活脱离。

在当今社会和学生需求的背景下，传统的古汉语文学教学方式可能难以完全满足要求。仅仅注重理论知识的讲授，缺乏课堂互动和实践性，可能无法激发学生的学习兴趣和提高他们的实际应用能力。

在新媒体时代，教师可以尝试将古汉语教学与新媒体技术有机结合，以丰富教学内容和提升教学效果。通过利用新媒体技术，教师可以创造更多互动和参与性的教学方式。例如，使用多媒体资源、在线讨论平台、虚拟实践等，以吸引学生的注意力和积极参与。

通过结合新媒体技术，教师可以创造更多与学生互动的机会，促进学生与教师之间的密切联系和交流。教师可以鼓励学生在新媒体平台上进行讨论、分享观点和互相学习，从而拉近师生之间的距离，培养良好的学习氛围。

此外，注重实践能力的培养也是古汉语教学中的重要一环。教师可以设计一些实践性的任务和项目，让学生运用所学知识解决问题，提升他们的实际应用能力。例如，让学生参与古汉语文学作品的解读和演绎，组织古汉语角的活动，或者利用新媒体平台进行古汉语文学作品的创作和分享等。

综上所述，结合新媒体技术，将古汉语教学注重互动和实践，能够更好地满足学生的需求，激发学生的学习兴趣和提高实际应用能力。同时，教师应不断探索和创新，不断适应新媒体时代的要求，为学生提供更富有吸引力和有效性的古汉语文学教学。

二、新媒体背景下古汉语教学方法的创新

（一）规范古汉语教学方式，促使大学生正确看待网络流行语

对于网络流行语给古汉语文学发展带来的负面影响，教师需要采取有效的措施来引导学生正确看待网络流行语，并将其与古汉语进行区分。

教师可以通过以下措施来规范教学方式，帮助学生正确对待网络流行语。

①强调古汉语的传统规范和规则：教师应当在教学中强调古汉语的语法、词汇和表达规范，让学生了解古汉语的本质和特点。通过正式的教学，学生可以建立正确的古汉语语言意识，辨别网络流行语与古汉语的区别。

②提供经典文本的阅读和解读：教师可以引导学生阅读古代文学作品，深入理解其中的古汉语表达和含义。通过对经典文本的深入研究，学生能够更好地理解古汉语的真正含义，从而增强对网络流行语的辨识能力。

③开展讨论和辨析：教师可以组织课堂讨论或小组活动，让学生就网络流行语进行辨析和讨论。通过互相交流和分享，学生能够更清楚地认识到网络流行语与古汉语的区别，理解其在语言和文化传播中的作用和限制。

④培养批判思维：教师应该培养学生的批判思维和分析能力，让他们主动思考和评估网络流行语的价值和影响。教师可以提供一些相关案例和素材，引导学生分析网络流行语的使用背景、社会意义以及对古汉语文学的影响。

总的来说，教师在古汉语文学教学中应注重引导学生正确看待网络流行语，并帮助他们进行区分和评估。通过规范教学方式、强调古汉语规范、提供经典文本的阅读和解读、开展讨论和辨析，以及培养批判思维，教师可以帮助学生正确理解和运用网络流行语，

同时促进古汉语的发展与创新，并弘扬传统优秀文化。

（二）充分运用网络平台，提高学生学习的主动性

在实现古汉语文学专业的可持续发展过程中，紧密依靠网络平台并建立现代化的古汉语文学教学体系非常重要。以下是一些建议来实现这一目标。

①整合网络资源：教师可以利用网络平台整合相关的古汉语教学资源，包括电子课件、在线教学视频、互动学习平台等。这些资源可以丰富教学内容，提供多样化的学习材料，激发学生的学习兴趣。

②建立在线学习社区：教师可以创建一个在线学习社区，提供学生互相交流、讨论和分享的平台。学生可以在这个平台上共同探讨古汉语文学的话题，分享自己的见解和心得体会，增进彼此之间的学习互动。

③创新教学方法：教师可以探索新的教学方法和策略，利用网络平台为学生提供更多的互动和实践机会。例如，可以组织在线讨论、辩论或角色扮演活动，让学生在虚拟环境中运用古汉语知识进行实际应用和模拟情境。

④密切与科研人员的合作：教师应该与相关科研人员进行密切合作，共同研究古汉语文学教学的现代化路径和方法。通过与科研人员的交流和合作，教师可以及时了解最新的教学理念和研究成果，并将其应用到实际教学中。

⑤持续专业发展：教师应该不断提升自身的专业素养和教学能力。参加学术研讨会、教师培训课程、学术交流活动等，与同行们分享经验和教学方法，不断更新自己的教学理念和教学技能。

通过以上措施，教师可以建构相应的古汉语知识体系，并实现古汉语文学专业的可持续发展。网络平台为古汉语文学教学提供了广阔的发展空间，教师需要充分利用这些资源和机会，不断探索创新，为学生提供优质的教学体验和知识传授。

（三）建立多元化合作式教育方式

通过建立 QQ 平台、微信平台、腾讯课堂、云端课堂等形式的在线交流平台，教师可以与学生进行广泛的交流和互动，实现问题的解决和知识的共享。

这种合作式教育模式可以打破传统教学中教师主导的格局，促进师生之间的互动和平等合作。学生可以更加积极地参与学习，表达自己的观点和疑问，与教师和同学进行深入的讨论和交流。教师可以及时了解学生的学习情况和需求，有针对性地进行指导和辅导，帮助学生克服学习难题。

此外，新媒体平台的使用还可以丰富古汉语教学的资源、拓宽古汉语教学的渠道。教师可以通过网络平台分享学习资料、推荐学习资源，为学生提供更多的学习机会和学习材料。同时，学生也可以利用网络平台进行自主学习，通过在线资源和互联网搜索获取更多的相关知识和信息。

总之，多元化的合作式教育模式为古汉语文学教学带来了新的机遇和挑战。教师应当充分利用新媒体平台，与学生建立积极互动的教学关系，促进知识的共享和问题的解

决，推动古汉语文学教学的创新和发展。同时，教师也应不断提升自身的教学能力和专业素养，适应新媒体时代的需求，为学生提供更优质的教育服务。

（四）互动式教学模式在古汉语教学中的应用

"互动式教学模式"是以培养学生实践能力和创新能力，以"让学生爱学、会学、善学"为目标，"教"和"学"之间相互统一的交互影响和交互活动过程。围绕互动式教学模式，我们主要进行着以下几方面的探索。

1. 知识层面的师生互动

教师在教学过程中应该与学生建立联系，使教学内容与学生原有的知识结构和水平相联系，促进新的知识结构的形成。

在古汉语教学中，教师可以采用多种方式来实现互动，激发学生的学习兴趣和思考能力。通过设计问题情境，开展精讲、略讲，自学和讨论等形式，教师可以引导学生主动思考、提出问题，并展开争论和讨论，以有效学习和理解语言理论知识。

举例来说，教师可以讲授关于古书中的用字问题。教师可以搜集相关研究成果，并向学生介绍这些成果，激发学生对这一问题的兴趣。然后，教师可以引导学生用自己的理解方式来思考这个问题。例如，教师可以引导学生思考古代字和现代字之间的构形关系。比如"反"字在先秦时代有翻转、反叛、违反、返回等义项，而汉代人将"返回"的意义从"反"字所表示的多义中分化出来，用"返"来写。这样的引导和讨论可以使学生发现古字和今字在构形上的相承关系，并激发学生进一步关注这方面的问题。学生可以在阅读过程中留意这些问题，并培养自主提出问题的能力，促进学生的学习、探索和创新欲望。

通过这种互动式教学模式，教师可以促使学生主动参与学习，积极思考和探索，从而提高学生的学习效果和学习动力。同时，学生在与教师和同学的互动中可以得到及时的指导和反馈，有助于他们建立正确的学习方向和方法。

综上所述，建立互动式教学模式可以促进学生的自主学习和问题解决能力的培养，激发他们对古汉语的学习兴趣和深入思考的欲望，有助于古汉语文学教学的可持续发展。

2. 思维层面的师生互动

互动教学模式的核心在于教师与学生的互动和思维共振，通过问题的引导和解答，培养学生的独立思考和解决问题的能力，使学生成为课堂的参与者。

在古汉语教学中，教师可以通过创设问题情境、引发认知冲突等方式，引导学生关注汉字的形、音、义之间的复杂关系。例如，在异体字教学中，教师可以引导学生关注古书用字的复杂情况，让学生通过讨论和思考去探索古书用字之间的联系。教师可以提供相关资料和讨论的平台，引发学生的想象和思考，让他们积极寻找答案。这样的教学方法可以将教学变成引导和诱导，将学习变成思考，激发学生的学习兴趣和思维能力。

互动式教学模式中的"问、答"环节是非常重要的，它能够实现教与学的互联和互动，同时也能够及时反馈教学效果。通过互动问答，学生能够得到及时的指导和反馈，同时也能够锻炼自己的思维能力和表达能力。这种问答的互动在课堂教学中是不可替代的，它能够促进学生的学习效果和学习动力。

总的来说，互动教学模式是一种高效的教学方式，它能够培养学生独立思考和解决问题的能力，提高他们的学习效果和学习动力。在古汉语教学中，教师应当善于引导学生思考，通过问题情境的设计和互动问答的方式，使学生成为课堂的主体，培养他们的创造性思维和解决问题的实际技能。

3. 技能层面的师生互动

在古代汉语课程中，教师可以通过营造立体课堂和引导学生理论联系实际的方式，培养学生的自主学习和探究能力。教师可以结合实践活动，让学生亲身经历社会实践和探究过程，并结合实践经验深化课堂知识。学生可以通过开发网络资源、积累社会实践资料、使用语言文字工具书等方式拓展实践技能。同时，学生还可以通过调查笔记、研读笔记、报告撰写等方式来总结和展示实践成果。这样的实践活动使学生能够参与选择学习内容和方式，承担学习目标的责任，真正成为学习的主体。

教师可以设计激情互动的环节，以学生小组为单位，创建角色进行活动。这样的活动为学生提供了实战平台，进行必要的技能训练。在活动中，学生的语言技能得到提高，学习潜能得到开发，同时也培养了学生的团结合作和创新精神。

在语言教学中，除了注重技能训练，还应关注语言的文化内涵。语言是文化的载体，通过语言教学，我们应该尽量讲清词语的渊源，注重民族文化的渗透。教师可以引导学生勤查词典，加强正确的词汇积累，使学生具备一定的语言知识和良好的语言使用习惯，以便他们在走上社会时能够灵活运用语言并理解文化内涵。

4. 人格层面的师生互动

学生会从互动式教学模式中受益匪浅。以下是一些学生在这种教学模式中可能获得的益处。

①主体性和积极性增强：互动式教学鼓励学生参与课堂活动，提问、回答问题，分享观点和经验。这使得学生更加主动地参与学习过程，培养了他们的自主学习意识和积极性。

②学习目标明确：互动式教学强调设定明确的学习目标，帮助学生了解任务要求，并为他们提供指导和支持。学生可以根据目标有针对性地完成学习任务，提高学习效果。

③培养批判性思维能力：通过互动讨论和小组合作学习，学生可以集思广益，从不同角度思考问题，并学会分析和评价不同观点。这有助于培养学生的批判性思维能力和问题解决能力。

④发展社交技能和团队合作能力：互动式教学中，学生需要与他人合作，共同完成任务。这培养了他们的社交技能和团队合作能力，提高了沟通和协作能力。

⑤形成积极的学习氛围：教师的热情和个人魅力能够激发学生的学习兴趣和动力。学生对教师的尊重和情感参与将形成积极的学习氛围，促进学习效果的提高。

总的来说，互动式教学模式能够激发学生的学习兴趣，提高他们的参与度和主动性。通过互动和合作，学生不仅能够获得知识和技能，还能够培养批判性思维、社交技能和团队合作能力，形成积极的学习氛围。这样的教学模式有助于培养学生的综合素质，并为他们未来的学习和发展奠定良好基础。

5. 氛围层面的师生互动

创造良好的课堂氛围和促进师生互动是非常重要的因素，可以提高教学效果和学生的学习体验。以下是一些关键点的总结。

①教师角色：教师应成为创造良好互动环境的关键人物，让学生成为平等互动的主体。教师要具备人格魅力，储备扎实的专业知识，并精心设计教学过程，确保课堂氛围既愉悦又紧张，既严肃又活泼。

②师生关系：建立和谐的师生关系是优化课堂氛围的关键条件之一。教师应积极评价、分析和指导学生的见解，根据学生的反馈调整教学内容和进度，鼓励学生保持良好的反应和高涨的学习热情。

③学生参与：互动式教学要为学生提供参与和表达的机会，学生需要改变传统的听课心态，将参与和自我表达作为学习的必要组成部分。教师可以引导学生通过准备、提问、讨论和交流等方式积极参与课堂活动。

④学生体验：积极的课堂氛围有助于学生体验成功的喜悦，并在优秀教师的熏陶下感受学习的乐趣。学生的兴趣和态度可以在这样的氛围中得到积极转化。

⑤教学评价：互动式教学效果的评价不应只从教师的角度来考量，而应引入互动性教学的评价机制，包括学生的参与程度和质量等方面。

互动式教学模式能够调动学生的主动性、积极性和好奇心，激发学生的学习兴趣，提高他们的技能、素质和潜能。教师的努力和合理的教学设计将为学生创造一个积极、有益和愉悦的学习环境。

第四节　新媒体在对外汉语教学中的应用

一、对外汉语课程教学中新媒体的应用现状分析

①新媒体的应用：随着计算机信息处理技术的发展和互联网的普及，新媒体成为教学中重要的工具。计算机、手机、移动电视等多种终端为学生提供了随时随地接收信息和交互体验的渠道。同时，聊天软件、微博平台、论坛空间等新媒体也成为教学的有益工具。

②教学观念与工具更新：目前对外汉语教学仍存在着传统保守、工具陈旧等问题，无法满足信息时代课程革新的要求。需要更新教学观念，充分利用新媒体工具，创造多样化、有趣的教学形式，提高教学效果。

③汉语学习与新媒体结合：对外汉语教师和外国学生在日常生活中广泛使用移动

互联网终端，但在汉语学习中很少将新媒体与教学结合起来。这可能是因为国内和国外孔子学院的汉语网络信息平台建设滞后，缺乏相关学习资源和互动交流。因此，需要重视新媒体在对外汉语教学中的应用，制定相应措施并加以实施，以提高教学效果和学习效率。

④从以教师为中心到以学生为中心：新媒体的应用可以促使对外汉语教学模式从以教师为中心的知识传授型转变为以学生为中心的能力培养型。通过新媒体的互动和学习资源的丰富，可以培养学生的语言交际能力，并提升整体的教学效果。

新媒体在对外汉语教学中具有巨大的发展潜力。通过合理利用新媒体工具，结合现代教学理念和方法，可以推动对外汉语教育的发展，提高教学质量，培养学生的语言能力，让学习汉语成为一种愉快和有效的体验。

二、对外汉语课程教学中新媒体应用的三大优势

（一）新媒体延伸了对外汉语教学课堂

①新媒体的优势：相比传统媒体，建立在互联网基础上的新媒体具有全天候传播、自由开放和不受时间地点限制的优势。汉语学习者可以根据自身需求获取最新资料和交际素材，满足个性化学习需求。

②实现即时互动教学：新媒体的推广使得即时互动教学成为现实。这种教学模式突破了传统课堂在空间和地域方面的限制，大大优化了教师师资的组合分配，并在教案准备和师生互动方面具有优势。学生可以利用学习平台和信息交流工具向教师咨询、问疑、分析案例，并制订个性化的学习计划。

③促进主动学习和发散思维：新媒体的应用实现了音响图画、即时交流和信息分享的交互学习，能有效促进学生的主动探究兴趣，激发语言学习过程中的发散思维。

④实现跨区域师资优化组合分配：新媒体应用下的对外汉语课堂延伸实现了跨区域师资优化组合分配，使教师从主导者变为辅导者。学生能够选择教学资源和设计教学情景，教师能够积累新媒体应用教学经验，创新教学内容和方法，开发具有时代气息的对外汉语教材。

通过充分利用新媒体的优势，对外汉语教学可以实现更加灵活、个性化的学习方式，激发学生的学习兴趣和主动性，提升教学效果。同时，教师也可以不断创新教学内容和方法，适应新媒体时代的教学需求。

（二）新媒体强化了对外汉语教学的情境性

传统的对外汉语教学往往受限于教室环境和教材内容，学习者难以真实地体验和应用语言。而新媒体提供了更多的交际平台和资源，使得学习者能够更好地模拟和参与真实的语言交流情境。

通过新媒体终端上的聊天软件、社交媒体、在线论坛等，学习者可以与以汉语为母语的人或其他学习者进行实时交流。他们可以使用汉语进行文字聊天、语音通话、视频

交流等，从而更好地锻炼自己的听、说、读、写能力。同时，新媒体提供了丰富的多媒体资源，学习者可以观看汉语视频、听取汉语音频、阅读汉语文章等，深入了解汉语社会和文化的各个方面。

新媒体的情境性还可以通过虚拟现实（VR）和增强现实（AR）等技术进一步加强。学习者可以利用 VR 技术创造虚拟的语言环境。例如，模拟在中国街头购物、参观名胜古迹或参加社交活动等情境，提供身临其境的学习体验。AR 技术则可以将汉语标识、字词、句子等信息融入学习者的实际环境中，帮助他们在日常生活中直接应用汉语，并加深语言印象。

通过新媒体强化对外汉语教学的情景性，学习者能够更好地融入真实语言环境，提高语言运用能力和交际技能。这样的教学方法更加有趣和动态，可以激发学习者的兴趣和积极性，提高学习效果。同时，情境化的学习也有助于学习者更好地理解和掌握汉语的语言和文化内涵，促进跨文化交流和理解的能力的发展。

总的来说，新媒体终端上的聊天软件和互联网传播平台在汉语学习中发挥着重要的作用。通过这些工具，学习者可以进行交际互动，模拟真实情境，并获得丰富的语言和文化素材。这对于学习者形成汉语表达关联、提高语言能力和跨文化交流能力都具有积极意义。

（三）新媒体保证了对外汉语教学的时代性

随着互联网和数字技术的迅速发展，新媒体成为人们获取信息和进行交流的主要渠道之一。对外汉语教学借助新媒体的特点和功能，能够更好地适应当今时代的需求和学习者的实际情况。

首先，新媒体为对外汉语教学提供了丰富的资源和工具。学习者可以通过互联网搜索各种汉语学习资料、教学视频、在线课程等，随时随地获取所需的学习材料。同时，新媒体还提供了多种学习工具和应用程序，如在线词典、语法检查工具、语音识别软件等，方便学习者进行语言学习和实践。

其次，新媒体为对外汉语教学带来了更广泛的交流平台。学习者可以利用社交媒体、聊天软件、在线论坛等进行与以汉语为母语的人或其他学习者的交流。他们可以通过文字、语音、视频等多种方式进行互动，增加与汉语的接触和实际运用的机会。这样的交流平台具有时效性和实时性，能够促进学习者与汉语社区的互动，了解最新的汉语使用情况和社会文化动态。

另外，新媒体的多媒体特点使得对外汉语教学更加生动和具体。学习者可以通过观看汉语视频、听取汉语音频、阅读汉语文章等多种形式的学习材料，更好地理解和掌握汉语的语音、语调、语法以及汉字的书写等方面。同时，新媒体还可以结合虚拟现实（VR）和增强现实（AR）等技术，提供更具沉浸感和体验感的学习环境，激发学习者的学习兴趣和动力。

总体而言，新媒体的出现和应用为对外汉语教学注入了时代性。它不仅满足学习者对实时信息和交流的需求，还丰富了学习资源、提供了多样化的学习工具，并通过多媒体和虚拟现实等技术提供了更具体、生动的学习体验。

三、对外汉语课程教学中新媒体运用前景分析

①提供丰富的学习资源：新媒体为对外汉语教学提供了广泛而丰富的学习资源，包括在线课程、教学视频、学习资料、语言应用程序等。这些资源可以满足学习者的不同需求，帮助他们更好地掌握语言知识和技能。

②实现自主学习和个性化教学：新媒体技术赋予学习者更多的自主学习机会。通过在线学习平台、语言学习应用程序等，学习者可以根据自身的学习节奏和需求进行学习，自主选择学习内容和方式。同时，新媒体还支持个性化教学，可以根据学习者的水平和兴趣提供个性化的学习建议和反馈。

③提供真实情境和交互机会：新媒体为对外汉语教学提供了更多真实情境和交互机会。通过网络聊天工具、社交媒体、在线论坛等，学习者可以与以汉语为母语的人进行实时交流，提升语言运用能力。同时，新媒体还可以模拟真实情境，提供丰富的多媒体学习材料，让学习者在更贴近实际生活的环境中学习和实践汉语。

④强化学习效果和反馈机制：新媒体可以提供更好的学习效果和反馈机制。学习者可以通过在线测验、语音识别技术、语法检查工具等获得即时的学习反馈，帮助他们纠正错误、提高语言表达能力。同时，新媒体还可以记录学习过程和学习成果，方便学习者进行自我评估和进一步的学习规划。

⑤促进跨文化交流与理解：新媒体为学习者提供了更多以汉语为母语的人与中国文化交流的机会。通过社交媒体、在线社区等，学习者可以与来自不同背景的人进行交流和互动，增进对中国文化和社会的理解。这样的跨文化交流有助于提高学习者的跨文化交际能力、拓宽学习者的全球视野。

第五节　新媒体下移动学习在汉语国际教育中的应用

一、新媒体移动学习在汉语国际教育中的优势

新媒体移动学习在汉语国际教育中具有许多优势，以下是其中几点。

①灵活性和便捷性：移动学习通过使用移动设备（如智能手机、平板计算机等）进行学习，使学习者可以随时随地进行学习。学习者可以根据自己的时间和地点选择学习，无须依赖特定的学习场所，大大提高了学习的灵活性和便捷性。

②个性化学习体验：新媒体移动学习可以根据学习者的个体需求和水平提供个性化的学习内容和学习路径。学习者可以根据自己的兴趣和学习进度自主选择学习资源和学习方式，实现个性化学习体验，提高学习效果。

③多媒体和互动性：新媒体移动学习结合了多种媒体形式，如文字、音频、视频等，

使学习材料更加生动和多样化。学习者可以通过观看教学视频、听取录音、阅读学习资料等多种方式来学习汉语。同时，移动学习还支持互动性，学习者可以通过在线讨论、语音交流等与教师和其他学习者进行互动，促进学习效果和交流效果。

④即时反馈和评估：新媒体移动学习可以提供即时的学习反馈和评估机制。学习者可以通过在线测验、语音识别技术等获得即时的学习反馈，了解自己的学习进度和错误，并得到相应的指导和纠正。这样的即时反馈和评估可以帮助学习者及时调整学习策略，提高学习效果。

⑤跨文化交流和互动：新媒体移动学习可以促进汉语学习者之间和学习者与中国文化之间的跨文化交流和互动。学习者可以通过社交媒体、在线社区等平台与来自不同国家和地区的学习者进行交流，分享学习经验和观点，增进对汉语和中国文化的理解和认知。

综上所述，新媒体移动学习在汉语国际教育中具有灵活性、个性化学习、多媒体和互动性、即时反馈和评估以及跨文化交流等优势。

二、新媒体移动学习在汉语国际教育中的应用

（一）在汉语国际教育方面，新媒体下的移动学习主要应用于如下领域

1. 翻译

翻译软件在移动汉语学习中的应用确实为学习者提供了很多便利和辅助。这些翻译工具的功能越来越强大，能够支持多种语言的互译，并提供语音功能、汉字书写、笔顺等信息，对学习者的学习效率和学习质量提升有所帮助。然而，确实存在一些限制和局限性。

对于长难句、古典诗词和古代汉语等复杂的语言结构和文化内涵，翻译软件仍然存在一定的局限性。这是因为这些句子或诗词往往具有较高的语言难度和文化背景，需要更深入的语言理解和文化知识才能准确翻译。翻译软件的算法和规则可能无法完全捕捉和理解这些复杂性，导致翻译结果的准确性和流畅性不如人工翻译。

此外，翻译软件在语音语调和汉字书写方面的帮助是有限的。虽然它们提供了语音功能和汉字的笔顺信息，但学习者仍然需要通过其他方式（如正式的语音教学或练习）来获得准确的语音语调训练，并且需要通过实际的汉字书写练习来提高书写能力。翻译软件提供的功能只能作为辅助，不能替代对这些技能的系统学习和练习。

综上所述，翻译软件在移动汉语学习中是有价值的工具，它们为学习者提供了便捷的翻译和学习资源，提高了学习效率。然而，对于复杂的句子结构和文化内涵以及语音语调和汉字书写方面，仍需要借助其他教学和练习方法来提高准确性和技能水平。翻译软件与人工翻译相结合，可以更好地满足学习者的需求。

2. 社交平台

网络社交平台如Facebook、微信和QQ在汉语国际教育中的应用确实具有许多优势和潜力。这些社交平台不只是简单的聊天工具，更是一个复杂的媒介，涵盖了语言沟通、

人际交往、文化传播、社会心理和生活方式等多个方面。

对于汉语学习者来说，微信、QQ等中文社交平台提供了丰富的汉语语料资源和练习机会。学生和老师可以通过这些平台在课外进行有效的沟通，拓宽学习和生活的交流范围。学生们可以通过微信与中国人进行文字、语音、视频等方式的交流，有效地学习日常生活用语，并且有助于建立汉语语感。微信的群功能方便了对留学生的管理，而微信的公众号功能为留学生提供了丰富的汉语学习资料。

在对外汉语教学实践中，微信具有许多优势，如自由度高、形式多样、互动性高、共享性强、时效性高、语言环境生活化等。教育工作者可以通过建立微信公众号，根据留学生的学习水平推送不同等级的学习资源和学习方法，提供个性化的教学支持。

然而，也需要注意网络社交平台在汉语学习中可能存在的问题。例如，网络语言的不规范性和句式表达的不完整性可能对学习者产生负面影响。学习者需要有辨别和筛选信息的能力，避免错误的语言模式和习惯。此外，过度依赖社交平台可能导致学习者忽视传统的教学和学习方法，对汉语学习的全面发展产生一定的局限。

综上所述，网络社交平台如微信在汉语国际教育中具有许多优势，可以提供丰富的语言资源和学习机会，促进学习者与汉语环境的交流和互动。然而，学习者应保持辨别能力，避免受到不规范的网络语言影响，并注意平衡社交平台与传统教学方法的结合，以实现更全面和有效的汉语学习。

3. 学习软件

学习软件在汉语学习领域中起到了重要的作用。除了翻译软件，汉语学习的各种App也为学习者提供了丰富的学习资源和多样化的学习方式。

翻译软件的发展已经超越了单纯的翻译功能，如汉拼软件。这类软件不仅提供即时翻译，还具备分类学习功能，将学习内容划分为常用汉字、HSK词汇和汉语成语等三类，帮助学习者有针对性地进行学习。

另一类汉语学习App的分类可以从不同的角度来进行。观点一将其分为口语练习类、汉语考试类、汉字学习类、词典类和综合类，每个类别都有不同的学习重点和功能。观点二则从教学内容的角度将其分为工具类、技能训练类和语言文化类。工具类软件大多由传统的翻译软件发展而来，具备翻译和学习两种功能。技能训练类软件按照听、说、读、写四种语言技能进行分类，提供多样化的学习方式，其中包括一些有趣和娱乐性质的学习游戏，如汉字拼读游戏。

这些学习软件为学习者提供了更加便捷和个性化的学习途径。它们结合了技术和教学方法，以提供丰富的学习材料、交互式学习体验和个性化学习计划。通过使用这些软件，学习者可以在移动设备上随时随地进行汉语学习，提高学习的效率和趣味性。

然而，需要注意的是，选择适合自己的学习软件时，学习者应该根据自身的学习目标和需求进行评估和选择。同时，学习者也应保持对网络信息的辨别能力，避免受到不准确或低质量的学习资源的影响。在使用学习软件的过程中，结合传统教材和课堂教学，形成系统和全面的学习方法，才能更好地提升汉语学习的效果。

（二）混合学习

移动学习和学习软件的发展确实提高了学习的效率和效果，同时也解决了传统教学模式所面临的一些问题。学习软件的娱乐性、趣味性、开放性和实用性，使学习者能够更有针对性地进行自主学习。这种学习方式能够缓解传统教学模式中存在的问题，如师资不足、教材陈旧和教学方法单一等。

然而，我们也要认识到当前新媒体技术尚未完全发展成完全智能化的阶段。对于需要系统、严密学习的学习者来说，仍然需要教师的指导。因此，"互联网+"的学习模式将在未来相当长的一段时间内仍然是最值得推行的学习方式。

"互联网+"学习模式实质上是一种混合学习的模式。混合学习的核心在于根据学习目标，选择适当的时间、适合的学习技术和适应个体学习风格的方法，以优化学业成就。混合学习将互联网作为主要媒介的技术手段与合适的教学和学习方法相结合，实现特定内容的高效学习。这种模式有效地将传统学习与以网络为主要媒介的新媒体学习相融合，使得二者互相补充优势，从而提升和保障汉语学习的数量和质量。

在这种学习模式下，教师仍然扮演着重要的角色。他们可以在学习软件的基础上进行指导和辅导，帮助学习者制订学习计划，解答疑惑，提供反馈和评估等。同时，学习者也需要有自主学习的能力和学习策略，灵活运用学习软件和资源，以达到更有效的学习效果。

总之，混合学习模式能够充分利用新媒体技术和传统教学的优势，提供更丰富和灵活的学习方式。但教师的角色仍然至关重要，以确保学习的有效性和质量。

三、新媒体下的移动学习对汉语国际教育工作者的启迪

新媒体下的移动学习给汉语国际教育工作者带来了一些启示和挑战。以下是一些可能的启迪：

①教学内容的多样性：新媒体提供了更多元化的学习资源和内容形式，教育工作者可以利用各种移动学习应用程序、在线课程和多媒体资料来设计和提供丰富的教学内容。他们可以结合语言技能训练、文化背景介绍、实践活动等，以提高学生的学习动机和兴趣。

②个性化学习：移动学习应用程序通常提供学习者个性化的学习路径和进度跟踪。教育工作者可以通过分析学生的学习数据和反馈，为他们量身定制学习计划，并提供有针对性的指导和支持。

③学习社区的建立：移动学习应用程序和社交媒体平台提供了学习者之间交流和合作的机会。教育工作者可以鼓励学生参与在线讨论、互动学习和团队项目，促进学生之间的合作和知识分享。

④实时反馈和评估：移动学习应用程序通常具有实时反馈和评估功能，教育工作者可以及时了解学生的学习进展和困难，并及时调整教学策略和提供个性化的支持。

⑤教学方法的创新：新媒体技术的发展推动了教学方法的创新。教育工作者可以利用虚拟实境、增强实境和游戏化学习等技术和方法，提供更具吸引力和互动性的学习体验。

第四章 汉语语言学课程研究性教学

第一节 语言学课程研究性教学构想

一、语言学课程研究性教学

语言学的学科性质比较特殊，语言学课程地位也很重要。在语言学课程中开展研究性教学，非常适宜和必要，对于培养大学生语言学的实践创新能力、深化语言学课程教育教学改革、切实提高人才培养质量意义重大。

（一）语言学学科性质与语言学课程的地位

语言是人类社会重要的联系纽带和组成要素，随着人类社会的发展而不断演变发展。语言是一个复杂的现象。从社会功能的角度看，语言是人类最重要的交际工具；从思维的角度看，语言是最重要的思维工具；从语言本体的角度看，语言是一个声音和意义相结合的符号系统。语言学是研究语言的科学，因此，其学科性质也很复杂。语言学既具有社会科学的性质，又具有自然科学的性质，同时具有强烈的社会实践性，"它在整个科学体系中占有重要的地位"。

根据最新《中华人民共和国学科分类与代码国家标准》，语言学学科是一个与文学、艺术、历史等学科并列的一级学科门类，涵盖普通语言学、比较语言学、语言地理学、社会语言学、心理语言学、应用语言学、汉语研究、中国少数民族语言文字、外国语言、语言学其他学科等10个二级学科。其中，汉语研究涵盖了普通话、汉语方言、汉语语音、汉语音韵、汉语语法、汉语词汇、汉语训诂、汉语修辞、汉字规范、汉语史等10个三级学科。

（二）语言学课程研究性教学的意义

在语言学课程教学中开展研究性教学，意义很多，可以从不同的层面和角度来认识。但是，从学科和教学两个维度来看，其最核心的意义主要有两方面：一是有利于培养大学生语言研究和创新的能力，二是有利于深化语言学课程的教育教学改革。另外，因为汉语言文学专业的很多毕业生将来会从事基础教育的语文教学工作，所以，语言学课程的研究性教学对于学生胜任基础教育语文学科的探究性教学工作也有很重要的意义。

1. 有利于培养学生的语言研究和创新能力

中国语言文学类专业培养能力的要求是"具有感悟、辨析和探究语言文学现象的能力"；质量管理目标是"培养学生具有扎实的专业基础和创新精神、创新能力"。可以看出，语言研究（探究）与创新能力既是专业培养的目标追求，也是专业培养的基本质量要求。现代汉语课程的教学目标是把学生对于现代汉语的语感从感性认识提高到理性认识上来，以培养他们良好的语言素质和语言能力。所谓的语言素质和语言能力，可以分为三个层面：第一层面，理解能力和表达能力；第二层面，分析能力和思辨能力；第三层面，创新能力和研究能力。

这三个层面的语言素质和语言能力，具有一定的普遍性，不单是现代汉语课程，其实也是整个语言学课程所要努力实现的。就这三个层面语言素质和语言能力的培养来说，要实现第一、第二两个层面的教学目标，传统的课堂讲授方法是基本可以胜任的。教师可以通过课堂系统讲授和一定的技能训练达到目标，但是要实现培养语言"创新能力和研究能力"的教学目标，课堂讲授的方法就难以奏效了。因为传统的教学方法缺少培养学生语言研究和创新能力的有效途径和方法，或因为认识上的误区，有些教师认为研究和创新能力的培养是研究生阶段的学习任务，有意回避大学生研究和创新能力的培养，所以大学生的语言研究和创新能力相当薄弱。从教学实践来看，每年毕业论文选题中，语言学学科的论文选题比例很低，且不少论文完成质量不高。教师稍微要求严一些、高一些，有的学生就转而改写文学一类的论文了。因此，要培养学生语言研究和创新的能力，就必须通过研究性教学，师生共同去探索、去发现、去研究，在探索、发现和研究中潜移默化地培养学生语言的研究和创新能力。这是问题的一方面。另一方面，通过研究性教学，在培养学生语言研究和创新能力的过程中，学生的语言理解能力和表达能力、分析能力和思辨能力自然也就得到了很好的锻炼和培养，因而在实现第三层次目标的过程中也就实现了第一、第二层次的教学目标。因此，语言学课程的研究性教学非常有利于培养学生的语言研究和创新能力，相应地，在很大程度上也提高了语言学人才培养的质量。

2. 有利于深化语言学课程教育教学改革

虽然语言学课程的地位非常重要，但由于语言学课程的性质比较特殊，逻辑严密，抽象程度高，有些语言现象还比较复杂，所以很多学生学习起来感觉比较费力，学习的兴趣不高，学习效果也不够理想。对于教师而言，如何教好语言学课程，激发学生的学习兴趣，提高教学效果，也是重要的教学研究内容和谈论的热门话题。近年来，广大教师在语言学课程的教育教学改革中做了很多努力，提出了很多改革的思路和模式，在课程体系、教学内容、教学方法以及教学手段等方面都取得了卓有成效的改革成果。但是，教育教学改革，改到深处，改到难处，都是教学方法改革。教学方法不变，其他的改革效果都难以实现，或最终流于形式化。客观地说，目前语言学课程的教学方法改革尚没有达到应该达到的程度，研究性教学虽得到了广大教师的重视，在实践中也取得了一定的改革成果，但整体上还处于起步和探索阶段，理论化程度不高，效果显现不明显。因此，开展研究性教学，培养学生的自主探索、自主研究的语言研究和创新能力，对于创新教学方法、提高教学效果是很有意义的。

3.有利于学生更好地胜任基础教育语文学科探究性教学工作

教育部颁发的《现代汉语教学大纲》中规定现代汉语课的教学目标如下："贯彻理论联系实际的原则，系统讲授现代汉语的基础理论和基础知识，加强基本技能的训练，培养和提高学生理解、分析和运用现代汉语的能力，为他们将来从事语文教学工作和现代汉语的研究工作打好基础。"

二、语言学课程研究性教学的构想

（一）语言学课程研究性教学的目标

从一般意义上把研究性教学的目标分为三个层次，即科研的意识和思想、科研的过程和方法以及科研的成果与创新。对于语言学课程来说，同样要努力实现这三个层次的目标。依据语言学的学科性质、语言学课程的特点及其在专业人才培养中的地位和作用等，这三个目标具体表现为如下几个方面。

1.培养语言学研究的意识和思想

语言与我们形影不离，鲜活而丰富。但是，语言的结构规律却是隐性的、抽象的，看不见、摸不着，需要有敏锐的感知力和深邃的思辨力，才能透过纷繁复杂的语言现象看到语言的本质规律。因此，研究性教学就要悉心培养学生语言研究的思想意识。为了便于认识，这里把语言研究的思想意识分为语言研究的意识和语言研究的思想两个层面。

（1）语言研究的意识

培养学生语言研究的意识，首先就要训练学生对语言的敏感性，能从寻常的语言现象中看到语言的本质；其次要训练学生语言研究的问题意识，能从司空见惯的语言现象中看到问题之所在。"创新的核心是什么？就是运用已知，不断地发现和解决那些尚未解决的'问题'。所以，培养学生的'问题意识'，是培养学生创新精神和能力的根本。发现问题，提出问题，以问题为先导，既是学科研究的起点和不断发展的生长点，也是课堂教学从讲授性教学转变为研究性教学的路径。"

（2）语言研究的思想

语言研究的意识是一种朦胧的感觉和冲动，尚不是自觉的状态。语言研究的思想是语言研究意识的提高与深化，是一种对语言感性认识基础上的科学理性的认识，是自觉性的。语言学可以分为理论语言学、描写语言学和应用语言学三类。理论语言学着重探讨语言的一般理论问题，描写语言学着重描写语言的具体结构方式和组合规律，应用语言学着重研究语言在各个领域中实际应用的规律和功能。因此，培养学生语言研究的思想，就要努力培养学生从语言现象中抽绎出一般理论的思想，从大量语言事实中总结归纳出语言的结构方式和组合规律的思想；随着应用语言学的发展，更要引导学生关注现实语言生活，开启一扇语言应用的窗户，培养学生研究语言实际应用规律的思想。

2.掌握语言学研究的过程和方法

语言学课程的研究性教学需要通过系统训练，让学生充分认识清楚语言的性质，掌握语言学学科基本的研究过程和研究方法。

（1）语言研究的过程

科学研究的基本过程有很大的共性。语言学研究和其他科学研究一样，基本的研究过程也是发现问题、分析问题和解决问题三个阶段。但是因为研究对象的不同，语言学研究的过程也有其特殊性：问题是隐性的，需要有强烈的问题意识，刨根问底，方能提出问题；分析解决问题，需要亲身去收集语料，或者是深入调查语言事实，才能做出合理的解释。科学研究的能力都是在艰苦求索的过程中获得的，走捷径、短平快都是不切实际的。因此，在研究性教学实践中，要十分重视研究过程的训练，要在研究过程中养成实事求是的科研作风和科研品格。

（2）语言研究的方法

语言研究的方法很多，但从整体上看，主要有两大类：一是基本的数据获取方法，一是基本的思维方法。语言学基本的数据获取方法，有观察收集、田野调查和实验分析等多种。基本的思维方法有两种，即分析归纳和演绎推理。分析归纳主要是在对大量语料比较、分析、抽象的基础上，得出带有普遍性的语言结构规律，由个别到一般，如描写语言学研究方法；而演绎推理则主要是运用逻辑思辨的力量，将一般原理运用到具体情况，推理出结论，构拟出语言的结构规律，如转换生成语法的研究方法。比较而言，归纳分析的方法在实践中更适合于开展研究性教学，演绎推理则可以在分析归纳的基础上进行。当然，实践中，分析归纳和演绎推理两种方法是结合在一起的，只是各有所侧重而已。除归纳和演绎两种基本思维方法外，语言学家还提出了溯因推理的方法。逻辑学家主要关注归纳和演绎两种推理，如果人类语言是人工语言的话，那么归纳和演绎两种思维就足够了。但是，人类语言不是人工语言，归纳和演绎两种推理并不能充分地说明间接性、表达性和发展变化等问题。因此，学者提出的第三种推理——溯因推理就需要考虑。溯因推理对于研究语言变化的重要性被安德森阐述得特别清楚。尽管溯因推理经常与归纳推理相混，但是溯因推理是不同于归纳推理的。所谓溯因推理，就是从一个可以观察到的结果出发，依据某一规则，推理出某一情况。如有这样的事实"苏格拉底死了"，我们可以把这一事实与"所有人都会死"这一规则联系起来，因而推测"苏格拉底是人"。溯因推理即使是前提正确，但结论也不一定正确。人们可能把错误的结论与规则进行匹配：苏格拉底可能不是人，而是一只蜥蜴。尽管溯因推理是一种弱推理，但是学者对之很感兴趣，认为它是人类洞察力的基础，也是能产生新思想的一种推理。语言是不断发展演化的，词汇化、语法化都是语言发展变化的典型形式。要探究词汇化、语法化等的过程和规律，除归纳和演绎两种基本思维方法外，就很需要溯因推理这种思维方式。

3. 取得语言研究的成果与创新

大学生的研究性教学，不仅注重研究思想意识的养成和研究过程方法的熟悉掌握，对研究性教学的结果也应有一定的要求，要有对研究成果与创新的自觉追求和强烈渴望。

（1）语言研究的成果

语言研究的成果可以分为两个层面：一是理解层面，二是解释层面。针对研究的题目和确定的研究范围，学生走完了研究的全过程，最后对所研究的问题有了较为深入的理解，这就是理解层面的研究成果，解决是什么和知识消化的问题。学生通过广泛查阅资料，或深入调查研究，能对研究的问题做出科学合理的解释，并采用适当的形式完整地表达出来，这就是解释层面的研究成果，解决为什么和知识发现的问题。实践教学中，可以循序渐进，初期或低年级从理解层面提出要求，以后逐渐过渡到从解释层面提出要求。

（2）语言研究的创新

创新的目标相对要高一些，学生不仅加深了对问题的理解，或是对问题做出了科学合理的解释，而且在研究性教学的过程中有所发现，得出了与现有认识不一样的结论，提出了新的结论或观点，或是采用了新的材料或方法，进一步证成或证伪已有的观点或理论。一定意义上，学生只要在研究性教学过程中进一步深化了对问题的理解，或采用了恰当的方法去分析论证问题，对研究过程有了真实的体验，即可视为研究性教学取得了成果。

为了便于操作和评价，这里把语言学课程研究性教学的目标分为三个层次。研究性教学是一个完整的过程，实际上这三个目标是寓于整个研究性教学过程中的。在实践中，根据学生层次的不同，可以有所侧重，如对于基础好也有志于继续从事语言学学习和研究的，可以三个目标都有所要求，重点放在取得成果和创新方面，而对于其他学生，则可以侧重于前两个目标，第三个教学目标的要求适当放低。这样处理，就进一步增加了研究性教学的针对性和灵活性，有利于因材施教，也有利于扩大学生的参与面。

（二）语言学课程研究性教学的进路

研究性教学在具体实施的时候，可以采用多种模式。以问题为中心的研究性教学，围绕问题这一核心，以寻找发现问题为起点，以分析问题、解决问题为过程和终点，目标明确，线路清晰，易于操作。随着问题的不断发现与解决，学生能很好地体验到研究行进的历程，获得强烈的成就感，因此参与的积极性也高。有专家甚至认为，研究性教学"就是以'问题'的方式展开，采用课题研究或项目设计的方式，把传授知识的过程创建成为一种对'问题'的分析、对'方案'的构建和对'求解'的研究过程。在这个过程中，教师设计的'课题研究'过程，将会使学生经历'问题发现''问趣梳理'和'问题提炼'等类似科研的情境或途径，让学生在课题研究和项目设计中得到自主学习和创造的机会，并在创造中感受到发现问题和解决问题的成功喜悦"。实践中，主要采用以问题为中心的研究性教学模式，以问题为中心，沿着问题的提出、分析、解决及进一步升华、延展的线路展开，同时紧紧扣住语言学学科和课程的性质，把语言学的研究进路融入问题的提出与解决这一线路之中，形成一明一暗两条推进线索，构建了以问题为中心的语言学课程研究性教学模式。另外，研究性教学毕竟是教学，需要契合学校的环境和特点，遵循教育教学的规律。因此，在构建、运行以问题为中心的语言学课程研究性教学模式时，努力使之植根于校园这方深厚的土壤，在立足校园的基础上，尝试突破和超越校园围墙和实体空间的局限，使之延伸到广阔的语言生活和虚拟的网上社区。

1. 以问题为中心的推进之路

"创新其实是一个发现问题、构思创意和解决问题的过程。提升创新能力必须重视创新过程的三个方面。"在实施以问题为中心的研究性教学时，也需遵循发现问题、构思创意和解决问题这一基本的创新过程。

（1）问题的发现、提出

"问题是一切发明与创新的起点。善于发现问题是科学精神的重要表现。人类科技的历史表明：科学发现和技术发明都是始于问题的发现，都是出自带着发现的问题进行观察、思考。只有问题才能激发人们的好奇心，从而激发人们科学探索和技术研究的兴趣。"但在实施以问题为中心的研究性教学过程中，感觉最难的就是学生提不出问题。为了突破"提不出问题"这一难题，培养学生发现问题的能力，主要从两方面进行努力：一是教师设置问题；二是引导学生发现问题，循序渐进，并在教师设置问题与引导发现问题的过程中激发学生的怀疑批判精神，树立强烈的问题意识。

（2）问题的分析、解决

有了问题，就需要进一步对问题进行分析，构思创意，努力解决。问题的分析解决是研究性教学的重要过程，能很好地训练学生的科学思维习惯，让他们掌握科研的过程方法，获得科研创新的能力。因此，实施研究性教学，要注重问题的分析和解决。

2. 语言学研究的推进之路

在问题的发现提出、分析解决这一主线下，这里把语言学研究的基本进路贯穿于其中。语言学研究最基本的方法是分析归纳和演绎推理。分析归纳是在大量语言事实的基础上比较、分析，得出结论，因此，语言事实是前提。选择语言事实有两个基本视角：一是历时性的语料，二是共时的语料。对于科学研究来说，理论不仅是研究的指导，更是生发新问题、激发新观点的导火线，研读理论文献也是一种重要的发现问题的方法。在尊重从语言事实中得出结论的同时，也注重理论的启发作用，培养学生运用演绎推理的方法提出问题。

对于解决问题来说，主要有两种方法：一是查阅文献资料，一是开展社会调查。查阅文献资料，既可以找寻到解决问题的理论依据，也可以找寻到佐证的事实依据。现实的语言生活中，既有普通话，也有大量的方言，有的以书面语形式存在，有的存在于老百姓的日常口语中。因此，要回答解决语言中的一些问题，就需要采用社会调查的方法，去寻找证据。当然，语言的发展是一个长期渐变的过程，语言研究还需要把现实的语言现象和古代的语言现象结合起来研究，普、方、古三个视角综合，以参透语言发展演变的规律与机制，对有关问题做出全面、科学的解释。

3. 植根于校园的生长之路

虽然研究性教学遵循科研的基本规律，但是，研究性教学毕竟不是纯粹的科研，它的另一个重要属性是教学。因此，在实施研究性教学的时候，要始终紧扣教学实际，立足教学，不能让研究性教学游离于教学之外。基于这样的考虑，在问题的发现提出、分析解决这一主线下，要始终遵循教学活动的基本过程和规律。第四章既是为了引导学生发现问题，循序渐进地开展研究性教学，也是为了充分发挥教师在教学中的主导作用，提升研究性教学的质量和品位。

第二节　研究性教学成果的升华

研究性教学很重视研究成果的总结与交流，很多教师采用了各种各样的方法让学生展示自己研究性学习的成果，如 PPT 汇报、展板、总结报告等形式，收到了很好的教学效果。但是，也有很多成果总结仅停留在就事论事的层面，甚至仅是过程和事实的描述，存在提炼不够、进一步理论升华不足的现象，其原因主要有两方面：一是对成果升华的意义和价值认识不足，没有进行进一步挖掘；二是想进一步提升研究的层次和价值，却找不到合适的方法，因此无力升华。

一、研究性教学成果升华的意义

（一）进一步提高学生的科学思维能力

研究性教学中学生不能很好地对研究成果进行理论升华，一个很重要的原因是学生平时科学思维的训练不够，具体问题具体对待可以，但要是扩大范围，进行横向的拓展和延伸，或进行纵向的挖掘和提炼，则显得能力不足。如在调查市区商业场所名称问题的时候，学生能详细进行记录，并进行分类描写（如纯汉字的、纯英文的、英汉夹杂的），但在分析为什么会出现这样复杂多样的名称时，不少学生都简单地归结为几点，如违反国家语言文字有关规范，存在崇洋心理等，没有从社会语言学的角度更深一步分析使用名称的心理和社会成因。对研究性教学的研究成果进一步进行理论升华，可以较好地对学生进行横向和纵向思维的科学训练，进一步提高其科学思维能力的水平和层次。

（二）由研究性教学上升到科学研究

研究性教学虽然不是真正意义上的科学研究，其目的也不是做研究，而是教学和学习，但研究性教学毕竟是与专业学习紧密结合的，其科研性相比基础教育要大大增强，即使不是真正意义上的科学研究，至少也是准科学的研究了。因此，有必要进一步提升研究性教学的品格，努力使其上升到科学研究的层面。在实践中，不但要认真总结研究成果，以一定的形式展示，更要在已有研究的基础上拓宽视域，深入挖掘，争取在研究成果的理论深度和高度上有所深化和升华，进而由研究性教学走向真正的科学研究。

二、研究性教学成果升华的方法

（一）由此事及彼事

事物之间是相互联系的，语言学的很多现象也是相互关联的。因此，在研究性教学过程中，可以围绕具体的问题展开联想甚至想象，由此及彼，横向扩大研究与思考的范围，在相关现象研究的基础上，总结概括，从而进一步升华研究成果，提升研究价值。

由此事及彼事可以是由一种语言到另一种语言，由普通话到方言（或相反）、由现代汉语到古代汉语等的比较研究，也可以是语言学学科的一个分支到另一个分支的贯通研究（如语法、语义和语音之间），甚至可以是由一个学科到另一个学科的跨学科研究（如语言学和辞书学、语言学和心理学、语言学和计算机科学）。

（二）由个别到一般

个别和一般是一对紧密关联的范畴，一般寓于个别中，个别中体现一般。因此，在研究性教学中，可以在个案的基础上进一步抽象思维，由个别上升到一般，从中概括出具有普遍性的观点或结论，从而提升研究的价值。

层次分析法是一种重要的句法分析方法。因为大部分短语或句子都可以二分为两个直接成分，所以又叫"二分法"。当然也有少数结构是多分的，如有些并列结构、连谓结构和双宾结构，如"北京、上海、天津、重庆""扛上锄头上山采药""给他一本书"，就需要一次性多分，而不是二分。

但根据层次分析法的原则及操作方法，在实际练习中也会遇到一些问题，如一些比况短语："好像火一样（灼热）""（天气燥热，）好像要下雨似的"，黄本《现代汉语》教材中讲到，"好像"是动词，"一样似的"是比况助词，前一个例子如说成"好像火"或"火一样"，分析起来都没有问题，"好像火"是动宾结构，"火一样"是比况短语，但"好像火一样"分析起来就很费思量。

"好像……一样"这种具有一定特殊性的结构可以命名为"嵌入式结构"，是一种定型化的构式，由此就可以假设说汉语中存在一种"嵌入式结构"。但这是从具体实例当中抽象出来的结构，是否具有普遍性呢？因此，就需要进一步探索，由个别走向一般。

拓宽视野，广泛搜索发现，汉语中类似这种"嵌入式结构"的现象还有，如兼语结构、一些补语结构，具体例证如"请他来""（树林里）跳出一只吊睛白额大虎来"。"请他来"中，"他"既是"请"的宾语，又是"来"的主语，是兼语。在层次切分的时候，整个结构应该一次性切分。"（树林里）跳出一只吊睛白额大虎来"与"（树林里）跳出来一只吊睛白额大虎"不一样，后者是动补结构（"跳出来"）带宾语（"一只吊睛白额大虎"），而前者则是"一只吊睛白额大虎"嵌入"跳出……来"结构中。以上事实进一步佐证了汉语中存在一种"嵌入式结构"构想的合理性。前面分析的嵌入式结构是属于单句（含短语）层面的，但这种结构是否具有较大的普遍性呢？循着上述思路，进一步扩展，会发现词汇层面和复句层面也存在类似的结构，如有的学生认为有的离合词扩展后也属于这种结构，如"理发"扩展为"理了一次发"，有的复句格式实质上也是一种嵌入式结构，如"只有……才……""即使……也……"。由此，就可以"论汉语中的嵌入式结构及其句法分析"为题，进行深度的探索和研究。

综上所述，由"好像火一样（灼热）""（天气燥热，）好像要下雨似的"这样一些具体的个案触发，可以扩大范围，寻找更多类似的个案。在此基础上，经过概括，可以提出带有一定普遍性的"嵌入式结构"，然后再进一步扩大范围，去佐证这种认识的合理性，最后上升为具有一定普遍意义的观点或结论。这样一步一步，由个别到一般，就进一步提升了研究的层次。

（三）由低层到高层

在总结研究成果时，学生由于平时分析和概括思维的训练不够，对问题的认识往往比较浅显，思考或处于微观的层面，事无巨细，不能进一步上升到中观和宏观的层面；或思考停留在宏观的层面，大而化之，对问题的剖析没有深入到微观层面。对所研究的问题层层上升，层层概括，或沿着相反的路径层层分析，层析深入，这种由低层到高层不断追究的思维模式，是研究性教学升华研究成果的重要方法。

缩略语很常见（如北京大学——北大、外资企业——外企）。在新词语中，缩略语所占的比重越来越大，逐渐成为一种趋势（如环境保护——环保、安全检查——安检）。为什么缩略语逐渐成为新词语产生的一种趋势，数量越来越多呢？动因是什么？其背后生成演变的机制又是什么呢？大量缩略语产生后，对于汉字字义的发展变化又有哪些影响呢？要解释清楚这些问题，就需要由现象到本质，层层剖析，逐步深入。

缩略语产生的动因除了交际时省时省力，追求经济的原因外，另一个深层次原因是源于语言的现实编码机制发生了变化。徐通锵认为语言是现实的编码体系，在社会生活比较简单的时期，汉语社团选择了类、象合一的单字编码方式，形成"一个字 = 一个义类 × 一个义象"的格局。这种编码方式的特点就是用一个音节表示某一特定的现象，在书面形式中就是造出一个个方块汉字。但随着社会的发展，需要指称的事物越来越多。这种单字格局的编码体系因为音节数量有限，造字任务和记忆负担过重，故类、象合一的单字编码方式逐渐让位于类、象分离，一字一类（或一象），用字组来实现编码的要求。因此，用双音字来实现"一个字 = 一个义类 × 一个义象"的结构就逐渐成为汉语编码方式的主流，单字编码格局也就退居次要的地位了。社会不断发展，新事物层出不穷，语言就需要不断地编码进行指称。此外，为了表达更复杂的语义，就必须加长语言能指符号。双音字编码体系虽然经济，但它的容量也有限度，尤其在表达复杂语义时。因此，汉语的编码规则也需要不断地调整、适应。新词语中虽仍以双音节为主，但三音节、四音节的词汇数量也逐渐增多，这就是语言适应和满足不断增长的交际需要，编码规则不断调整的结果。三音节、四音节词语的能指符号加长，这样就能更准确地表达更复杂的语义，信息量也更大。但是，单位长度的增加显然不利于表达的便捷和高效。因此，省时省力的经济原则就成了现实的语言编码规则的另一个动因，"任何一个组合体能压缩的则压缩，能省略的则省略，能简化的则简化"。缩略语的产生是语言自适应性的重要一步，意义重大。

缩略语生成演变的机制重要的有两步：一是词化，一是字化。缩略语刚产生的时候对源短语的依赖性较强，需要借助源短语理解，有时两者会并存一段时间。如果缩略语的使用频率较高，形式就会逐渐固定，理解时就可以不借助源短语，直接把能指和所指联系起来。这时缩略语事实上已经词化，变成了一个词。如"电视机电视"是"电视接收机"的缩略语，已经词化，理解时已无须凭借其源短语，有的人甚至不知其源短语了。缩略语的词化，这是语言自适应性的第二步，也是更本质、更重要的一步。缩略语词化后，如果被选用的字与源短语中对应的词的语义关系联系密切，尤其是意义相同时，理解起来并不困难，有时甚至根本不需要凭借源短语，如"高职"。但像"北大"一类被选用的字与源短语中对应的词的语义上没有联系时，理解就困难一些，存在重新解释的问题，如"北大"是什么结构，"北"和"大"是什么意思。汉字"一个字·一个音节·一个概念"的特性在汉语中根深蒂固，这种格局对整个汉字体系具有强大的约束力量。字组中有的字没有意义，这是不符合汉字的特性的。因此，会通过重新分析和类推，给其中的字赋义，实现字化。如"北京大学"，从源短语来看，第一层结构成分是"北京"和"大学"，第二层是"北"和"大"分别修饰"京"和"学"，"北"和"大"两者不在一个层次，也没有结构关系。"北大"因为源短语"北京大学"的关系而加以重新分析，再加上众多结构关系相同的短语的诱发，"北大"也就具有了结构关系。经过重新分析和类推，"大学"的意义浓缩到"大"字上，"大"实现了字化，获得了"大学"的意思。

（四）由共时到历时

语言的发展是一个长期的渐变过程，现代汉语的语音、词汇、语法等规律是可以从古代汉语中找到源头或发展线索的。甚至很多时候，要对现代汉语的结构规律或现象进行合理解释，还必须回到古代汉语中找寻答案。共时和历时是语言研究的两个视角，很多时候两者是交织在一起的。因此，在研究成果升华时，可以由共时研究进一步延伸到历时，从而对有关语言现象做出全面的解释，提高研究成果的说服力和理论高度。

（五）由个别语言到语言类型学

"当今仍然在使用的人类语言大约有 6000 种，但是它们的结构类型是有限的。"另外，同一种语言还有不同的方言。因此，研究语言时，可以"根据经验事实，利用归纳法，进行跨语言的比较研究"或进行跨方言的比较研究，从语言类型学的角度观察、发现语言的规律。

人类语言完成体标记最常见的来源有两个：一是来自完成义的动词，二是来自领有动词。属于第一种类型的语言有 Kammu、Sango 等，属于第二种类型的语言有英语、法语、瑞典语、意大利语、葡萄牙语、西班牙语等。而汉语内部的情况相当复杂，普通话完成体肯定式和否定式的表达是不对称的，其肯定式标记"了"来自中古的普通完成义动词，属于第一种类型，而与其相应的否定式标记"没"来自近代汉语中领有动词的否定一方，属于第二种类型。但是，很多汉语方言的完成体表达却是肯定否定对称的，其肯定和否定标记都是来自领有动词的正反两面，属于这类方言的有客家话、闽方言、粤方言等。普通话的完成体肯定式为"V+了"，否定式为"没+V"，两者不对称。不对称有三层含义。一是来源不同，"了"来自完成义的动词，"没"则是从领有动词的否定一方发展而来的。二是出现的句法位置不同，"了"在动词之后，"没"在动词之前。三是产生的时间不同，完成体标记"了"大约产生于 10 世纪，否定动词的"没"大约产生于 15 世纪。在现代汉语中，"没"和"了"两者不能共现，而英语完成体的肯定式和否定式则是对称的，其肯定式为助动词 have+ 动词过去分词 V-ed，其相应的否定式是助动词 have+ 否定标记 not。跟英语情况类似，很多方言也是用领有动词的正反两面分别表达完成体标记的肯定式和否定式的。

普通话完成体标记为什么出现不对称现象呢？肯定式和否定式为什么与世界上其他语言不一样，分属不同的类型，而在有些方言中完成体肯定式、否定式又是对称的，与世界上其他语言的完成体标记具有高度的一致性呢？要对此给出解释，就需要跳出一种语言（方言），从语言类型学的角度进行思考和分析。

近年来，对语言接触、语言类型学的研究越来越深入。随着语言研究的深入和视域的拓宽，也越来越需要研究者具有语言类型学的视野。因此，由个别语言走向语言类型学研究也越来越重要，不仅对于学生的研究性教学如此，对于教师的学术研究亦是如此。

（六）由事实到理论

语言学研究的朴学作风，养育、成就了一代又一代的学人。但是，与西方语言学界新理论、新观点层出不穷的态势相比，我们不善于提出新的理论或观点也是不争的事实。因此，在研究成果升华的阶段，无论是教师本人还是学生，都要往前再走一走，学习在事实的基础上综合运用归纳和演绎思维，努力完善或提出新的观点或理论。有时候，即使学生的想法不成熟，观点有偏差，理论很稚嫩，我们也要以最真挚的态度，热情地予以鼓励，毕竟理论创新是艰难的，何况我们也太需要理论创新了。

层次分析方法没有贯通单句和复句分析，应该予以贯通。如果研究性教学到此为止，虽有所认识和发现，但理论升华仍然不够。于是，进一步思考：层次分析法只是一种句法分析方法，是用来揭示语言结构规律的；层次分析方法既然应该要贯通单句和复句分析，说明语言的结构规律中单句、复句不是完全独立的，有时候两者（或两者内部的结构关系）是可以组合运用的。既然这样，语言理论中就应该有相应的理论对这样的结构规律给出统一的说明和解释。语言的递归性是语言的本质结构规律之一，语言的递归性理论能不能对此做出满意的解释呢？于是，研读语言递归性理论的文献，发现目前递归性理论主要存在三方面的问题：①认为递归性是一种"层层嵌套"的关系，内涵狭窄；②区分了线性递归和嵌入递归两种类型，但理解不一；③对递归性的运用进行了分析，但适用范围没有明确，因此仍不能很好地解释上述问题。递归性理论的内涵需要进一步予以完善。

经反复思考和概括，在已有递归性理论的基础上，提出了"语言递归性的串合与套合关系"理论，在横向组合关系中引入"复合关系"，在纵向套合关系中引入"分句嵌套"关系，并构拟了其运转机制。

语言具有线条性和层次性两大基本属性，线条性决定了语言符号的组合具有一种横向的串合关系，层次性决定了语言符号的组合具有一种纵向的套合关系。串合关系和套合关系相互联接和联动，就是语言的本质属性之一——递归性。

递归性可以定义为：递归性是语言的本质属性之一，包括横向串合关系和纵向套合关系，串合和套合关系有机连接和联动，循环重复，形成递归性的运转机制，从而使语言具有生成性。语言递归性的串合和套合关系理论的提出，在纵向套合关系中引入了分句套合，在横向组合方面提出了上位的串合关系和与之平行的复合关系，从而使递归性理论贯通了单复句，解释力更强。

关联词语是复句中连接分句、标明分句间关系的词语的统称，是复句的重要形式标志。关联词语在复句运用及复句研究中具有重要的意义。"复句系统的建构，实质上是通过'抓住标志'来实现的。"但实际语言中，关联词语本身及其运用情况是非常复杂的。就关联词语本身来看，其复杂性表现在如下几方面。

关联词语没有十分明确的范围，在词类系统中，不属于固定的类，有的是句间连词，如"因为、所以"；有的是关联副词，如"就、又"；有的是助词，如表示假设语气的助词"的话"。此外，还有别的词类，如在"是 p，还是 q"格式中，"是"有时还是动词。在语法单位中，关联词语不属于固定的级，可以是词，也可以是比词大的超词单位，如"如果说、若不是"。有的超词形式甚至是跨语法单位的非完整形式，如"不但不""不但不 p，反而 q"，按层次关系，不是"不但不 /p，反而 q"，而是"不但 / 不 p，反而 q"。在造句功用上，关联词语不具有划一性，有的纯粹标明复句关系，有的则在标明复句关系的同时兼作某个句子成分，如"无论 p，都 q"格式中，"无论"专门起标明关系的语法作用，"都"是副词，除了起关联作用，还兼作状语。根据考察，事实上关联词语的情况比这还要复杂。从词类角度看，关联词语除了连词、副词、助词、动词外，其他词类的一些词也可以作关联词语，如数词中的序数词"首先、其次""第一、第二"，在并列复句中，它们可以清晰地标明分句间的并列关系。从语法单位的角度看，除了词和超词外，还有一些构式，如"的话"和"如果要是"配合，形成"如果……的话""要是……的话"构式，表示假设关系；还有"连……也（都）……"这一构式，和"况且"等配合，用于递进复句中。从造句功能的角度看，除了语法方面的作用外，关联词语的不同运用情况，还有语义、语用方面的表达功能。

关于关联词语的功能，学者从静态和动态两个角度进行了分析。从静态的角度看，即从关系词语的运用结果看，关联词语总的作用是标明复句关系。从动态的角度看，即从关联词语的运用过程看，对于隐性的逻辑基础来说，关联词语的作用可以进一步细分为显示、选示、转化、强化四种。从动态角度将关联词语的功能细化为四种，大大深化了关联词语的功能研究，但是不同词类、不同语法单位以及关联词语的不同运用情况，其显示、选示、转化、强化的功能是否相同呢？它们在连接分句、标明分句间关系方面是否有强弱之分呢？

就关联词语的运用情况来看，其复杂性表现在：关联词语有单用的（如"只有""无论"），有组配使用的（如"只有……才……""无论……都……"），有复用的（如"如果万一被夹住了，使用这套设施也能脱身而出"中的"如果万一"；"昭庙建成二百多年来，虽然经过破坏与改建，无数次地变换主人，但是接待清洁工人却是第一次"中的"但是""却是"），有改变使用顺序的（如"很少见到这样尖利明亮的眼睛，除非是在白洋淀上"一句中"除非"置于后一分句）。

在分析关联词语本身及其运用情况的复杂性基础上，进一步提炼，提出关联词语、关联强度和关联强度的层级体系问题。所谓"关联强度"，就是指关联词语在复句中连接分句，标明、显现分句间关系强弱的程度。如条件复句关联词语，就是其标明、显现条件关系的明确程度，越明确的，其关联强度就越强。根据研究，关联词语的关联强度可从语词强度、格式强度和语用强度三个方面具体进行分析。

1. 关联词语的语词强度

关联词语与词类、词长相关的关联强度问题，统称为"语词强度"，主要有词类强度和词长强度两方面。同是关联词语，其中连词一类，如"因为""如果"，语义较明确，标明逻辑语义关系具有独立性、明晰性和显性的特点，关联强度是最强的。相对连词类关联词语而言，关联副词标明关系的独立性、明晰性差，多是隐性的，其关联强度是最弱的，如"就""又""便"。当然，关联词语还有其他词类，可以把其中主体部分的连词和副词的关联强度视作强和弱的两级，其余的词类可比照置于两级之间。这样关联词语的词类关联强度等级是连词关联词语＞其他关联词语＞副词关联词语。关联词语有词、超词和构式三类，它们的音节长度是不一样的。从标记理论的角度看，越长的单位其标记性越明显，超词单位一般要比词的音节长度长，因此，其标记性要强于词。构式是在语言的长期发展中形成的，是一种跨段的定型单位，长度一般更长，其标记性又要强于超词单位。关联强度中词相对最弱，超词单位居中，构式关联强度最强，如因果复句中表因的关联词语"因、因为""正因为、正是因为""因为……的缘故"。

2. 关联词语的格式强度

关联词语有单用和配合使用两种情况。单用时关联强度的不同称为"单用强度"，配合使用时关联强度的不同称为"组配强度"。同是单用关联词语，词类不同，位置不同，其关联强度也不同。关联词语配合使用，前后呼应，语义上进一步强化了分句间的逻辑语义关系，结构上形成了一种更大的构式。因此，相对于单用，关联词的配合使用使其关联强度大大增强，如"因为……所以……""虽然……却……"。语词强度不同的词类和不同词长的关联词语其关联强度是有等级之分的。如果把语词强度分为强弱两级的话，那么，关联词语的组配强度还可以继续细化，从理论上看，就有强强、强弱、弱强和弱弱四类组配。对照汉语的实际，弱强组配基本不存在，剩下的只有强强、强弱和弱弱组配三种。三种中弱弱组配较少，最多的是强强组配和强弱组配。相应地，三种组配格式的关联强度依次是强强组配＞强弱组配＞弱弱组配。

3. 关联词语的语用强度

复句是句子，是语言运用单位。因语用的需要，复句会出现一些变化。这主要有两种情况：一是复用关联词语；二是改变分句的语序，因而形成复用强度和顺序强度两种情况。关联词语复用有两种情况：一是复用基本表示同一关系或关系能兼容的关联词语，二是叠用同一个关联词语。比较而言，关联词语的复用情况相比非复用，其关联强度明显增强了。复句分句间的逻辑语义遵循人类认知的一般规律，分句顺序具有相对的固定性或倾向性，如条件句是条件分句在前，表示在这一条件下产生的结果分句在后，比照单句分析，可以称为"常式"。但在实际表达中，因语用的需要，可以临时改变这种常式的顺序，形成变式。变式改变了人们正常的认知和接受心理，带有一定的变异性，这时关联词语的使用就是必需的。如果不使用关联词语，语义上往往不完整，因而变式复句关联词语的标记性增强，关联强度也相应增强了。

基于以上论述，整体上关联词语的关联强度等级由弱到强依次是语词强度、格式强度、语用强度。具体到每种情况内部，关联强度层级体系如下：语词强度方面，在词类确定的前提下，词形越长其关联强度越强；格式强度方面，关联词语配合使用的关联强度高于关联词语的单用；语用强度方面，改变分句的顺序会产生新的语用功能和价值，其强度要高于关联词语的复用。

关联词语关联强度的提出及层级体系的构拟，提出了新的命题，厘清了关联词语关联强度的层级体系，系统化了关联词语的研究，有助于复句系统研究的深入。

（七）由描写到解释

描写和解释是语言学研究的两条基本路径。沿着描写充分这条路径，形成了描写语言学研究流派；沿着解释充分这条路径，形成了解释语言学研究流派。对于研究性教学而言，学生往往长于对语言现象的描写，而短于对现象原因的解释，很多研究处于现象的堆砌或描写状态，难以对语言现象给出解释。因此，在总结研究成果时，不能仅停留在"是什么"的状态，还需引导学生进一步思考，努力思索"为什么"，从描写走向解释，从描写充分走向解释充分，以提高研究的价值。

在助词教学的过程中，《现代汉语》教材上说："'了'用在动词、形容词后面，表示动作或性状的实现，即已经成为事实。"如"春天来了，花红了，草绿了"一句，其中的"红了""绿了"就表示"红""绿"性状的实现，也就是以前"不红""不绿"，现在"变红""变绿"了。"红"和"绿"依然是形容词，本身没有变化，加了动态助词"了"后，就产生了新的语法意义"性状的实现"。进一步扩大范围，不仅像上述表示颜色的词加上"了"后可以表示"性状的实现"这种动态变化，很多其他语义范畴的形容词也可以，如"好久不见，高了（矮了、胖了、瘦了）""经过这件事后，他聪明了（老实了）"但是，也有学生对这一句中"红""绿"的词性提出疑问，认为此句中的"红"和"绿"不同于"春天来了，花红柳绿，莺歌燕舞"中的"红"和"绿"；此句是表示颜色的动态变化，而后者是对颜色的静态描写，而且这两句翻译成英语也不一样。因此，前者应该是动词，后者是形容词，它们是兼类词。"红（绿）＋了"这一句法格式为什么给人动态变化（性状的实现）的感觉呢？"红"和"绿"到底是动词还是形容词呢？要回答这些问题，就需要从现象的观察和描写进一步走向解释。

陆俭明的《现代汉语语法研究教程》中"关于'名词语＋了'句法格式"一节谈到，现代汉语口语中有名词性词语加上"了"的句法结构，可以概括为"名词语＋了"，如：

你们老夫老妻了，还闹什么别扭啊。

他呀，部长了，可还是那样平易近人。

哟，几年不见，你都大姑娘了。

你大学生了，还那么不讲文明！

"他哪一年入的党？""老党员了。具体哪一年入的党，我也记不清了。"

冬天了，得穿毛衣毛裤了。

"今天星期几了？星期四了。"

但不是随便什么名词都能进入这一句法格式，如"桌子了""港币了"。那能进入"名词语＋了"这一句法格式的名词语的语义特征是什么呢？陆先生在逐类分析的基础上，概括指出，"名词语＋了"这种句式本身就表示"到什么程度或地步了"这样的语法意义，所以能进入这一句式的名词有两种情况。一种情况是名词本身具有明显的"顺序性或时间推移性"或者说"系列推移性"这样的语义特征，这样的名词可以较自由地进入"名词＋了"句式，如上面提到的"老夫老妻""部长""大学生""星期四"。另一种情况是名词本身并不具有"顺序性或时间推移性"，但它所表示的事物可以在某种特定条件下进入某个排序中，而一旦进入某个排序中，表示这种事物的名词就可以进入"名词语＋了"句式，如"南京""王小刚松鼠鱼"。这样，总体来说，能进入"名词＋了"句式的名词所具有的语义特征，可以描写如下：

名词语：［＋系列推移］

假如我们把上面所讲的第一种情况的名词语记为"名词语a"，把第二种情况的名词语记为"名词语b"，那么我们也可以这样说，"名词语a"所具有的"系列推移性"的语义特征是显现的，而"名词语b"所具有的"系列推移性"的语义特征是隐性的。

陆先生运用语义特征分析法分析了"名词语＋了"句法格式，对于我们认识和解释"红（绿）＋了"这一句法格式为何会产生"动态变化（性状实现）"的语法意义及"红"和"绿"的词性有很大的启发。经过分析比较，对"红"和"绿"是形容词基本没有疑义了，那么能进入"形容词＋了"这一句法格式的形容词应该具备什么样的语义特征呢？进一步分析讨论，得出的基本结论是："形容词＋了"可以表示两种语法意义。一个是表示性状的实现，即以前不是这样的，现在变成这样的了。一般情况下，可以在形容词前再加上表示"变化"意义的动词，如"变""变成"，如前述"春天来了，花红了，草绿了"一句中，可以在"红"和"绿"前面添加"变"。另一个是表示程度等级的提升，即以前的程度不太高，现在提升到了一定的等级，如"好久不见，洋气了"表示这种语法意义时，可以在形容词前添加"更"一类意义的程度副词，或在形容词后添加"多"一类的程度补语，如"好久不见，更洋气了"。或"好久不见，洋气多了"。如果没有具体的语境，"形容词＋了"这一句法格式有可能就同时具有性状实现或等级提升两种句法意义，形成句法多义，相应地，也就预设了两种意义，如"好久不见，漂亮了"预设的意义可以是"以前不漂亮，现在变漂亮了"，也可以是"以前也漂亮，现在变得更漂亮了"。在言语交流中，如果做第一种预设理解，往往还会引起不愉快。上面分析的情况和列举的例子可以归为程度等级提升一类，实际上也可以往程度等级下降的方向走，如"秋天到了，草黄了""好久不见，土了"无论是等级提升还是等级下降，可以合为一类，仿照陆先生的提法，可以称为"程度推移"。这样，可以做出如下概括：能进入"形容词＋了"句法格式的形容词应具有"程度推移"这一语义特征，即"形容词：［＋程度推移］"。正是因为形容词的"程度推移"这一语义特征，"形容词＋了"这一句法格式才具有"性状实现"和"等级推移"两种动态变化的语法意义。

经过这一番分析后，研究就由语法形式的描写走向了语义特征角度的解释，把描写和解释很好地结合到了一起。而且不只如此，还可以在"名词语＋了"和"形容词＋了"这两种句法格式上进一步进行概括，得出"×＋了"这一句法格式。这个句法格式中"×"语义特征是"×：［＋推移］"，这种推移可以是系列的，也可以是程度的，当然也可以是动作的。"×＋了"这一句法格式表示的语法意义也可以进一步概括为"动态变化"。如果再仿照陆先生的思路，也可以说汉语中表达动态变化的有两种形式：一种是显性的，另一种是隐性的。显性的是用表示动态变化的实词来表示，隐性的是用动态助词"了"来表示。

学术研究是一个长期的积累过程，寄希望于研究性教学的几次训练就获得成功是不现实的。因此，还需要在已有研究的基础上继续延伸、拓展，以进一步扩大、巩固研究性教学的范围和成效，真正培养出学生科学研究的能力。

第三节 语言学课程研究性教学的延展

一、研究性教学延展的意义和途径

（一）研究性教学延展的意义

1.有利于串联起各种教学活动

目前普遍存在这样两种现象：一是教学工作、科研工作和学生工作由不同的学校领导分管，二是第二课堂的科技文化活动分散在教务、学工和团委等各部门，导致学校各项教学活动之间往往缺乏整体设计，显得较为分散。这在很大程度上影响了教学效果和人才培养质量。在已有研究性教学的基础上，把研究延伸、拓展到科技文化活动、学科竞赛、科研项目、创新创业等第二课堂的活动中，这样既能以科研创新为主线，很好地把各种教学活动串联起来，又能发挥第二课堂的效用，充分发展学生的个性和特长，从而使第一课堂、第二课堂有机衔接，促进人才培养质量的提高。

2.有利于获得真正的科研能力

科研能力的获得靠外在的说教和指导是根本无法奏效的。科研能力必须是在真实的研究过程中，通过苦闷挣扎、体验内化才能获得。为了一个问题，只有经过了"衣带渐宽终不悔，为伊消得人憔悴"的历练，方能获得"蓦然回首，那人却在灯火阑珊处"的会心一笑。因此，只有继续延伸、拓展已有的研究，才能在长期的艰苦研究中练就明察秋毫的眼力、心细如发的心力、抽丝剥茧的脑力，从而养成强烈的科研意识，获得真正的科研能力。

3.有利于取得切实的教学成果

研究性教学毕竟只是具有研究性质的教学，除受学生投入的时间、精力以及专业水平的限制外，还受到课程教学时间的限制。因此，实践中，学生的研究往往比较粗糙，成果的质量不高，方向感不强。在已有研究的基础上，引导学生依托学校的其他教学科研活动，以竞赛或项目等形式继续进行研究，这样既有了时间、精力和经费的保障，也对学生有了一定的约束和鞭策，学生往往能坚持到底，取得扎实的研究成果。

（二）研究性教学延展的途径

研究性教学具有很强的综合性，与学校很多教学活动都有密切的联系。在实践中，结合教育教学、第二课堂科技文化活动和实习实训等，可以通过以下几种途径使研究性教学进一步延展。

1.延伸毕业论文

每年的毕业季，毕业论文对于学生和指导教师而言都是一个非常头疼的问题，教师指导起来特别费力而且学生完成论文的质量有时还不高。因此，许多教师都希望学校取消毕业论文或对是否有必要做毕业论文提出疑问。学生论文质量不高，原因很多，其中一个重要的原因是学生平时缺乏科研的基本训练，对科研的一些基本要求、程序、方法以及学术论文的格式规范等不熟悉，到大三时在短时间内去完成毕业论文，规范性不够、质量不高也就在所难免。

因此，在平时的研究性教学中，不仅要注重研究性教学成果的总结，要求学生按学术论文的格式规范总结研究成果，撰写成小论文，更要注重在研究性教学的基础上指导学生进一步扩大范围，结合经济社会发展的实际确定选题，延伸研究，朝毕业论文的方向努力。这样就可以较好地把毕业论文工作分散在平时，既解决了毕业论文匆忙准备质量不高的问题，也提高了研究性教学的品位，由训练走向研究，这样一般会取得很好的教学效果。

词汇结构关系问题是《现代汉语》"词汇"一章的重点内容，教师一般都会花很多精力去引导学生学习掌握。但教材在"成语"一小节只谈到了成语的来源问题，却没有谈到成语的结构问题。这就容易产生一种错觉，即认为成语这一级词汇单位与词的结构关系是一样的，但事实上成语的性质与词的性质差别很大。成语是历时形成的，长度增加了，有的是压缩的结构。因此，内部结构关系更复杂，如"处变不惊""唇亡齿寒""宁为玉碎，不为瓦全"是什么结构关系呢？这几个成语内部的结构关系类似于复句的复合关系。很显然，如果再运用合成词的"复合式""附加式""重叠式"几种结构关系无法将其分析出来。

2. 参加学科竞赛

学科竞赛不仅是课堂教学的延伸，更是课堂教学的提升。"组织大学生参加科研竞赛，从实质而言就是旨在提高大学生创新能力的研究性教学的一种表现形式。"学科竞赛成绩的高低，很大程度上反映了教学质量的高低，各学校对学科竞赛都非常重视。特别是"挑战杯"全国大学生课外学术科技作品竞赛。"挑战杯"大学生课外学术科技作品竞赛的作品分为三大类：自然科学类学术论文、社会科学类社会调查报告和学术论文、科技发明制作。研究性教学可以以"挑战杯"课外学术科技作品竞赛等为导向，在前期研究的基础上，深入研究，形成调查报告或学术论文参赛，努力提升研究性教学的档次和成果质量。

3. 化为创新创业项目

当前，各学校对大学生的创新创业教育工作都极为重视，提供各种条件支持大学生创新创业。但是，创业项目的选择对大学生来说很困难，难以寻找到合适的项目，或是选择的项目层次较低，与专业脱节，不少项目都是商业性的项目，如奶茶店、DIY 体验，或是实践性、创新性不足，与市场及技术发展脱节，技术含量不够。不少项目没有深入企业，没有进行实际的市场调查，都是学生基于自己的知识和认知构想出来的，这就在很大程度上制约了创业的成效和最后的成功。研究性教学可以在专业学习的基础上，结合市场需求状况，深入调查研究有关专业问题，从而有针对性地选择创业的项目和经营发展思路。因此，研究性教学还可以进一步融入市场和商业的视角，把研究性教学的成果转换为创新创业的项目。

人名、物名寄寓一定的意义，好的命名往往极富语言和审美艺术，不仅具有丰富的文化内涵，而且会带来很大的经济价值，如房地产业一些小区或楼盘的命名，像"四海花园""都市花园""明珠宝邸""湖畔名郡"等。

研究性教学的延展，除了上文分析的几个方面外，当然还有很多，如还可以延展到课程论文（设计）、科技文化活动、学术报告（会议），但精神实质是一致的，就是要尽可能保证研究的连续性，在连续研究的过程中，获得实质性的研究成果，获得真正的研究能力。

二、研究性教学延展的基本要求

研究性教学是一种综合训练，需要多种资源支持。这个子系统要运转流畅，永葆生机，就要融入学校这个大系统，从中获取养分和资源。很多研究性教学得不到理解和支持，与其游离母体、孤立生活是很有关系的。因此，开展研究性教学，扩大研究性教学的功效，就要遵循一些最基本的要求。

（一）与学校发展定位相吻合

不同类型层次高校的发展定位是不同的。双一流一类高校一般都定位于研究型大学，以培养学术型人才为主；占高校半壁江山的一般地方本科高校则定位于应用型大学，以培养应用型人才为主；高职高专以培养技术技能型人才为主。因此，同是开展研究性教学，从局部或具体的问题来看，不同类型高校可以一样，但从整体来看，区别是相当明显的。研究型大学的研究性教学指向的是理论创新与发明创造，应用型大学指向的是知识应用与技术研发，而高职高专指向的则是技术改良与工艺优化。因此，学校、院系或教师在设计或开展研究性教学的时候，要尽可能与所在学校的发展定位相统一，融入整体的教学改革与发展进程，理论和实践相结合，第一课堂和第二课堂相贯通，以形成整体效应。这样不但容易获得理解和支持，而且可以为学校发展和人才培养增光添彩，甚至形成特色。教学实践中，很多教师抱怨学校对研究性教学不重视或得不到同行的响应和学生的配合，一定程度上与教师开展的研究性教学和学校整体发展定位不相吻合是有关系的。

（二）与人才培养目标相吻合

在专业人才培养目标的设定方面有较大的自主性，同一专业，在不同类型甚至同一类型的学校，其人才培养目标、培养规格以及课程体系是可以不相同的。因此，教师在设计、组织研究性教学时，要始终紧扣专业性质和专业人才培养目标定位。无论在具体的一门课程中还是在同一学科的课程群中开展研究性学习，都要以专业人才目标为准绳，心往一处想，力往一处聚，这样才能保证研究性教学的成效和人才培养目标的实现。教师如果忽视专业人才培养目标，过分强调自己对专业人才培养目标的理解，或者过分强调讲授课程的学科性质，这样开展研究性教学，很可能会增加教学的负担，甚至偏离整体目标。例如，同是汉语言文学专业，有的是师范性质的，以培养中小学语文教师为目标，有的是非师范性质的，或以新闻为方向，或以文秘为方向。因此，如果在师范专业中开展研究性教学，紧密结合中小学语文教学的实际就比较适宜；在非师范的新闻方向，紧密结合网络语言、手机语言等就比较适宜。在实践中，有时因为没有确立专业人才培养目标是研究性教学（也是整个教学）的准绳这一原则，整体设计不够科学，各个教师从自己讲授的课程出发开展研究性教学，结果就造成了研究性教学目标分散、效果不好的现象。

（三）充分利用三个空间课堂

当前，很多高职都对课内（第一课堂）总学时进行压缩，以留给学生更多的自主发展空间（第二课堂），强化实践和与社会的接轨，也给学生校外的实习实训留下了较多的时间（第三课堂）。因此，第二课堂、第三课堂的位置也是相当重要的，在人才培养中意义重大。研究性教学，不管是偏重理论的还是偏重实践的，都要充分发挥第二课堂、第三课堂的作用，把三个课堂有机结合起来，努力突破"以教师为中心、以课堂为中心、以课本为中心"的教学模式。研究性教学实践中,有的教师反映教学时间不够,难以开展,很大程度上都与没有充分利用和挖掘第二课堂、第三课堂而仅仅依靠第一课堂有关。因此,开展研究性教学,教师要有"三个课堂"的强烈意识,尽可能地把研究性教学与学生第二课堂的各种学科竞赛、科技文化活动以及社团活动等联系起来,与第三课堂的实习实训和毕业论文(设计)等联系起来,让学生带着问题去参与各种活动,在各种活动中提出问题,从而让研究性教学有机地融入人才培养的全过程。

(四)充分拓展三个维度校园

关于校园,一般认为围墙内的校园是第一校园,围墙外的社会是第二校园。随着信息技术的发展,互联网富媒体化的程度越来越高,已经是另一个虚拟但又实实在在的世界,可谓第三校园。如今,我们不仅生活、工作于实体的第一校园、第二校园,同样生活、工作于互联网的第三校园。研究性教学虽然也是教学,但研究性教学又不同于一般的教学,这种教学具有开放性的特征,不仅要进行理论探索,更要进行实际调查,不仅要进行经院哲学式的思辨,更要指向经济社会文化发展的实际,解决实际问题。因此,开展研究性教学,亟须走出第一校园,积极拓展到第二校园和第三校园。无论是研究问题的提出,还是分析解决,都要有三个校园的意识。在研究性实践中,有的教师反映学生提出的问题(甚至毕业论文)现实意义不强,为研究而研究,或者是研究没有在社会实践中完成,纯是理论思辨或设想,这在很大程度上与开展研究性教学时没有充分拓展三个校园有关。因此,实践中,教师要引导学生积极走出第一校园,学会在第二校园、第三校园中提出问题、解决问题,从而提高研究性教学的质量和现实针对性。

第五章 汉语言审美

第一节 汉语言的语言美与形象美

一、语言美

（一）语言美与言语美

语言美学是一门学科，是从美学的角度研究语言，是运用一定的语言美学理论去分析和讨论语言与言语美学规律的。语言美学是一个交叉学科，在我国尚处于起步阶段，还有很多需要学习和研究的。

语言的研究，主要从两个方面来进行。一方面要揭示语言的运作过程和规律，也就是说要总结语言规律。另一方面要研究如何更好地运用语言，即为语言的艺术。下面我们从这两个方面来举例分析。首先语言运作的规律是人们要揭示的对象。如汉语中的很多语言现象都需要总结其规律才能更好地了解其发展。我们在平时会话中会问：你有多高啊？一般不会问，你有多矮啊？除非是在特殊的语境中需要这么问，我们会说，她长得美不美？而不会问她长得丑不丑？我们为什么会这么问呢？这是因为在人们的心目中"高和美"是无标记的，而"矮和丑"是有标记的，除非在特殊情况下人们才会这么问。其次，如何更好地运用语言可以归结为语言的艺术。语言的运用是讲究艺术的，只有这样人们才能进行更好的交际和沟通，才能达到更好的交际效果。如我们在交流的时候一般都会有交际的目的，为了实现这个交际目的，我们都会采用一定的交际技巧。如我们会说你的字写得很飘逸，很有神韵。这比简单地说，你的字写得不错要好得多。我们会说，这个事情你做错了，让我们一起分析下问题的原因在哪里。这要比直接说这个事情你做错了，你就该接受惩罚，效果要好得多。语言美学是美学的一个分支，简言之，语言美学是以语言的美作为研究的对象的。如："春风来了，它像个美丽的姑娘，把整个大地都唤醒了，它像个出色的画师，把整个大自然打扮的花枝招展，在它的笔下，桃花红了，油菜花黄了，树叶绿了，河水有了生机了。"在这段文字中，把春风比喻成小姑娘，把春风比喻成出色的画师，这些诗意的语言并不是对春风和画师的科学界定，而是从情感方面进行的描述，不是揭示事物的真理，而是感受事物的美好与纯净。

语言美和言语美。言语活动包括语言和言语，语言和言语是密不可分的，语言离不开言语，言语也离不开语言，两者的联系十分紧密。要想言语能为人所理解，必须有语言，而要想语言能够建立也必须有言语。人们在说话时，必须说他人能够听得懂的话才行，这种语言不是任意的，是社会约定俗成的，说话的人必须遵守这个规则才行。语言和言语互为条件，语言是工具，言语是使用工具的结果。语言是社会的，言语是个人的；语言是有限的，言语是无限的。就语言美学而言，还要研究语言美和言语美。语言美是指语言的表达给人一种美感，语言美是基于语言本身的，是语言呈现出来的一种内在的美感。而言语美是语言美的具体表现，是语言审美的直接体现。语言美和言语美不可分割，两者是统一的，言语美是对语言美的进一步实现，语言美存在于言语美之中。如汉语言中，汉语的语素、字、词之间存在着一种独特的美感，这种潜在的特有的美感使得言语美成为可能。

形式美与内容美。语言有口语有书面语，口语没有文字，只有声音表征，书面语则不同，书面语有文字形式。口语和书面语有很大的差别。口语即为日常生活用语，口语的语言句式简短、用词简易，通俗易懂。口语有很多的临时语，倒装、组合句式很常见；书面语则不同，书面语有很严格的词汇、语法规范，而且书面语一般句式较复杂，一句话中有很多的修饰限定语，用词也比较讲究，书面语通过语言符号的一些列的排列，通过一些修辞手法，使得人们能够感受到语言的和谐、幽默、优美。语言的美既体现在形式上也表现在内容上，语言的内容美主要是指语言能够非常形象生动地表达出人的意思，能够在不同的语境中表达出不同的意思，体现不同的言语魅力。比如，优美的诗歌和散文能滋养我们的心灵，富有哲理性的文字能给我们以智慧的启迪，警策性的文字能带给我们更多的思考和借鉴，批判性的文字能带给我们另外一个看问题的视角，鼓励性的文字能给我们精神的力量，深奥的文字能让我们学会独立思考，总之，不同的文字有着不同的风格和内涵，不同的文字能给我们不同的启迪，不同的语言内容揭示着不同的思想内涵。所以，语言的内容是语言美的核心，语言的内容美是语言最本质的美，语言的内容美是最值得我们去研究的美。

（二）汉语的美学体现

1. 形式美

汉语言的形式美和内容美有机统一使得汉语更加富有节奏感和韵律感。汉语的形式美使得汉语音节看起来比较整齐，读起来朗朗上口，汉语音节的形式美非常鲜明，如汉语中的很多修辞格就是汉语形式美的表现。如排比、对偶、顶针等就从语言的形式上表现出了美感。如："他是一个高尚的人、一个纯粹的人、一个脱离了低级趣味的人、一个有益于人民的人。"这种排比句的使用一方面从形式上显示出气势；另一方面也从内容上相互补充，使得形式与内容得到了很好的统一。再如，诗歌中的押韵使得诗歌语言更加富有韵律美和音乐美，从而用恰当的语言形式表达恰当的内容。"春眠不觉晓，处处闻啼鸟。夜来风雨声，花落知多少。"孟浩然的这首诗歌从形式和内容上都具有美感，所以千古传诵。还有一些诗歌运用长短句交错的形式，来体现一种形式上的整齐和内容上的丰富。如《雨巷》中的，"撑着油纸伞，独自彷徨在悠长悠长而又寂寥的雨巷，我希望逢着一个丁香一样的姑娘，她是有着丁香一样的颜色，丁香一样的芬芳，丁香一样的忧愁"等。这种在诗歌形式上使用的长短句体现出一种错落有致的美，这种形式美又很好地体现了诗歌要表达的内容，是形式美与内容美的有机统一。

2. 内容美

我们在说话的时候讲究得体，与人交流时，说的话要符合自己的身份，要符合语境，要给人一种舒适的感觉，如此才能更好地与人进行交流，从而达到交际的目的。言语得体本身也是一种美，得体的语言给人美的感受，在整个交流的过程中如沐春风。在言语交谈时，要做到得体并不容易，因为言语交际是个复杂的行为，既涉及交际的对象，如对方的品性、爱好、身份、地位等，也涉及交际的场合、时间等，当然还有说话人的自身的修养和素质。因此，同样的话语在不同的场合，不同的交际对象面前，产生的效果就有很大不同，甚至截然相反。

（三）语言的美与社会进步

语言的美有形式美和内容美，形式美在语言上主要表现为语音的和谐和韵律美；在内容上主要表现为语言的得体等，无论是语言的形式美还是内容美都是建立在真实沟通的基础上，情真意切方为美。语言的美离不开真实，离不开规范。

普通话是我们的民族共通语，它有三个方面的标准，分别从语音、词汇、语法的层面来界定的：语音方面，以北京语音为标准音；词汇方面，以北方话为基础方言；语法方面，以典范的现代白话文著作为语法规范。这三个方面的标准也是汉语言的一种规范，标准本身就是一种美，是人们的审美共通。语言的规范和健康发展是社会文明进步的一种表现，而社会的文明和进步必然要求语言的进一步的规范，语言是社会的产物，必然会反映社会的进程，必然会对社会的进程产生一定的影响。

语言的健康发展离不开所有使用语言的民众的支持，只有所有使用该语言的民众能从思想意识上高度认识到语言规范的重要性和必要性，才会自觉使用规范的语言，自觉维护语言的健康和发展，自觉把使用规范语言当作一件重要的事情来对待。而目前，语言的规范化程度还不容乐观，语言使用不规范的现象比比皆是。随着社会信息化网络化的发展，人们的沟通和交流有了更多的方式，各种网络交流非常频繁，人们通过打字把自己的想法表达出来，但是在这个过程中，就出现了很多不规范的现象。比如，很多字不符合正确的、规范的要求，很多新出现的网络词语也不符合汉字的造字规范，意思上也艰深难懂。这些都是语言中不规范的表现。还有一些其他不符合语言规范的现象，在生活中，很多人喜欢中英文夹杂使用，而且认为这是一种时尚，并以此为荣。还有一些在汉族和少数民族杂居的地方，如吉林延边朝鲜族自治州，人们在交谈的时候经常是两种语言混用，上句是朝鲜语，下句就成了汉语，甚至一句话中就夹杂着两种语言，非常不规范。民族杂居的地区，语言的相互借鉴和影响肯定是有的，但是这种借鉴和影响反映到语言中，不能是随意地交替使用，这样的做法本身就是一种非常不规范的表现，但是这样的语言表达方式在延边朝鲜族自治州的中心延吉市俯拾皆是，给我们一种不伦不类的感觉。当然，汉语和朝鲜语夹杂说的主要是朝鲜族，因为朝鲜族在汉族杂居的地方习得了两种语言，而且朝鲜族的孩子们从小学习汉语，所以他们对汉语也有一定的语感。在延吉市尚且是这种情况，很难想象在延边朝鲜族自治州的其他地方，这种语言夹杂使用的情况会更普遍。

语言是我们交流沟通的工具，语言方便了我们的生活，也促进了社会的进步，所以，我们要正确规范地使用汉语言。语言是我们精神沟通的桥梁，汉字是我们文化的承载，因此，我们每个华夏子孙都要有高度的责任感和意识去维护祖国语言的健康、纯洁和规范，自觉使用规范语言，并在身体力行的同时把这种理念传递给身边的人，使得身边更多的人知晓国家的语言政策，了解语言规范的重要性和紧迫性，让更多的人参与进来，共同来维护好中华民族的语言文字的规范和健康发展。

（四）汉语的美学表征

1. 形象美

汉字产生之初是象形文字，象形文字看起来仿佛是一幅简单的画，一首优美的诗，给人以艺术的享受，在感受象形汉字美的同时，我们也惊叹古人的造字智慧，汉字不仅是简单的一个字，而更像是一个活化石，每个汉字好像是会说话的国宝，诉说着过往，从象形字中，我们知晓了古人的造字智慧，我们从汉字中也窥视了古人的价值观念、思想理念等内容。如"孝"是孝顺的意思，它是个会意字，在甲骨文中，孝可以看出是双手举起，给老人磕头的样子。从中我们可以深切领会古人认为什么是孝，孝是对老人的一种尊敬，同时孝还有另外一层意思，古人认为，"不孝有三，无后为大"，所以孝的下面是个"子"字，也就不难理解了。象形字不仅从字面上容易理解其含义，从字形上我们也可以看出其造字的心理动机和价值理念，所以，中国的古文字象形字蕴含着古人的智慧，蕴含着人们的价值理念，蕴含着共同的精神追求，非常值得我们去学习和借鉴。除此之外，象形字本身还具有形式美，形式美体现在很多方面，如象形字的线条优美、柔和，有着浓郁的艺术气息。汉字的形体美在象形字上体现得最为突出和直接，象形字把汉字的神韵和风骨描画了出来，是类似图画的汉字，我们可以把它当作一幅画去欣赏，我们可以把它当作一首诗来读，我们也可以把它当作一幅艺术作品来品读。

汉字经由象形字，后来发生了一系列的演变，由甲骨文演变为金文、大篆、小篆、隶书、楷书等。有人说，汉字的简化是对汉字文化的一种严重破坏，是汉文化的一大损失，因为古文中有造字的艺术，有古人的智慧，有古人的精神理念，而后来一系列的简化字，删繁就简，虽然写起来更加方便，但同时也简化掉了汉字中的重要的文化基因，是得不偿失的，这种说法有一定的道理。从现在的简化字看，同样也具有一种形式美、和谐美，好在第二次简化被叫停，汉字的神韵还是被保留了下来。人们习惯把汉字叫作"方块字"，就是因为它方方正正，稳重中带着优美与和谐，稳重中透露着洒脱和飘逸，稳重中又彰显着刚劲。汉字本身的艺术美、形象美也吸引了很多外国友人来学习汉语，来认识中国的方块字，而作为华夏子孙的一员，我们更应该好好学习我们的方块字，好好领悟方块字的神奇魅力，并把我们的方块字好好地传承和发扬光大。

2.端庄美

曾经有人说，汉语没有语法，汉字的表述不够严谨，很多语句有歧义。这其实是非常不正确的看法。汉语是世界上最为古老的语言，这种古老的语言经历了上千年的发展，已经发展得非常成熟，汉语不仅能表达最细腻的情感，能区分最微小的词义的差别，而且汉语有丰富的词汇来供人们选择使用。如在现代汉语里，我们有很多的同义词和近义词，我们有很多表示意义相反相近的词语来供人们选择，这样人们在表达自己意思的时候，就能从丰富的词汇中，选择自己想要表达的那个词语，从而精准地来表达想要表达的意思。如表示"胖"的词语有"富态""发福""心宽体胖""肥头大耳""脑满肥肠"等。这些词中可以按照情感色彩分为褒义词和贬义词，这样人们在进行表达的时候就有很多可供自己选择的词汇，从而表达自己最细微的情感。再如，表示"亲属称谓"的词语有"叔叔""舅舅""婶婶""姨""舅妈""姨夫""姑姑""姑父""姑姥姥""姑姥爷""姨姥姥""姨姥爷""舅姥姥""舅姥爷""爷爷""奶奶""老爷爷""老奶奶""姥姥""姥爷""老姥姥""老姥爷"等，与此相对应的表示晚辈的词语有"侄儿""侄女""外甥""外甥女""孙子""孙女""曾孙子""曾孙女"等，汉语中的亲属称谓分类如此详尽复杂，以致学汉语的外国友人很是头疼，以英语为例，在英语中，亲属称谓没有这么复杂的表示，非常简单的"叔叔""阿姨""爷爷、奶奶""爸爸、妈妈"就囊括了。而汉语之所以分类这么详尽，又和汉族人的重血缘关系有关，在汉族人的心目中，亲属之间的关系是最近的关系，而且血缘关系自古以来在人们的心目中就占有非常重要的分量，所以，表达亲属关系的词就特别多。我们在使用的时候非常容易区分，这是因为我们从小耳濡目染，自然习得了这些关系，以及这些关系的亲疏远近。亲属关系中的每个词语都代表了一定的亲疏远近关系，所以，在汉语中，这些词汇的丰富恰恰反映了社会的文化特点和历史特点。我们在读诗歌的时候，会发现诗歌更是一种需要高度提炼语言的文体形式，诗歌不仅能用很少的词语表达丰富的情感，而且还具有优美的形式，形式和内容达到了高度的统一，是一种非常美的语言形式。如"文章本天成，妙手偶得之；两句三年得，一吟双泪流"，这些诗句说的就是诗歌语言需要高度提炼，才可以达到更好的艺术效果。这从另一个方面说明了汉语的严谨。我们在描述一个美人的时候，曾经有这样的说法：增长一分太长，减之一分太短，施粉则太白，施朱则太赤。从而来说这个美人真乃绝世佳人。我们的诗歌也是如此，语言精练到如此地步，不得不说作者的造诣之深以及汉语词汇的丰富深广。

汉语的严谨美还体现在一些概数的使用上，如当别人问，你什么时候能回来？因为没有一个十分确定的时间，所以我们就加上了概数，以表示严谨，我们会说："我在上午十点左右回来"，类似这样的概数还有大概、好像、仿佛、基本、或许、应该等，我们说："我大概记得就是这样。"因为不十分确定，或者因为时代久远记忆有些模糊，并不十分精准，所以我们用大概来表示自己的严谨。所以，汉语的词汇在使用上其实是非常严谨的。

3. 和谐美

汉语音律美有多方面的表现，从音节上来说，汉语音节中元音占优势，汉语音节界限分明，清晰响亮，有一种美好的节奏和韵律。除了汉语音节外，汉语的音律美还体现在很多方面，如在我国，古诗词都是可以演唱出来的，像现在中央电视台热播的"经典咏流传"就是在模仿古人，通过人民群众喜闻乐见的形式把中华文化的经典诗词演唱出来，并传扬下去。通过这档节目，我们才真实地发现，原来汉文化经典演唱出来这么具有韵律美，原来汉文化经典可以以这样一种方式流传开来，并流传下去。我们说，我国是个诗歌的国度，在我国很多诗词都是可以演唱出来的，很多的词牌、曲牌本身就是先谱曲再填词。汉语的韵律美是个比较大的概念，它既包括押韵也包括平仄、轻重缓急等。汉语本身的音节特点也为汉语的韵律提供了更好的空间。如在汉语音节中有 30 多个音素，音素组合成 400 多个音节，音节依靠四声变化组合成了 1300 多个音节。所以，汉语音节是通过四声变化来区别意义的。这里面又有很多的同声同韵字、谐音字等，这些都为汉语的韵律美创造了条件。如当代著名语言学家赵元任先生就"shi"这一个音节就编了一个非常有意思的小故事"施氏食狮史"。所以，汉语的诗词曲赋具有很强的韵律美，而汉语本身的语音特点也会产生很多具有韵律美的词句。而这种语言本身散发出来的韵律美是一种艺术，是一种享受，是一种境界，我们要好好地学习和传承汉语的这种韵律美。

4. 韵味美

每种语言中都有象征性的表述，汉语也不例外，而且汉语的象征性表述尤其多，这主要体现在两个方面，一个是汉语具有象征意味的典故比较多，如"秦晋之好""狐假虎威""明日黄花""兔死狐悲""杀鸡儆猴"等，汉语的数字也有很多的象征意味，如"九"和"五"在汉语中是非常尊贵的数字，象征九五之尊。而"六"在汉语中也是象征着顺利和好运，至于"四"好像并不是很受欢迎，因为"四"和汉语中的"死"谐音，所以很多人都很避讳。另外就是在汉语中，人们都喜欢双数，双数象征着美满，如"好事成双""双喜临门"等，人们在结婚的日期的选择上也会选择双数，双数意味着顺利和美好，双数也意味着吉祥和如意。再如，汉语人说话并不那么直接，而是非常含蓄，这含蓄中有象征，含蓄中有无穷的意味，含蓄中也体现了文化和修养。汉语具有象征性的另一个表现是汉语具有象征性的意象特别多。如人们可以选择动物、植物、颜色等作为象征的对象，从颜色方面说，人们非常喜欢红色，代表着喜庆和吉祥，红色代表着人们心中的红火。绿色代表着生机和活力，代表着环保等。再如，动物的象征意义，"牛"，在汉语中具有很强的象征意味，古代社会是农耕社会，农耕社会离不开牛，牛在人们的心中就代表着踏实、肯干、任劳任怨，所以在童话故事、语言故事中，牛的形象永远是这样，给人一种亲近、踏实感。而"狐狸"在汉语中的意象就是"狡猾"，所以我们在说一些反面人物时，会把他说成"像狐狸一样狡猾"，在说坏人做事露出了马脚，我们会说"狐狸尾巴露出来了"。当然，我们还有很多其他具有象征意味的事物。如菊花、荷花、牡丹花、玫瑰花等，都具有不同的象征意味，这些象征意味在人们的心目中早就固定了下来，这是在长期的历史发展过程中沉淀下来的心理认同，也是我们语言具有象征美的最直接、最典型的体现。

5.概括美

汉语最讲究经济、简约、凝练，这表现在很多文体形式中，如汉语的成语可谓字字凝练，四字格成语能表达出一个完整的故事，虽然简短，却表达了深刻的哲理和含义，尤其是一些有典故的成语，如精卫填海、熟能生巧、瞒天过海、坐井观天等。在语言发展演变的过程中，经过长时间的学习和接触，我们一看到这些成语，马上就能明白这些成语所要表达的意思，因此，在写文章或者说话的时候，恰当使用成语能让我们的话语更加简洁、言简意赅，更准确地表达我们的意思。除了成语外，汉语还有很多凝练的表述。如古代先哲们传达出的思想、哲理，就用一个字或者两个字来表示，如孔子的核心思想是"仁"，这个"仁"字就凝练了孔子所有的思想基础，可谓一字涵盖了全局，非常有意味。这个"仁"字，我们可以解释为"仁者爱人""己所不欲勿施于人"等，总之解读出来不仅内容丰富而且对我们很有启发。再如，老子的"道"，一个"道"字涵盖了宇宙万物，真可谓是凝练的神品。而关于"道"的含义，我们知道它可以指天地间的规律，也可以指人类社会的规则和准则等。中国文体的另外一种形式"诗歌"也是字字凝练，简短的几句话就能描画出一幅场景、一个故事，而且意犹未尽，言有尽而意无穷。诗歌非常讲究"炼字"，如贾岛的诗句"两句三年得，一吟双泪流"讲的就是诗歌炼字的艰辛和必要。

（五）语言的意境

意境是一种美，能通过语言来表达出一种意境来，这一直是文人们所追求的，而且要通过简短的言简意赅的语言表达丰富的意境和内容。如我国的诗词，上面说了，诗词非常讲究炼字，而炼字的过程也是诗人对语言的品味和内心感受的升华，进而反复推敲琢磨，用精练的语言表达出无限的意境。这种精练的语言需要提炼，这种意境的形成来自感受和生活，生活是无限的素材和资源，细致地观察生活加之人们的独特感受就会生发一种想要表达的欲望，这种想要表达的欲望是人们创作的缘起，诗歌不仅满足人们的表达，而且以一种非常巧妙的形式实现了意境与心境的共通，让人读来真实而有共鸣，这是汉语言意境的美妙之处。

（六）语言意境在汉语言文学中的具体应用

汉语言是一种古老的语言，汉语言中蕴藏着无尽的精华和智慧，语言的意境又将这种精华和智慧通过凝练的形式表达了出来，形成了汉语言的独特的美。对汉语言的意境分析是学习汉语言文学专业的学生的基本功。语言意境在汉语言文学中的运用有多方面的体现，主要表现在：一是语言意境体现在对文学作品的解读上。好的文学作品能陶冶人的情操，能启迪人的智慧，能让读者与作者进行时空的交流，而要想实现这一点，读者本人需要对作品有独特的感受，有自己的理解，而要想解读作者的语言，必然离不开对作品中意境的分析，如此，才能更深刻地理解作品中作者的文意。二是语言意境体现在写作上。汉语言文学中，写作能力是非常重要的一个能力，写作是一种语言的输出，写作一方面要求作者有丰富的词汇可以支配，另一方面要求作者有丰富的内心感受，在丰富的内心感受下精练地组织词汇，从而营造意境和氛围，一篇好的文章和作品无不是在意境的营造上下了功夫的。三是意境的营造还体现在语言规律的运用方面。汉语言是一门学科，如果从学科的角度去研究，汉语言有其自身的规律。我们是多民族的国家，而且地域宽广，在目前国家大力提倡说普通话的前提下，很多人已经能说一口比较标准的普通话了，但是由于南北差异很大，很多人在普通话的掌握上还不是很到位，这样就会在交流和沟通时产生问题，而如果能营造语言的意境，根据语感，我们就能很轻松地理解对方的意思，让沟通更为方便和顺畅。

语言是交流交际的工具，是中华文化的重要载体，学好汉语言一方面能让我们更好地进行交流；另一方面也习得了中华文化的精粹和神韵，提升了自身的文化修养。所以，提升自己的语言表达以及语言意境的运用能力，对我们每个人来说都是非常有必要的。

（七）语言应用的重要作用

汉语言文学专业要培养学生的语言运用能力和对语境的分析能力，通过这两种能力的培养，学生会在文学修养方面、文学作品解读方面、写作方面都有很大的提升。

1. 提升学生的文学修养

文学修养的提升不是朝夕之功，而是要有一个积累和运用的过程。对于同样一个事物，同样一幅景致，不同的人会有不同的表述，这在很大程度上能反映一个人的文学修养和境界。如我们看到壮美的瀑布，有文学修养的人会说"飞流直下三千尺，疑是银河落九天"，没有文学修养的人会说"好长的瀑布啊，真美"，两者的差别是很大的，前者的语言文学修养很高，而后者的语言文学修养很低。所以，我们要好好学习汉语言的运用和汉语言意境的运用，如此一方面提升自己的文学修养，另一方面提升自己的语言运用能力。

2. 提升学生的写作水平

写作能力是一种非常重要的能力，在现实生活中，会写作能写作的人并不是很多，这也从另一个方面反映了人们的语言运用能力。而作为汉语言文学专业的学生来说，写作能力是一项必备的能力，而且是以后走向工作岗位的一项基本素质和能力，所以必须在在校期间就好好地学习和运用。学生通过语言的运用和学习，通过对汉语言语境的分析和解读，能更好地明了语言的运用，能更好地知晓语言的规律，学生通过学习和模仿，渐渐地习得了运用语言的技巧，所以语言运用能力和语境分析能力是学生写作能力的重要基石，有利于学生写作能力的提升。

3. 增强学生对作品的感受力

我们在读书尤其是读经典文学作品的时候，会有这样一个体会，有些人看得如痴如醉，对书里的人物如数家珍，好像就是他的朋友一样，非常熟悉而且能分析得头头是道，谈出自己的感受。而有些人同样是在看文学作品，看完后却茫茫然，书中说的什么讲的什么全然不知，更别提对作品中的人物谈自己的感受和体会，这两者之间为什么会有如此巨大的差距？前者是运用语言的高手，也是解读语言和语境的高手；而后者本身在语言运用方面有很大的欠缺，对语言的分析以及语境的分析也很不到位。所以，我们说增强语言的运用能力和语境的分析能力本身就是在增强作品的鉴赏力，两者是密不可分的。我们在读名著的时候，有自己的体会和感悟，然后我们去读一些名家对名著的点评，有时候会有一种英雄所见略同的感慨，有时候会有一种豁然开朗的感觉，这些都是源于我们对文学作品中语言和语境的分析及感悟。

（八）提高语言应用的方法

1. 熟读多背

朗读和背诵是学习语言的一个非常重要的途径，朗读能让学生在读的过程中体会作者语言的运用，朗读能让学生对文章理解得更加深刻，能读出自己的感悟，能读出自己的见解，朗读多遍后，学生就能在心中形成一个基本的印记，然后可以对一些名篇佳作进行背诵，这一方面可以积累语言知识，另一方面还可以提升自己各方面的修养和素质。

2. 提升兴趣

我们对自己感兴趣的东西总是兴致盎然，所以，如果学生能对汉语言文学感兴趣，那么一切困难都将不再是困难，学生会积极主动地去学习汉语言，去阅读文学名著增强自己的文学修养，去提升自己的文学素质。当然，教师也可以在平时多开展一些有意义的有兴趣的活动，去让学生更加积极主动地去学习。如可以通过模仿央视的一些节目来调动学生学习的积极性。如可以在学校组织朗读者、中华好诗词、汉字听写等活动，以竞技的方式增加学生的兴趣。也可以通过不定期举办讲座或者交流会让学生明了汉语言承载着中华文化，我们要学好汉语言文学，一方面可以提升自己的语言运用能力；另一方面也是我们肩负的责任，我们要把我国优秀的汉语言文化传承下去并发扬光大，增强学生的使命感和责任意识，从而提升学生学习汉语言文学的积极性和主动性。

二、形象美

（一）语言和语言形象

语音是人的发音器官发出的代表一定意义的声音，语言是声音和意义的结合体，语言是沟通交流的工具，是人类社会文明进步的标志，语言的功用有很多，除了最基本的交流外，还有其他一些非常重要的功能，如语言的艺术、语言的承载功能、语言美等。语言的艺术是指在交流时人们可以采用一定的说话技巧来实现谈话的目的，让听话人能更好地理解和接受谈话人提出的建议和意见，进而达成一种共同的意向。谈话时如果懂得语言的艺术，那么谈话就能顺利进行，就能取得很好的交际效果。如在英国有这样一个小故事，英国剧作家萧伯纳有一次去旅行，他在街上遇到了一位聪慧的小姑娘，非常开心地和她聊了很久，分别时，萧伯纳对小姑娘说："回去告诉你的妈妈，你和著名的剧作家萧伯纳聊了很久。"小姑娘听后说："回去告诉你的妈妈,你和漂亮的安娜小姑娘聊了很久。"这就是语言的艺术,小姑娘非常聪慧,她的回答中包含着智慧和运用语言的高超艺术。剧作家萧伯纳也不得不佩服。语言承载着文化,语言的承载功能非常强大,我们可以从语言中窥视我们的文化基因,我们可以通过语言传承我们的文化基因,我们还可以通过语言发扬光大我们的文化基因。诸如我们在日常生活中经常说的"仁者爱人""仁者见仁,智者见智""穷则独善其身,达则兼济天下""老吾老以及人之老,幼吾幼以及人之幼"这些语言的背后有我们共同的心理认同,有我们共同的文化基因,我们通过语言把这些文化基因传承下来,我们通过一些大家喜闻乐见的方式把这种文化传扬光大,如央视频道的经典咏流传、朗读者等就是很好的传扬经典的方式,通过这些方式,经典走进了生活,走进了普通老百姓的心中,形成了人人学经典,人人爱经典,人人传诵经典的大好局面。汉语言是一种非常古老的语言,汉语言本身有着一种独特的美感,这种美包括在很多方面,有汉字本身的构造美、有语言的韵律和谐美等。语言结构本身就有一种和谐的美,语言来自生活,语言反映生活,语言美不仅美在语言本身,还美在语言反映出的形象,语言形象也具有一种美感。语言形象是指多方面的内容,包括语言的组织、语言的形态、语言的声音等。比如,鲁迅先生的《孔乙己》,孔乙己的几句经典的话大家都耳熟能详,如"读书人的事,能叫偷吗?""你可知道茴香的茴字有几种写法",从这些语言中,我们已经能够非常清楚它代表的含义,人们能够从这样的语言中总结出一类形象,这类语言形象富有很强的代表性,所以,一提到孔乙己,大家就能从脑海中想象出他的样子,一提到孔乙己经常说的话,人们都很清楚它是什么意思。再如,《祝福》中的祥林嫂,鲁迅先生通过经典语言塑造了祥林嫂这个形象,祥林嫂说得最多的就是关于儿子阿毛的事情,她说:"我真傻,真的,我单知道下雪的时候野兽在山坳里没有食吃,会到村子里来;我不知道春天也会有。"这是祥林嫂的经典话语,以后凡是逢人她都会说这样的话,开始的时候,她获得了大家的同情,同时也满足了这些人的猎奇心理。后来,她再开口说的时候,人们就变成了嘲笑和讽刺。鲁迅先生通过经典的语言给人们塑造了经典的"祥林嫂"形象。一提起她,大家都知道是谁,有什么样的特点。所以现实生活中,很多人都会被比喻成"祥林嫂"。可见经典的语言形象塑造了经典的人物形象,在人们心中形成了认同和共鸣。有人说,语言在文学作品中是用来塑造人物的,语言本身没有任何意义。这种说法是欠妥的。文学离不开语言,文学是在语言的基础上发展的,所以先有语言形象,再有文学形象。

文学作品中的经典形象的塑造离不开经典的语言,作者通过对语言中"美的资源"的开发和组织,显示出了语言的形象美。

(二)汉语形象的特性

汉语形象,指的是汉语文学语言的修辞形象。这里有个问题需要明确,汉语形象并不等于汉字形体形象,也不等于汉字书法形象,而是指汉语文学的修辞形象。汉语的记录者汉字本身有着一定的形体美,方块字的形体优美,从文字学的角度去看,汉字有着一定的形体美。如果从艺术的角度去看，汉字本身的横平竖直，以及汉字的一系列的演变过程，如甲骨文、金文、篆书、隶书、楷书等，汉字具有一种艺术的美感，具有艺术美。但是我们所说的汉语形象都不是这两种，而是指汉语文学的修辞形象，是我国诗学研究的对象。从语言学的角度看，汉语本身就具有一种和谐的美。如汉语的音节，汉语的四声，汉语的语调等这些都能体现出汉语的美，一种和谐、匀称、整齐美。而在文学中，这种语言美只有服从于一定的修辞目的并能达到很好的效果时，我们才说它具有汉语形象美。也就是说汉语形象是当汉语的一系列的语言技巧和功能，如押韵、四声、夸张、对偶等运用于文学的审美艺术并达到很好的审美效果时，我们才说汉语形象美体现了出来。汉语的形象美更多的指的是一种修辞美，修辞在文学作品中经常用到，常用的修辞手段有比喻、排比、夸张、对偶、顶真、回环等，这些修辞手法的运用，使得人们在表述某个事物的时候，更加形象、贴切、生动，富有表现力。这些修辞手段在句子、段落和篇章中经常用到。而如何才能通过这种修辞手段把想要表达的意思非常准确、形象地传达出来，这就涉及了汉语的形象美。

一些名篇佳作的作者都是运用汉语形象美的高手，他们能轻松地驾驭语言，简短的几句话就能把人物形象描述得非常清晰、到位。汉语的形象美主要是指汉语的修辞美，是汉语在运用一系列的语言技巧后达到的某种修辞效果。如鲁迅先生笔下的祥林嫂，"只有那眼珠间或一轮，表明她还是个活物"。寥寥数笔，就把祥林嫂的那种麻木、形容枯槁描述了出来，通过语言技巧达到了修辞目的。再如，《孔乙己》中，描写孔乙己买酒的时候排出九文大钱，一个排字，运用得极妙，一方面反映了孔乙己的拮据、穷困；另一方面也反映了他的穷酸，他对店家的炫耀心理，虽然拮据，但是分文不少；还反映了孔乙己想在短衣帮面前炫耀的心理。你看，就这一个"排"字，就把孔乙己的形象刻画得淋漓尽致，鲁迅真不愧是语言学大师，非大师手笔不能做到这点。所以，汉语的形象美主要体现在汉语通过系列的语言技巧实现修辞目的，达到很好的表达效果，即运用语音、语法、修辞、语体等手段达到一定的目的，体现汉语的形态美。

（三）汉语形象的表现

1. 语音形象

语音形象是指语音在表意过程中实现的美的形象。汉语语音本身就具有一种特殊的美。从语音形象上来说，汉语由语素构成音节，30 多个语素构成了 400 多个音节，400 多个音节又通过四声构成了 1，300 多个音节。这是汉语最基本的语音单位，汉语的音节具有鲜明的特点，元音占优势，音节读起来清晰响亮，音节之间界限分明，每个音节的独立性很强，非常容易区分。汉语普通话音节通过四声来区别意义，正是因为四声的存在，所以汉语音节更突出表现了音节的韵律感和和谐性。正是基于这种韵律感和和谐性，汉语的各种文体体现出了优美的语音形象，无论是诗歌还是散文、戏剧、小说等体裁都不例外。诗歌中的押韵、散文诗中的长短句都有一个明显的韵律在里面。如诗歌《春晓》中"晓""鸟""少"就是韵脚，而戴望舒的《雨巷》中，每句诗歌用了双声叠韵字，并做到了句尾押韵，如"彷徨""惆怅""雨巷"等。小说也是如此，很多著名作家在谈到小说创作时，都明确提到，写小说要有一个贯穿全篇的节奏，如此才能更好地实现小说的艺术性。另外，在朗读和朗诵的时候，我们要通过语音来表达文章的内容，要有恰当的停连、重音、语速、语调等，这些方面都是语音形象的内容，如我们朗读一篇文章的时候，如何能实现朗读的最佳效果呢，这就需要恰当使用一些朗读技巧。从停和连的角度看，停顿和连接是一个非常重要的朗读技巧，在朗读的时候恰当地停和连能让我们读得更加富有节奏感，停顿又包括了标点停顿和语义停顿；从重音的角度看，重音包括了语法重音和语义重音，语法重音又包含了很多种类；从语速的角度看，朗读作品的时候要根据朗读作品的内容适当进行调整，如果朗读的作品是欢快的、明朗的基调，那么我们在朗读的时候适合语速稍微快些，如果朗读的作品是低沉的、悲伤的基调，那么朗读的时候适合读得稍慢。总之，朗读的时候要综合考虑以上因素，才能把作者想要表达的情感体现得更加充分和直接，也更能体现汉语的语音形象美。

2. 文法形象

这里的文法形象指的是在写文章或者作诗的时候的修辞章法，主要是就文学修辞章法来说的。文学修辞章法包括词语的章法、语句的章法以及篇章结构的章法。词语的章法包括词语的组合章法，如词语组合的定中结构、主谓结构、动宾结构、动补结构等。语句的章法指词语组合成语句是否符合一定的规则，是否符合一定的章法，只有在一定的章法下的语句才是合乎规范的语句，也才是人们认同的语句，在符合规范的情况下，运用恰当的修辞手法能让语句本身更加舒展，也就是润笔。

篇章结构章法是指一篇文章的组织是要符合一定章法的，如果不能做到章法明确，就有可能会造成篇章结构的混乱，进而影响阅读。如一般来说，篇章结构的章法讲究前后呼应、重点突出、详略得当。如此，文章能够做到基本框架结构没有大问题，然后再进行语言方面的修辞润色，一篇文章只有经过反复的修改才能达到好的效果。而词语的章法也好、语句的章法也好、篇章的结构章法也好，这些章法本身就是一种规则，按照这种规则进行词语、句子和文章的组织，然后我们就可以看到优美的词语、富有表现力的句子和优美的文章，所以文法形象本身就是一种美。

3. 辞格形象

辞格一般是指修辞意义上的辞格，辞格能让语言更加富有表现力。关于辞格我们非常熟悉的有比喻、排比、夸张、对偶、顶针、回文、象征等。辞格使得汉语的表达更加富有魅力和表现力。如"后宫佳丽三千人，三千宠爱在一身"的夸张、"梨花一枝春带雨"的比喻等给我们带来了无穷的艺术魅力。再如，"他是一个高尚的人，一个纯粹的人，一个有道德的人，一个脱离了低级趣味的人，一个有益于人民的人"，这种排比的运用增强了气势和表达的效果。"春风桃李花开日，秋雨梧桐叶落时"，这种对偶修辞手法的运用也带来了很好的修辞效果。

4. 语体形象

语体形象是就文学文本中的多种体式而言的，包括小说、戏剧、散文等，当然还可以从其他方面进行分类。如从文体角度可以分为纪实体、传记体、抒情体、叙事体等。

（四）汉语形象的重要地位

汉语形象问题是个十分重要的问题，在古代，古汉语的审美表现功能是很强大的，人们也毫不怀疑古汉语的神奇魅力，但是随着社会的发展和进步，人们渐渐有了很多新的体验和感受，而这些新的体验和感受在古汉语中找不到对应点，无法进行确切的表达，因此，古汉语的汉语形象受到了考问。其实古汉语本身就是一种书面语，是一种书面语和口语相脱节的形式。古时候，社会发展缓慢，人们一直使用古汉语也没有什么难以解决的问题，虽然口语和书面语还是严重脱节，但是并无妨碍，人们在使用的过程中没有出现什么大的问题，所有想要表达的概念和感受都能清楚地表达。但是近代社会，尤其是现代社会，人们发现古汉语越来越跟不上时代的节奏，所以就创造了现代汉语，现代汉语与口语是一致的，书面语和口语没有脱节，许多现代词汇应运而生，许多外来词被引进，人们更多的主观都能表达和体现。汉语形象问题是个大问题，这个问题解决好了，我国的文化地位、文化认同等问题就能得到很好的解决。现代汉语形象问题是汉语文学中如何更加到位地表现中国人的现代生存体验的问题，现代汉语形象问题也可以说是我国文化的现代性问题。现代汉语的形象问题可以概括为以下几个方面：一是现代汉语和古代汉语的问题。当我们进入了现代社会，当我们在否定古汉语的表现能力时，当我们认为古汉语不能表达现代的感受和体验时，我们也面临着另外一个方面的问题，如何平衡古汉语与现代汉语的关系？二是中国和西方的语言问题。随着我们国门的打开，越来越多的人接受了西方教育，了解了西方的价值观念和文化传统，越来越多的外来词汇进入中国，越来越多的西方价值观念影响着国人，因此如何吸收和借鉴西方语言也是现代化社会面临的一个问题。三是文学语言与标准语的问题。现代文学中，文学语言与现代汉语标准语有着一定的关系，文学语言的修辞性与现代汉语标准语的精确、严谨之间有着一定的对抗性。四是俗语与雅语的问题。在现代社会，俗语和雅语一直存在着一个明显的不同，而它们划分的依据是，俗语是指那些和雅语相对应的语言，包括地方俗语方言，是语音和词汇方面来说的。雅语是指社会约定俗成的大范围内使用的大家都能听得懂的标准语，从现代汉语的方面来说，就是普通话。两者之间存在着一定的拉锯战。五是文学语言的问题。现代汉语言能否清楚地表达自身及事物以及现代汉语的价值存在问题。这几个问题是中国现代文学的基本问题，正是在对这些问题的研究和回答中，体现汉语自身的语言风貌。

（五）汉语形象美学

汉语形象问题在现代文学中的意义不言而喻，那么汉语形象在美学领域有着什么样的作用呢？这主要看考察点的问题，如果用现在的美学新模式来考察的话，汉语形象在美学中的作用就不是那么明显，因为现在的新的美学观念非常重视内容的思想性，对于语言形式方面的问题并不怎么看重。汉语形象需要另辟蹊径来寻找自己的存在感,这种存在感需要有相应的新的理论框架、分析模型。那么我们需要找到一种什么样的理论框架和分析模型呢?汉语形象美学应运而生。汉语形象美学是一个全新的领域,是文学汉语形象的诗学审美研究,所以更加侧重从汉语审美角度来分析文学中的现象。汉语形象美学的研究对象是什么,研究属性如何?

汉语形象的修辞性主要表现在它能在文学中或者诗歌中产生一种特殊的感染力,具有很好的艺术效果。所以,汉语形象的美表现在多个方面:一方面汉语形象本身具有美感,另一方面汉语形象美体现在能在文学或者诗歌文体中获得很好的艺术效果。而汉语的形象美学主要研究汉语形象如何通过修辞达到这样一种效果。所以,汉语形象美学主要研究汉语形象的美,汉语形象的修辞效果。当汉语形象能够非常真实非常有力地体现人的感受并产生了很强的艺术效果时,汉语形象就具有了一种成熟的美感。汉语形象美学的审美特性离不开修辞,需要在修辞的基础上进行。

汉语形象美学的研究对象主要是其修辞性和审美性,自从人们对语言有了新的看法,语言不再是处于从属地位,不再从属于文学,而是处于基本地位,有着重要的作用。所以,汉语形象美学不再从传统方式上研究语言,语言不再仅仅作为交流的工具、表达文学含义的工具来存在,汉语本身就是研究的对象,从语言本身来研究。另外,汉语也不是诗意美的附属,而是诗意美的产生的重要因素。因此,我们说在谈论一首诗歌或词的时候,我们不会仅仅从其思想内容去谈论,还要去看这首诗歌整体的语音方面的和谐和匀称,唯有如此,我们才能说是很好地解读了这首诗歌,否则便是不完整的。如戴望舒的《雨巷》,你能仅仅从诗歌的思想内容和意义的角度去分析这首诗歌吗?显然不可以!诗歌中使用了很多双声叠韵字,而且用在每句诗歌的末尾,起到烘托诗歌主题思想的作用。如:"独自彷徨在悠长、悠长又寂寥的雨巷""丁香姑娘""哀怨又惆怅""到了颓圮的篱墙""散了她的芬芳""太息般的眼光"等,我们可以看出,诗人为了把诗歌主题烘托得更加到位,在诗歌的语音形象上很是下了一番功夫。句末都压 ang 韵,而且这种韵脚拉长了诗歌的旋律,把诗歌想要表达的那种惆怅、寂寥的心情表现得非常巧妙。所以,我们不能单单去分析诗歌的思想内容,诗歌的语言形式是为诗歌的主题内容服务的,是为了更好地凸显诗歌的主题思想。

汉语形象美学是要把汉语形象作为基本的研究对象,更加注重汉语形象在文学世界中的意义。如此,汉语形象美学本身就具有存在的意义,那么汉语形象美学是不是一门独立的学科呢?如果作为一门独立的学科去研究那它就被限制了起来,其实说汉语形象美学是一个研究的方向或研究的动态更为合适。研究动态,表明这个方向是人们关注的,需要认真、系统地来梳理汉语形象美学的特点及规律,它是将汉语形象问题作为一个点来对文学进行的美学、修辞学的思维方式。作为一种思维方式,它更加注重文学中的汉语形象,更加注重文学本身的语言意义。汉语形象美学是诗学的一个研究方面,而且具有很强的开放性和流动性,汉语形象美学还向诗学的各个领域进行扩展。我们知道文学是语言的艺术,所以语言不能说是为文学服务的,语言本身就是一个独立系统,文学是基于语言而产生的，并为实现语言更好的功用而服务。所以，文学是一种语言，是一种特殊的语言，是实现了语言功能的特殊文体。以前，我们谈到文学，大家直接就是谈论到文学的思想和内容，而忽略了文学语言，其实正是文学语言塑造了文学形象，正是文学形象让文学语言发挥得更加到位。如《红楼梦》中，我们谈到王熙凤，大家都知道她是一个极其能干，又极其厉害的人，杀伐果断，毫不含糊。那么，大家对王熙凤的这种印象是从哪里来的呢？是从凤姐的语言中，以及对凤姐的行为的语言描述中得来的，归根结底，是我们从语言中得来的。所以，我们不能抛开语言谈文学思想、文学内涵，否则，抛开语言谈文学，得出的结论是干瘪的、不充实的、没有实际意义的。我们更不能抛开诗歌语言谈诗歌的思想内涵，因为诗歌的思想、诗歌的主题就在语言中体现并在语言中深化。所以，诗学领域的首要问题就是语言形象问题。汉语形象问题在诗学领域中有着一种极为重要的地位。汉语形象美学作为一个研究方向、研究领域，可以进行更为细致的划分，可以分为古代汉语形象和现代汉语形象。在两者之间，比较古今汉语形象的差异，显示当前汉语形象和以前的关联，具有非常重要的意义。关于文学和语言的关系问题，讨论了很久，有不同的代表观点，有的认为，语言从属于文学，是文学的附属品。有的认为，语言具有独立性，语言成就了文学，文学是语言的艺术。还有的认为语言和文学密不可分，文学就是语言，语言就是文学。那么这三种观点中，哪种是最恰当的呢？其实第二种观点最为恰当。语言具有独立性，语言成就了文学，文学是语言的艺术。文学本身的发展需要借助语言，语言的发展促进了文学思想的真实表达和确切表述。文学本身就是一种语言，汉语形象问题在我们的诸多书籍尤其是文学理论书籍中并未提及，可见，汉语形象问题还没有得到应有的重视，人们认可文学是语言的艺术，但是人们对这句话的含义并没有进行理论性的升华，没有进行细致的总结和归纳。汉语形象问题是文学的、诗学的基本问题。所以，它处于一个基本核心的地位，可以这么说，没有汉语形象就没有文学形象，没有汉语形象就没有诗学形象。而且汉语形象在汉语诗歌中具有更为重要的作用，汉语形象问题比任何一门语言形象在诗歌中的地位更为基础。如果我们能进一步思考，就会发现，文学不仅仅是语言的艺术，更确切地说文学是汉语形象的艺术。汉语形象在汉语文学中具有举足轻重的作用。汉语形象在汉语诗学中具有极为重要的基础作用。在诗学中，它反映的内容是非常丰富的，不仅有汉语形象还有人物形象、背景形象等。但是无论何种形象，如果离开了汉语形象就无从谈起，就失去了基础和依附。所以，汉语形象在文学和诗歌中具有基础的地位。如果从美学的角度看，汉语形象是文学艺术美的基础，正是基于汉语形象的美，文学美学才得以实现。文学中诸多美的潜质才可以更好地烘托出来。所以，我们不能离开汉语形象去谈文学或诗学中的其他的美，否则，离开了汉语形象的美是没有根基的，也是不存在的，只能是凭空想象出来的。

　　汉语形象与一般的其他汉语活动有所不同，具有非凡的艺术性，它是文学的艺术实现。在汉语形象中，艺术是指汉语形象的修辞美，文学是汉语形象的艺术，这种艺术性主要体现在修辞上，而这种修辞美主要是指，汉语形象能够非常准确地反映人的生存体验，能在社会中造成强烈而显著的影响，显示出汉语形象的独特的美。

第二节 汉语言的修辞美与语境美

一、修辞美

20 世纪 80 年代，语言学界有一股文化热潮，人们开始重视语言和文化，以及语言与文化的关系，文化也渐渐延伸到修辞学领域，形成了修辞文化。人们从文化的角度对汉语修辞的诸多问题进行了理论的探讨，推动了修辞学的发展。修辞与文化有着非常重要的关系，修辞中的种种美都是在文化的基础上形成的，并体现文化特征，从修辞体现的各种美中我们可以窥视民族的思维特征以及民族心理，也可以窥视民族文化认同。在汉语修辞中，这种修辞的美体现在多个方面，有形式美、内容美、音韵美、对称美等。研究修辞现象中的种种美的表征，可以更好地理解汉民族的审美心理和审美倾向，对修辞与文化关系的进一步明确也具有重要意义。所以，我们从修辞的角度来谈修辞美学，从语言文化的角度看修辞美学，从而梳理语言文化和修辞的关系内涵，进而为我们更好地发展修辞美学服务。

（一）修辞效果

那么什么是修辞呢？如果从修辞二字来看，修即为调整、修饰，辞是指言辞。所以，修辞是指在人们交流交际的过程中，或者在文学作品等书面语中，通过调整语言的各个方面来实现一定的目的，达到更好的表达效果。

著名修辞学家陈望道先生认为，人们在交流时，一方发送信息，一方接收信息。人们发送信息时是有一定的交流意愿和交流目的的。一方面，发话人想要把自己的意思表达得清楚明白，准确无误；另一方面，发话人想要通过自身的言语能够打动对方，使对方认同自己所说的话。这是两种不同的目的，说话人的说话意图不同，那么使用的言辞就会有很大的差异。如果仅仅是以使对方能听得懂为目的，那么说话者就会选择简易的的词汇来说，尽可能表达得清楚明白。这还跟听话者有关系，说话者如果和听话者的方言差异很大，那么说话人就会使用双方都能听得懂的普通话；在词汇的使用上，如果听话人的受教育程度比较高，那么说话人就会尽可能地使用精准的、丰富的词汇来表达自己的意思；如果听话人的受教育程度不高，那么说话者就会选择简易的、通俗的词汇来表达，尽量让听话人能明白他想要表达的意思。如果是以能打动对方为目的，那么说话者就必须使用浑身解数，从语言上、手势上、表情上、动作上等各个方面来达到目的，语言上，说话人要使用能够唤起听话者产生共鸣的语句，能够在听话者的心中留有鲜明形象的语句，这样才能在表达的时候让对方产生亲切感，让对方更容易认同说话者的话语。使听话人清楚明白的，传递的是语义方面的信息，而使人能动情的，传递的是审美信息。修辞属于后者，是经过言辞的调整后发出的信息，来达到一定的效果。

（二）宇宙、人、语言的关系

人在发送信息时会有两种方式：一种直白无误即可，一种则要润色语言构成审美。那么人们在发送信息时为什么会有审美方面的需求呢？这种需求体现的是一种什么心理，什么动机？要想回答这些问题，就涉及了宇宙、人和语言的关系。那么三者之间是一种什么关系呢？其实三者之间是一种全息关系。全息是指部分与部分、部分与整体包含着相同的信息，或者部分就包含了整体的全部信息。

早在很久以前，我们的祖先就明白了这样一个道理。如老子的"道"，概括了天地万物的规律，天地间的一切，都有自己的道，都是在道的指引下发展，按照道的规律成长，一切符合道的事物就会欣欣向荣，一切违反道的事物就会衰败没落。宇宙包含着全部的信息，宇宙天体的运行有道的存在，各个天体在自己的运行轨道内有条不紊地运转着，互不干扰。人是宇宙中的一部分，人的一切的活动也遵循着一定的规律，人的出生、成长、衰老、死亡遵循着一定的规律，不以任何人的意志为转移，所有人都概莫能外。而人在每个成长阶段又遵循着一定的规律，如果违背这个规律就会造成一个人的成长的停滞甚至发生异化。如婴儿从出生到 6 岁，这是一个极为重要的阶段，生命的密码早在出生前就设置完毕，出生后，到底要做什么来发展自己，孩子非常清楚，但是在这个过程中，如果孩子的发展被任何外力破坏了，如果孩子的发展被阻止了，那么孩子的成长就不正常了，就会出现一系列的问题。任何违反规律、阻止规律正常发挥作用的事情都会出现一系列的问题。语言是人类交际的工具，是人类社会文明进步的产物，而语言的内部结构同样也符合一定的规律，即语言的规则。没有语言规则，语言就不能称其为语言。没有语言规则，语言就无法交流，任何语言都有一定的规则在里面。语言的词、句、篇章，只有符合一定的规则，才能更好地为人类的交流服务。由此看来，宇宙有道，人的发展有道，语言的组织和发展也有道。道贯穿始终，宇宙、人和语言只有在符合道的前提下，才能更好地发展。

（三）耗散结构

耗散结构是比利时科学家在 20 世纪 60 年代提出的。耗散结构是指在一个开放的系统中，为了远离平衡的沉寂，这个开放的系统必须保持与外界进行能量的交换，不断进行新陈代谢，耗散能量。如果能量耗散停止，这个系统就会处于一种无序的、简短的低级平衡状态。

从这个定义来看，人本身也是一个耗散结构。人们并不简单地追求平衡和宁静，人的机体本身是个复杂的耗散结构，这是在人的长期的进化过程中实现的，由此来对抗死亡。因此，人要一直处于一种动态的平衡中才可以，这种动态的平衡让人类能够通过运动和与外界沟通让自己处于一种正常状态，如果运动或与外界沟通的行为一旦停止，那么人就进入了死亡，生命就消失了。这也是我们为什么经常说："生命在于运动，生命在于奋斗，生命不息，奋斗不止。"如果让一个人长时间地静止不动，那么这个人的身体的各种循环就会处于一种近乎停滞的状态，这个人的精神也会处于一种近乎停滞的状态，这个人离死亡也就不远了。幼儿是要一刻不停地活动的，只要他醒着，他就会一刻不停地活动，如果你看到一个幼儿像老人一样在那里安静地坐着，那么这个幼儿肯定是出了问题。正常的幼儿会为了发展自己的身体技能和愉悦自己的精神，他会到处摸、爬、抠，你限制他，他就会奋力反抗。这就是生命的最初状态，生命的最初几年，生命的密码指导着每个幼儿按照自己生命的需求去发展，在发展的过程中，幼儿习得了一定的技能，也发展了自己。如果限制幼儿的发展，限制幼儿的一切，那么这个幼儿肯定就会处于一种不正常的状态，生命的正常发展被阻碍了，这是最令人痛心的事情。所以我们说，人的身体也是个耗散结构，从生命之初到生命终结，都是如此。人的肉体要保持一个动态的平衡，唯有如此，人的身体才能成长，人要从外界不断地吸收各种各样的食物来保证身体各个方面营养的需要，人吃进去的东西要消化、排泄，然后再吸收、消化、排泄，如此进入一个动态的循环中，如果哪个环节出了问题，那么人的身体就处于一种非健康的状态，人的身体就会不舒服了。除了人的身体外，人的精神也是一个耗散结构，也是处于一种动态的平衡中。人的心理状态也是处于一种动态的平衡中，当我们为了达到某个目标而努力奋斗的时候，当我们终于为实现了梦寐以求的目标而欢欣鼓舞的时候，我们的精神是愉悦的，我们的心情是快乐的，但是这种愉悦和快乐的时间不会很长，更不会一直持续下去。这种为实现目标而开心和快乐是短暂的，是有时限的。然后，我们就会去追求更高的目标，为实现更高的目标而奋斗。当我们吃到了美味的食物的时候，我们快乐；当我们考了一个不错的成绩的时候，我们快乐；当我们听到好消息的时候，我们快乐。这些快乐是短暂的，随着目标的实现就会消失，然后人们又去寻找下一个奋斗的目标，这也是我们的人类社会为什么能迅速发展的原因。试想，如果我们的精神不是耗散结构，如果我们一直处于一种简单的、重复的、机械的、单调的、静态平衡中，那么我们就不会是今天的我们。

关于这种短暂的快乐，人们也意识到了这一点，所以人们又去追求更高的快乐，有没有一种永久的快乐呢？什么事物能让人永久快乐呢？这种东西不好找，最后人们发现所有外在的一切都不能给人永久的快乐，唯有人的内心，人的想法能带给人真正的永久快乐。所以，人们不断进行思想的调整、心态的调整，在追求快乐的道路上更加努力。

（四）耗散结构与语言

语言是用来进行交际的，语言具有非常重要的交际功能，那么人创造出的语言同样也是一种耗散结构。为什么这样说呢？语言的一切构成要素都是处于一种动态的平衡中，并且不断地发展和改变着。人们在使用语言时，为了达到一定的目的，人们喜欢使用那些能给自己带来愉悦的话语。语言是个非常开放的系统，语言是人创造的，那么语言必然能反映人类社会的一切信息。语言不断与外界进行信息交换，从而实现一种动态的平衡。试想，从古汉语到现代汉语，语言经历了一个巨大的转变，这种转变正是语言和外界进行沟通的结果，是语言适应时代要求的结果，如果语言故步自封，那么语言就没有任何的活力和新鲜，就不会被人们用来交流和使用，唯有能反映人们思想，能反映现实生活的语言才是一个活跃的系统，才能更好地为人类的交流和沟通服务。

语言本身有语音、词汇、语法系统。三个系统构成一个有机的整体。语言的词汇系统是个非常开放的系统。词汇系统不断与外界进行信息的交换，不断进行着更新与淘汰。如网络信息时代，许多新的网络词语都被吸纳了进来。另外，地球村的到来，使得汉语词汇系统也吸纳了很多具有生命力和表现力的外来词汇，词汇的系统更加丰富，表现力更强。语音系统也是一个开放的系统，语音系统从古至今发生了很多变化，像古代汉语中的入声，现代汉语中已经消失了，现代汉语的调类和古汉语的调类已经有了很大的不同。语法系统也不例外，语法的演变和发展也是顺应社会发展的结果。语言发展演变的过程是语言内部的一个自我调整和变异的过程，调整的原因是为了顺应社会发展的需要，调整的目的是使得语言能够更好地为人类社会服务，调整的结果是最终语言内部实现了一个动态的平衡，最终和人本身一样，语言系统也是一个耗散结构，是一个动态的平衡系统。所以，无论是宇宙万物也好、人也好、语言系统也好，都是处于一个动态的平衡中，都是一个耗散结构，具有全息的特性。

（五）耗散结构与言语

从人自身的言语行为来看，人的言语行为中充满着对绝对平衡的抗拒，从人们的言语行为中我们可以发现，人们在追求创造的快乐和美的享受方面永不满足，为了追求快乐，为了追求美，人们会在言语行为中进行审美选择，而且这种审美选择具有持久性。主要可以从以下方面来看。

首先，人在言语活动中，总是选择符合形式美的言语进行表达。这主要是指一方面说话人选择得体的话语，说的话符合当时的语境、说话人的身份以及迎合听话者的心理。另一方面是指，说话人在说话时会从语言形式上进行选择，会选用那些和谐的、美的语句来表达。这样人们在说话时就产生了语言的审美，对那些丑陋的、低俗的语言，人们自动进行规避，并且不屑使用，因为这不符合人们的审美心理。人本身就是一个对称体，基于人自身的身体结构，人们延伸到了外部事物，对外部那些对称的、和谐的、美的事物就心存好感，对那些丑陋的、不可爱的事物就非常厌恶，这也是为什么我们在说话时会从语言上进行审美选择。

其次，人们在进行言语活动的时候，还喜欢"悦耳"，悦耳的话语不仅要内容上得体，在语音形式上也要具有一定的美感，听起来悦耳动听。如果我们在说话的时候，能采用一些富有韵律的句子来说，听话者就能记得更加清楚，就能从形式上更容易接纳。如诗歌，我们在读诗歌的时候总是会印象深刻，这种深刻主要源于声音形式。如"一帆一浆一渔舟，一个渔翁一钓钩，一俯一仰一场笑，一江明月一江秋。""一去二三里，烟村四五家，亭台六七座，八九十枝花。"这种朗朗上口的诗句，给人的印象非常深刻，所以读过后就过目不忘。人在说话时也是如此，努力追求声音形式的和谐和韵律。如主人请客吃饭，会招呼客人说："大家都好好吃，不仅要吃饱，还要吃好。"再如，当别人问你喜欢吃什么时，有人这样回答："天上飞的，水里游的，地上跑的，我都喜欢吃。"这样的回答给人印象深刻，而且语音形式也具有很强的审美倾向。

最后，人们进行语言活动时，为了达到审美效果，就会经常使用审美策略，如追求语言的形式美。这在诗歌中表现的最为明显。在古代诗歌中，有五言绝句和七言绝句。五言绝句通常是四句话，每句话五个字。七言绝句是四句话，每句话七个字。以绝句为例，像杜甫的《绝句》："两个黄鹂鸣翠柳，一行白鹭上青天。窗含西岭千秋雪，门泊东吴万里船。"形式非常巧妙，使用对偶句，对仗极其工整，而且具有优美的丰富的内容。再如，王昌龄的七绝《出塞》："秦时明月汉时关，万里长征人未还。但使龙城飞将在，不教胡马度阴山。"对仗也十分工整，寓丰富的内容和作者的感慨于优美的形式中，使人读来印象深刻。另外，审美策略经常追求意象美。如秦观的《行香子·树绕村庄》中："小园几许，收尽春光。有桃花红、梨花白、菜花黄。"从中我们可以看到优美的意象，诗人追求意象的美，使得意象美与形式美有机统一在了一起。再如，王维的诗歌，更是诗中有画，画中有诗。诗和画交融在一起，达到了一种很高的境界，不仅具有优美的意象，而且具有优美的形式。

人是一个耗散的结构体，人自始至终在追求美的形式，美的内容，美的意向，永不满足。为了追求这种美，人在使用语言的过程中，人在言语活动中，也必然会使用一些审美策略来实现审美选择。这些审美策略包括语言的语音形式、语言的意象、语言的内容、语言的词汇、语言的语法，一切都处于这样一种动态平衡中，一切都会处于变化中，没有一成不变的东西。所以，语言是个耗散系统，语言一直处于变化之中，语言为了满足人的审美选择，会始终处于一种动态平衡中，从而保持语言的持久生命力，否则，当语言处于死寂状态时，语言也就没有了生命力，也就要走向消亡了。上面我们提到，人的耗散结构决定了人会始终打破旧的平衡，实现新的审美。如人在实现一个目标后，在短暂的喜悦后就会再去追求另外一个目标，以实现自身的成长。人在习惯了一个新的事物后就去追求更新鲜的事物来满足自己的欲望和要求。以前人们骑个自行车就感觉非常棒，现在的人们没有人愿意骑自行车，除非是为了锻炼身体。时代的发展，使得人们的追求也在发生巨大的变化，而这种追求本身也是社会进步的一个动因，是社会能获得发展的一个内因。人是如此地喜新厌旧，所以，在语言的使用上，人们喜欢标新立异，喜欢独创性，喜欢有创意，不喜欢因循守旧，不喜欢人云亦云，不喜欢走别人走过的路。正是人的这种耗散结构，社会在发展，人类社会在进步，我们人类获得了空前的发展，我们的认知达到了一个更高的水平，我们在巨人的肩膀上前行，并逐渐让自己变成巨人。

日常生活中，我们经常会谈到表现，表现欲望是每个人都会有的，孩子尤其是这样。表现力是生命力的最主要的表征，在人前，我们希望自己能有完好的表现力，来证明自己。在语言交际时，我们也经常使用具有表现力的语言，进行语言的创新，来满足自身的对于动态平衡的需要。干瘪的语言总是乏味的、枯燥的、令人厌烦的，当这样的话语说多了，人的自身就会产生一种抵抗的本能，就会进行语言的创新。在语言创新方面，无论是语言大师还是普通百姓，都要进行语言创新。

人本身是一个耗散的动态平衡体，这种结构体决定了人具有审美的内在需求，人们在进行言语活动时便具有了审美的选择。宇宙本是个耗散结构体，宇宙中的高级生命人也是如此，和宇宙全息进行交流和表达人的思想的语言也是如此，所以，宇宙、人、语言全息，都处于一种动态的平衡美中。

二、语境美

什么是语境？语境是指语言单位出现的环境。语言都是在一定的语境中进行的，没有语境的语言是不存在的，我们所说的得体就是指人在使用语言时符合语境，达到交流的效果。同样的话，语境不同就会有不同的效果。如"你胖了啊"这样一句话，如果你的交谈对象是个骨瘦如柴的人，那么你这么去说，他就会很开心地回答："真的吗？太好了，我终于长点儿肉了。"如果你对一个本来就很胖的人说，那么这个人很显然会非常生气，严重者还会发生口角，以为你是故意为之。如果你的交谈对象是个非常注意自己形象的姑娘，你这么说，大概就会招来一个白眼。所以，同样一句话，交谈对象不同，语境不同，效果就会完全不一样，甚至完全相反。我们中国有句古话，不在失意人面前谈得意事，也不在得意人面前谈失意事，说的就是要注意谈话的对象和语境，否则的话就会自讨没趣。

再如，我们的诗歌，在诗歌这一文体中，语境的塑造尤其重要，如白居易的《长恨歌》，开篇就点明了语境。一句"汉皇重色思倾国"，意义含量极大。作为一国之君，最重要的事情当然是上朝理政、治理国家，一个勤政的皇帝应该是为百姓分忧的，应该是为国家发展深谋远虑的，应该是任用贤臣，造福百姓的。可是，汉皇却不思朝政，不治理国家，不任用贤臣，他所有的重点都放在了一个方面，那就是"思倾国"。白居易不愧是语言运用的大家，只一句话就塑造了一个含量极大的语境，为后面的叙述做好了铺垫，只一句话，就注定了这是一个悲剧；只一句话，就表明了悲剧的制造者正是悲剧的主人公。

《琵琶行》是长恨歌的姊妹篇，在《琵琶行》中作者也是通过语境塑造了鲜明的人物形象，让我们过目难忘。如"千呼万唤始出来，犹抱琵琶半遮面"。一方面写出了琵琶女的羞涩；另一方面也写出了琵琶女饱受人间冷暖，心灰意懒，欲说还休的压抑和掩饰。通过语境的塑造，一个个鲜明的人物形象在我们面前展示了出来，一个个经典的事件在我们的心中留存。如我们所熟知的"花木兰""苏武""董存瑞""黄继光"等形象。任何语言大家都知道如何通过塑造语境来让人物形象更加鲜明，如何通过塑造语境来让人物形象更加形象可感。如曹雪芹笔下的《红楼梦》里面的人物形象个性鲜明，每个都有自己独特的一面，我们通过什么感受到这一点呢？语境。在一定的语境下，我们通过人物语言、动作等的分析了解了人物的个性特点。如王熙凤的杀伐果断、口齿伶俐，林黛玉的体弱多病、聪慧异常，贾宝玉的敢于反抗、似傻如狂，等等。所有这些人物形象在语境下彰显得更加逼真。当我们读王维的《山居秋暝》的时候，我们感受到了一种独特的语境美，这里有山有水，有人有花，有鸟有月，一切都在安静、闲适中舒展着，一切都清新而舒适。我们仿佛置身其中，感受到了诗人描述的画面，这个画面在我们的心中长久地留存着，这个画面成为我们内心感受的一部分，进而融进我们的生命，成为我们自身的一部分。

凡是有语言的地方就有语境，因此语境在方方面面都有体现。我们主要从以下几个方面来看。

第一，生活语境。在生活中，我们只要涉及沟通和交流就会有语境。而生活语境表现在很多方面。如在老人的生日宴会上，生日宴会就是一个语境，如何在这个语境中使用得体的、恰当的语言就成为一个主要的问题，如果语言使用得恰当、得体，那么语境美就会很好地体现出来。如我们可以祝福老人福如东海、寿比南山，我们也可以给老人画上一幅带有美好寓意的画，来祝福老人，我们还可以为老人唱首歌等，这些都是符合语境的做法，都能在这个语境的前提下实现很好的效果。否则，如果不管是何语境，就会失去语境的功能，甚至有相反的效果。

第二，诗词语境。在诗词中，我们的诗人、词人都是语境塑造的高手，语境的出现让我们更加形象可感；在语境中，诗词中的人物形象更加活跃、真实。这也是成功塑造语境能给我们带来的效果。如李清照的《声声慢》：寻寻觅觅，冷冷清清，凄凄惨惨戚戚。这首词的开头九个字就把这种冷静凄清的氛围描述得非常真实可感。从开头的寻寻觅觅，词人好像在寻找什么，有没有找到呢？找到的只是冷冷清清，一种凄清的氛围和语境就出现了，词人想要寻找的并没有找到，只看到了周围环境的冷清。所以，一种悲凉涌上心头，词人的面部表情开始凄凄，心境惨惨，心情不畅，而这种极度的不如意让词人的内心极为痛苦不堪，这种痛苦就呈现出戚戚状，词人由内心的极度痛苦和悲凉进而开始抽泣，简简单单的九个字就把词人的这种痛苦表述得极为传神，语境一出，下面的描述我们就心知肚明了。

第三，篇章语境。篇章语境是指在一篇文章中，总会有语境的存在，没有语境的篇章是不存在的。如杜甫的《卖炭翁》：伐薪烧炭南山中，满面尘灰烟火色。开头两句话就点名了卖炭翁的烧炭地点和卖炭翁的容貌，后面的"卖炭得钱何所营，身上衣裳口中食"，名了卖炭翁辛苦劳作一整个冬天，目的就是吃口饭，穿上衣服。开头几句话就交代了一切应该交代的，整个语境就出来了，再写下面的"心忧炭贱愿天寒"。本来就没有什么保暖的衣服，在寒冷的冬天，大家都希望能够暖暖和和的，可卖炭翁却希望天气能够再寒冷一些，这是为什么呢？原来他害怕自己辛辛苦苦一整个冬天烧出来的炭卖不出好价钱，所以，他希望天气再寒冷一些。寥寥数语，就把一个辛苦、贫寒、苦难的卖炭翁的形象描绘得淋漓尽致。而且，大家通过读卖炭翁可以了解到，这不仅是卖炭翁自己一个人的写照，更是当时很多生活在底层的劳苦大众的写照。再如，朱自清的《春》，"盼望着，盼望着，东风来了，春天的脚步近了"。简单几句话，就把对春天的期盼和春天到来时的喜悦描画了出来，为全篇奠定了一个基调。篇章语境预设得好，整篇文章就能体现出一种语境美。

第四，艺术语境。除了以上几种外，还有一种艺术语境，艺术语境包括电影艺术、书法艺术等。就电影艺术来说，经典的电影片段中，一些令我们印象深刻的，一些具有幽默效果的对白，无不是使用了语境的结果。另外，在书法中，优美的书法艺术也是非常讲究语境的，好的书法无不是顺应语境的结果。人们说书画相通，绘画艺术也是讲究语境的。如王维的《山居秋暝》，诗中有画，一首诗即为一幅完美的画。这首诗描画了一个秋雨过后山村的美好景致，以及村民的淳朴和作者寄情山水、怡然自得的心情。

我们从以上几个方面谈了语境美，语言离不开语境，离开语境的语言是不存在的，艺术也离不开语境，只有善于营造语境，善于使用语境，善于根据语境做出灵活调整的语言策略和艺术策略才是成功的策略，才能更加彰显语境美。

第三节 汉语言的文化传统美

一、汉语言的文化承载

（一）汉语言传承中华优秀传统文化

传承中华优秀传统文化是时代的呼声。我们知道在过去的几十年，自改革开放以来，我国重点在发展经济，是以经济建设为中心的，这个国策促进了我国经济的迅速发展，我国的经济实力每年都会跃上一个新的台阶。但在坚持以经济建设为中心的同时，我们也产生了很多的社会问题。最主要的问题在于人们的思想观念和价值观念，我们的经济腾飞了，但是我们的文化却始终处于一种并不正常的状态，因为改革开放，很多外来观念冲击着我们的价值观念，很多人唯利是图，金钱至上，对我们的传统文化嗤之以鼻，我们的文化受到了很大的冲击和否定。我们的经济发展了，但是人们的心灵却越来越迷茫，找不到快乐和存在感，经济的发展和人们的幸福指数并不成正比。所以，越来越多的人开始反思，到底是哪里出了问题？最后，人们越来越清楚地意识到，没有文化，丢失了自己的文化信仰，一味地崇洋媚外，一味地不管不顾，只会让我们成为赚钱的机器，心灵日益沙漠化，如此，我们就失去了自己的根和魂，我们必然不会存在长久。现在，人们越来越清楚地认识到，文化建设能促进经济建设的发展，文化建设能够为经济建设提供精神动力和智力支持，文化建设能为我们的社会发展注入和谐的血液。所以，我们必须重视文化建设，文化建设对我们整个社会的发展都具有重要的意义。从个人方面看，文化对于人的作用巨大，优秀的好的文化能陶冶人，能塑造人，能改造人，是人的精神支撑。从集体层面看，优秀的文化能对整个集体起到聚合的作用，是整个集体的精神纽带、精神力量，能让整个集体的力量拧成一股绳。如现在的公司、企业都非常看重企业文化，企业文化是一个企业、一个公司的重要的精神认同、精神形象，对一个企业能起到极为重要的作用，是一个企业和公司的合力所在。在学校，我们也讲究校园文化，校园文化是整个校园的精神共通，是大家都认同的东西，是一个校园健康、有序发展的重要保障。从国家层面看，文化是民族的灵魂，具有极强的向心力和凝聚力，所以文化是一个民族，一个国家的根和魂，是一个社会的"三观"所系，社会成员在事情面前如何进行抉择，对问题如何进行分析和处理，主要是世界观、人生观、价值观在起作用。

只是重视经济发展而忽略了文化的发展，社会的弊病慢慢就显现了出来。如人们之前所考问的：这个社会到底怎么了？人心怎么如此？我们还有没有信仰？等等，人们从各种社会现象和问题中进行反思，人们认为，我们不应该忽略我们的文化建设，我们不应该只是一味地强调经济建设，人们逐渐达成共识，我们要逐渐回归到我们祖国优秀的传统文化中来，要继承、弘扬我们优秀的传统文化，并从中汲取营养，从中进行反思，从中提升自我。我国优秀的传统文化是我们的根和魂，我们要珍视我们的传统文化，我们还要好好保护和弘扬我们的传统文化，唯有如此，我们才能更好地发展经济，才能为经济建设提供很好的支撑和保障。

中国传统文化拥有无限的优质的精神资源，发掘和学习这些优质的精神资源能提升我们的个人修养和气质，能增强我们的团队合作意识和精神凝聚力，能为国家的经济建设提供精神动力和智力支撑。如中国传统文化中的"仁者爱人""贵和""中庸"等理念，对我们影响深远，作为国际上一个负责任的大国，我们一直本着求同存异、和谐发展的理念；作为个人，我们在人际交往和处事上也一直秉承着以和为贵的思想。所以，中华优秀传统文化资源中有我们取之不尽、用之不竭的精神财富，我们要继承、要弘扬还要发展，唯有如此，我们的文化才能薪火相传、生生不息。

（二）传承中华优秀传统文化的主体

要想履行好传承中华优秀传统文化的责任，那么需要从以下几个方面来加强。

第一，汉语言文学专业的教师。教师是传道授业解惑之人，是直接的知识的传授者，能力的培养者，因此，教师必须首先要有正确的认识，要清楚地认识到自己的神圣使命和责任，唯有如此，教师谆谆教导，学生对自己学习中华优秀传统文化的责任和意识才会更加明确，才能履行好传承中华优秀传统文化的责任。

在日常的教学实践中，教师应该以身作则，身体力行，不仅要上好每堂课，还要有一种责任意识和使命意识，还要对学生的人文素养、人文精神进行教育和熏陶，让学生在中国优秀传统文化的熏陶下提升自身的文化素养和品质，唯有如此，学生才会在以后的工作岗位上和教学实践中身体力行地去传承中华优秀传统文化，去弘扬中华优秀传统文化，也只有这样，我们优秀的传统文化才能一代一代地传承下去，并发扬光大。

第二，汉语言文学专业的课程。课程是为实现人才培养目标服务的，只有汉语言文学专业的基础课程和技能课程在能够保证的前提下，中华优秀传统文化的传承才有实现的条件。目前，很多高等院校为了迎合社会技能型的要求，不断改革专业课程设置，有的甚至大幅度缩减了基础应用型课程的时间，加大了一些演讲、主持、新闻写作等与本专业比较接近的课程，开设这样一些课程理论上讲没有什么错，但是这样的课程开设多了，势必压缩本该学习的基础课程的东西，这样就违背了教学的初衷，舍本逐末了。很多汉语言文学专业出身的学生缺乏专业基础知识，写作能力很差，而且没有很好的鉴赏能力，根本不能适应社会对人才的要求。那些所谓的技能型课程，如果没有了基础的支撑，必然也不会很好地发挥出应有的功用。所以，在人才培养方面，我们要不走弯路，要扎扎实实，要稳扎稳打，要让学生在知识素养、文化素养、技能素养方面都过硬才行，唯有如此，才能实现真正的文化的传承和发展。

第三，课程模式方面。要改革授课模式，不断探索新的更好的教学方式，让中华优秀传统文化的传承有更好的实现路径。如何让学生对中华优秀传统文化感兴趣，如何才能让学生更愿意学习中华优秀传统文化，除了教师的综合素养外，授课方式也非常关键。以前的传统课堂都是教师一言堂，教师的教授方式也非常单一，黑板、粉笔和一张嘴，学生在下面听，非常被动，而且教师和学生的关系也非常疏远，教师讲完课后就走人，上课也基本不管课堂纪律，学生在下面什么状态都和老师无关，老师只负责上课，这样的授课方式学生很不感兴趣，如果之前没有很好的文学喜好，那么学生很难通过老师的课堂对中国传统文化感兴趣。教师必须改革授课模式，现在为信息网络时代，学生受电子产品的诱惑很大，如果教学方式单一、枯燥，学生就会完全不去听讲。所以，教师一方面要尊重学生，加强和学生的交流与沟通；另一方面，还要采用多种多样的教学方式来活跃课堂氛围，要让学生处于主体地位，让学生积极主动地回答问题，参与讨论，唯有如此，学生才能更加积极主动地投入课堂，也唯有如此，学生的积极主动性才能得到很好的发挥，学生的成就感更加明显，也就更愿意参与学习。另外，还可以增设课下教学。通过网络资源、课下讲座等方式来指导学生学习，通过多种方式的探索和运用，让学生更好地接近中华优秀传统文化，让学生能在中华优秀传统文化的海洋里徜徉、流连忘返，这样能更好地实现传承中华优秀传统文化的目的。

汉语言文学专业的师生是传承中华优秀传统文化的主要实践者，因此要增强责任意识和使命意识，一方面要提升自身的人文素养、培养自身的人文情怀；另一方面要担当中华优秀传统文化的传播者，让我们民族的优秀的传统文化基因一代一代地传承下去，发扬光大。

二、汉语言的文化弘扬

（一）弘扬中华传统文化势在必行

中华民族拥有着悠久的历史文化传统，在这个悠久的历史文化里面，我们的祖先创造了光辉灿烂的文明，许多文化的精髓都通过文字的形式保存了下来，我们得以学习先人的智慧和经验，我们能站在巨人的肩膀上前行，这是多么幸运的事情。中华文化历史上，古有老子、孔子、庄子、墨子等先贤，他们创造了多元文化体系，进而产生了语言、文字、音乐、书法、节日、民俗等丰富的文化内容。中国传统文化有着深厚的历史根基，已经发展为一种比较成熟的文化形态，有着比较成熟的思想体系，沉淀了中华民族的价值理念、精神追求和文化基因，中华民族优秀的传统文化代表了中华民族的精神追求，是中华民族取之不尽、用之不竭的精神源泉。因此，中华民族的优秀传统是我们的根，不可丢，不能丢，必须发展和传承好。

习近平总书记曾多次表示要传承和发扬中华优秀传统文化，要增强文化自信，要实现中华民族的文化复兴。中华优秀传统文化是中华民族的根和魂，不可丢，如果断了根和魂，那么就等于隔断了我们与历史的联系，隔断了我们的精神命脉。强调要以科学态度对待传统文化，要很好地传承和弘扬传统文化，让收藏在禁宫里的文物、陈列在广阔大地上的遗产、书写在古籍里的文字都活起来，认真汲取中华优秀传统文化的思想精华，深入挖掘和阐发其讲仁爱、重民本、守诚信、崇正义、尚和合、求大同的时代价值。这些深刻的论述为我们弘扬中华优秀传统文化指明了方向。习近平总书记的另外一些重要论述，如"和谐共生、和而不同"等观点的阐述也非常精准和到位，他身体力行地继承和弘扬了中华优秀传统文化，为我们全党和全国人民树立了榜样。

现代社会，科技和互联网技术迅猛发展，我们进入了互联网时代，世界成了地球村，人们之间的沟通交流更加频繁，方式也更加多样。不仅国内，国际上的交流与沟通也更加频繁，世界范围内的各种文化互相交流碰撞，有吸收有借鉴，社会发展更加迅速，在这样的一个形势下，中国作为国际舞台上的一个大国，我们的传统优秀文化面临着很好的发展机遇，越来越多的国际友人愿意了解中国，愿意学习汉语，愿意了解中国文化，同时我们的优秀传统文化也面临着重要的挑战。

有些大学生不爱过我们中国的传统节日，而对一些西方节日如圣诞节、万圣节却过得热热闹闹，不清楚牛郎织女的故事，情人节却过得很带劲，这些都说明很多传统的、优秀的中华文化在一些年轻人那里已经太过遥远了，已经扎不下根了，已经陌生化了，这是非常令人忧虑的。所以，习近平总书记提出的要传承和发扬中国的传统文化，要增强文化自信，中华优秀传统文化是我们的根和魂，是我们的精神依托，是我们的精神家园，我们必须传承好、发扬好、发展好，这一提法非常及时，习近平总书记高瞻远瞩，身体力行，为我们所有人做出了表率和榜样。因此，作为中华优秀传统文化传承和发扬的重要阵地，学校更加应该担负起这一神圣而艰巨的任务，更应该主动在各个方面加强宣传，引导学生喜欢中国传统文化，引导学生为中国传统文化的传承做贡献，共同守护我们的精神家园。

（二）弘扬中华传统文化的方式

如何更好地传承和弘扬中国优秀的传统文化，其途径方法有很多。而汉语言文学课堂教学无疑是传承和弘扬中华优秀传统文化的一个极为重要的途径。在如何传承和弘扬中华优秀传统文化上，习近平总书记已经给我们指明了方向，他提出要通过"两个讲清楚"，达到"两个增强"的目的。也就是要通过学校教育、理论研究、历史研究、影视作品、文学作品等多种方式，讲清楚中华优秀传统文化的历史渊源、发展脉络、基本走向，讲清楚中华文化的独特创造、价值理念、鲜明特色，增强文化自信和价值观自信，增强做中国人的骨气和底气。

这对汉语言文学教学来说，具有很强的指导意义。在教学过程中，我们要紧紧围绕两个方面来组织课堂教学和实践。

从小的方面来看，课堂教学要抓好三个方面。一是要创新教学理念，强化师资队伍建设。教师是教学的主体，是知识的传播者，一门课的教学质量如何，很大程度上和教师的综合素养有关，教师自身只有具备丰富的文化知识，具备很高的综合素养，才能在教学中游刃有余，教师自己如果是个传统文化的爱好者、传统文化的精通者，那么学生自然而然会在老师的教育和熏陶下成为爱好中华优秀传统文化的人。因此，在传承中华优秀传统文化方面，老师的作用非常大。老师要严格要求自己，从自身做起，努力学习，提升自己的综合素养，拓宽自己的知识面，如此才能感染学生。二是要用好教材。教材是教学内容的载体，是教学很重要的一个方面。我们一方面要选用好的教材；另一方面又不能拘泥于教材，应该在充分挖掘教材内涵的同时扩大课外阅读面，补充教材内容。三是要改革教学方式。以往的陈旧的教学方式已经不适应教学的要求，随着信息化时代的到来，教师要充分使用信息化教学手段，辅助传统教学方式，采用灵活多样的教学方式，让学生的多种感官综合运用起来，使其在听的同时能看、能思考、能感受、能受到熏陶，从而提升教学质量和效果。

从大的方面来看，课堂教学也要抓好三点。一是要加大课外阅读量。由于课堂教学时数有限，学生要加大课外阅读量来弥补不足，教师要为学生列好课外阅读书目，让学生接近经典、阅读经典，让学生能在经典的熏陶下成长，让学生能有经典的情怀，能以正确的眼光来看待和思考中华优秀传统文化，有独立思考的能力。二是要发挥中华传统节日文化的功能。中国传统节日是中国优秀传统文化的一部分，是中华民族共同的心理认同和情感纽带，它承载着中华民族的价值观念、文化传统，是宝贵的文化遗产，我们要珍视我们的传统节日，过好我们的传统节日，让我们的传统节日在新时代散发出新的时代光彩。我们中华民族有着丰富的文化节日，而每个节日都有着深厚的历史渊源，反映了整个民族的价值理念和价值追求，也是整个民族精神的寄托和情感所系，是代代相传的东西。因此，我们要充分利用中国传统节日文化作用，通过中国传统节日文化让学生对中国传统文化的学习和实践更加自觉和认同。三是有条件的话可以组织学生参观文化名胜。文化名胜是中国传统文化的一个极为重要的组成部分，它有着深厚的历史渊源，是自然景观和人文景观的有机融合。因此，对学生来说，这是一个很好的感受中国传统文化熏陶的场所。学校教育不应该仅仅局限在学校，应该走出去，应该多看看。正所谓"读万卷书，行万里路"，让学生知行合一，亲自感受中华优秀传统文化的价值所在。

汉语言文学涵盖了中华优秀传统文化的知识体系，是中华民族优秀传统文化的浓缩，是优秀传统文化的精神和智慧的结晶。汉语言文学课堂是传承和弘扬中华优秀传统文化的一个重要途径，因此，我们一定要利用好这个重要的传播途径，传承好、弘扬好传统文化，让我们的经典永远流传下去。

（三）课堂教学对弘扬中华传统文化的作用

在课堂教学中，要时刻渗透传统文化的知识和内容。在语文课堂上，要加强优秀传统文化的启示和教育意义，要注意启发和引导。如在学习陆游的《示儿》这首诗时，教师要在讲陆游的生平的同时，引导学生讨论陆游的爱国主义情怀。"王师北定中原日，家祭无忘告乃翁"，陆游一生所念的就是祖国的统一，山河的完整，他金戈铁马、奋笔疾书，能文能武，对祖国山河破碎的局面甚为忧心，他尽了自己的全部努力，希望能实现祖国统一，希望能拯救人民于水火之中。这样一种置自己生命于度外，拳拳的赤子之心值得我们学习和敬仰，从而引起学生的强烈的情感共鸣。教师还可以把陆游的其他诗歌拿来拓展学习，一方面丰富学生的文学知识，另一方面增强学生对陆游爱国情怀的认知和感触。

（四）改造传统文化

在语文教学中，一些优美的文章词句我们都是要背诵的，背诵这样的一些语句可以让我们有更多的感触和思考，背诵是学习中国传统文化的一个重要手段。背诵古诗文可以让学生对古诗词有更多的体会和感悟，背诵名篇佳作能让学生在说话的时候出口成章。背诵确实有不少好处，尤其是小学生，记忆力最为旺盛，背诵是一个非常好的学习传统文化的方式。但是背诵也要讲究技巧，也要能够在理解的前提下进行，否则背诵的东西往往就会概念不清，甚至不知其所以然。如一些古诗文，里面有很多拗口的、生涩的词汇和语句，这些都是学生背诵的绊脚石，要把这些"石头"搬掉才可以，要让学生深刻领会话语的含义后再去背诵，效果就会完全不一样，否则学生会产生畏难情绪，会觉得索然寡味。如在背诵《长恨歌》时，教师一定要让学生了解历史背景，并且对首句做出引导性的提问，让学生明了，首句"汉皇重色思倾国"这句话的分量。正是这样一句话才有了后来的种种，学生通过对这句话的品读就明白了悲剧的主人公正是悲剧的制造者，所以才有了后来"长恨"，才能更加清楚《长恨歌》的主题。学生在读的过程中，才能越读越觉得有意味，越读越能读出自己的感受和体会来，这样学生就走进了经典，进入了经典，加上自己的体会和感悟后，经典就成了自身的一部分，就成了学生自己的一部分。学生在背诵的时候，能背诵得更加清楚明白，能背诵得更加顺利，理解能辅助背诵，背诵又加深理解，理解和背诵两者相得益彰。

（五）拓宽学生的传统文化认知空间

中国传统文化中的民俗文化是一个重要的文化组成部分，民俗文化简言之就是大众民间习俗文化的统称，如中国的清明节、端午节、中秋节、七夕节等就是民俗文化的一部分。在古代，我们非常重视民俗文化，如端午节大家一定要吃粽子、喝黄酒、熏艾叶等，清明节要祭祖扫墓，中秋节一定会吃月饼，并且大家一般会回家过个团圆节，七夕节是中国的情人节，也有七夕乞巧之说。但是现在，很多学生不再过中国的传统民俗节日，而是过起了西方的节日，如圣诞节、情人节、万圣节、愚人节等。把西方的节日当成自己的节日来过，当被问及中国传统民俗节日的习俗时，却茫茫然。这是一个非常不正常的现象。因此，教师在课堂教学中要有意识地引导学生，让学生知晓并清楚中国传统节日的风俗习惯，让学生能对我们自己的传统民俗节日感兴趣。还可以通过一些诗词让学生了解中国的传统民俗节日。

（六）加强中华优秀传统文化教育的方式和手段

汉语言文学专业的教师要从多个方面充实自己，要提升自己各个方面的修养和素质，要让自己成为一个综合素养过硬的文化人才。要积极营造各种文化氛围，如学科文化氛围、校园文化氛围、主题文化氛围等，要主动创新中华优秀传统文化的传播方式和途径，要坚持积极主动地学习中华优秀传统文化，发挥学科教育功能。

1. 校园文化建设

著名教育家苏霍姆林斯基说："一所好的学校，墙壁也会说话。"可以充分利用校园的各个地方布局设置传统文化的东西，如可以在校园绿化方面，走廊设计上加入传统文化元素。在走廊上可以悬挂世界名画，也可以悬挂名人名言，在校园内可以设置文化墙，也可以通过广播的形式播报一些传统文化的知识或者诗歌等，让整个校园有浓厚的传统文化气息。另外，教师可以开设网上学习平台，通过网上学习平台的利用，让学生更好地了解传统文化，让学生有了问题可以及时与老师沟通，从而提升学生学习传统文化的兴趣。

2. 教材选编

教材是教学正常开展的重要保障之一，所以好的教材本身就能给人以良好的启迪，就能带给人振奋的精神和力量。在教材的选择上，我们必须把那些能融汇我们的民族精神、道德情操、人文素养、价值取向的书作为我们的教材。教材选用得当，学生可以在课下学习和提升，也便于学生更好地理解授课内容。因此，教师可以根据学生需要和实际，自己编制教材，校本教材是一个很好的思路，能符合本校学生学习和使用的需要，当然前提是教师必须具备足够的知识文化素养，具备综合素质能力，否则随随便便编出来的书，是没有人会用的。自编教材必须选用一些能够代表中华优秀传统文化的经典篇目，要悉心指导学生感悟和体会经典的魅力所在，让学生自己去感受和体验，唯有如此，经典才能真正走进学生的内心，才能滋润学生的心田。

3. 文化活动

在中华优秀传统文化传承的实现路径上，可以有很多的探索和创新。在课堂上，教师可以积极思考一些具有创意的文化实践活动来提升学生学习中华优秀传统文化的积极性和主动性，同时也能进一步增强学生对中华优秀传统文化的亲切感。如节日期间，教师可以通过中华传统节日设置一系列的主题活动。端午节，可以设计屈原诵活动，端午节吃粽子、划龙舟等一系列的民俗活动过后，教师可以通过比赛的形式来进行屈原诵的活动。这是一个非常好的、具有创造性的传统文化学习方式。中秋节，教师可以设计团圆、和谐的主题活动，也可以通过诗朗诵、文章诵读等方式来进行，中秋节赏月自不可少，关于月亮，自古就是文人墨客笔下的宠儿，那么也可以开展赏月诗朗诵等。通过这样一系列的活动，激发学生学习中华优秀传统文化的积极性和主动性，让学生能在这样有趣、丰富的活动中喜欢中华优秀传统文化，增强文化自信心和民族自豪感。还可以以家乡为主题来设计一系列的活动，如家乡的名人名胜、风土人情等。这样的文化综合实践活动，一方面可以丰富学生的知识；另一方面可以提升学生的兴趣，还可以让学生在实践中感知中华优秀传统文化的魅力所在。

汉语言文学专业是和中华优秀传统文化最为接近的一个专业，也是传承和弘扬中华优秀传统文化的一个重要载体，因此汉语言文学专业的教师要明确使命和责任，要提升自己的文化素养和综合素质，要不断学习和改进教学方法，同时在教学过程中，要善于引导和教育学生，要给学生正确的引领，通过恰当的教学方式让学生对中华优秀传统文化感兴趣，并让学生清楚，汉语言文学专业的每个学生不仅是知识的学习者，还是文化的传播者，肩负了神圣的使命和重要的责任，要把中华优秀传统文化学习好、传承好、发展好。唯有如此，中华优秀传统文化的传承和发扬才能更加顺畅、更能形成一股合力。

三、汉语言的文化融合

（一）中国传统文化课程开设的背景和意义

1. 背景

从国际背景看，经济全球化的发展，国家之间的交流越来越紧密，人与人之间的联系也更加密切，在这个过程中，中国传统文化发挥了独特的魅力和价值，越来越多的人愿意学习中国文化，愿意学习汉语。而与此同时，自从我国对外开放以来，越来越多的国人走出了国门，但是，受外来文化的影响，很多人不再重视中国的传统文化，觉得外来的才是好的，中国的传统文化受到了很大的冲击。像一些年轻人不再过中国人自己的节日，而是喜欢过一些西方节日，一些年轻人不知道中国传统文化，文化基础很差，没有基本的文学鉴赏能力。正是基于此，习近平总书记站在我国历史发展的新高度高瞻远瞩，提出要重视中国优秀的传统文化的传承和发扬，中国优秀的传统文化是中国人的根和魂，如果根和魂丢了，我们就失去了与以往的联系，我们将会蒙受巨大的损失，我们将失去我们的精神家园。基于此，越来越多的有识之士也提出了同样的看法，他们一致认为，我们必须首先传承和发扬好我们自己的优秀文化，增强我们的文化自信，提升我们的文化实力，才能更好地走向世界，才能以一个崭新的姿态站在世界舞台上，才能更好地抓住机遇，应对挑战，才能更好地兼容并包，吐故纳新。

2. 意义

正是基于以上背景，中国传统文化课程的开设就显得非常有意义。我们能从中国优秀的传统文化中吸取经验和智慧，从中国优秀的传统文化中学习和成长，将中国传统文化中积极的、有现代意义的部分提取出来，融入现代化建设，为促进当前经济的发展和文化的发展服务。中国优秀的传统文化是中国先人智慧的结晶，是最具有精神价值的成果，我们要好好地学习和传承，并发扬光大。

（二）中国传统文化课程的专业定位

从培养目标看，汉语言文学专业一般将培养目标定位为，能掌握基本的语言文学常识，能具有基本的语言文学技能，可以在新闻、教育、科研等单位从事与汉语言文学相关的工作。从培养目标看，学生除了要具备一定的知识外，还要具备基本的能力，如表达能力、写作能力、文学鉴赏能力等。这些知识和能力与中国传统文化的关系非常紧密，汉语言文学专业与中国传统文化的联系更为直接。中国传统文化课程是汉语言文学专业的必修课程，是汉语言文学专业课程体系的重要组成部分，在汉语言文学专业，中国传统文化的教学时数一般是一周两个学时，连续开设一年。

（三）传统文化的内涵

中国传统文化是一个庞大的体系，内涵非常丰富，不仅包括了语言文化，还有历史、哲学、艺术等，中国传统文化在世界范围内也很受欢迎，越来越多的人愿意学习汉语、学习汉文化，像中国的方块字本身就有着神奇的吸引力，横平竖直的笔画、优美的线条、丰富的含义，吸引了很多人学习汉字。世界范围内也有很多的汉语爱好者，他们喜欢汉语，喜欢汉文化，喜欢通过汉文化了解中国。再如，中国的茶文化、酒文化、瓷器文化、壁画艺术都有着神奇的魅力，我们国人想要学习和传承，外国友人也想学习和了解。在国际舞台上，汉语的传播途径有很多，如现在各个国家的孔子学院就是传播汉文化的一个非常好的平台。中国传统文化内容博大精深，我们一般通过阅读经典著作来了解中国优秀的传统文化内涵、文化价值取向和文化精神。如通过孔子的"仁者爱人"我们了解了"仁政"思想，通过老子的"老吾老以及人之老"我们知晓了尊老爱幼等。阅读经典，是走近经典、了解经典、传承经典的一个重要方式。所以，中国传统文化的精髓我们要通过经典著作来认知，要通过经典著作来解读、来学习、来提升、来传承、来弘扬和发展。

（四）传统文化元素的具体运用

任何学科的教学都是一门艺术，汉语言文学的教学也不例外，汉语言文学的教学需要教育者有着广博的知识和良好的教学技能。一堂课如何设计，如何导入，采用什么样的教学手段和方式都非常重要，在教授的过程中教师不仅要成为知识的传授者，还要成为学生兴趣的引领者，所以，采用合适的教学手段，让学生成为学习的主体，提升学生学习的积极性和主动性就显得十分重要。汉语言文学包含的内容非常丰富，学生不仅要学好基本的理论知识，还要在学习的同时能深入体会和感受文学带来的魅力，提升学生的人文素养和综合素质。所以，在学习文学经典的过程中，教师一定要注意中国传统文化的延伸和拓展，满足学生的好奇心和学习热情，为学生推荐系列阅读书目，让学生结合课上课下自主学习。

（五）汉语言文学专业开设中国传统文化课程需要注意的方面

1. 加强教材建设

中国传统文化的内容博大精深，洋洋大观，内涵非常丰富，在开设相关课程时必须兼顾到学时和学生水平，不可能面面俱到，因此，就必须重视教材建设，对教学内容进行严格把关，唯有如此，才能从一定程度上保证教学质量，提升教学效果。中国传统文化课程的教材种类很多，参差不齐，如何从名目繁多的教材中选取适合学生使用的，就是一个非常重要的问题。这些名目繁多的教材大体可以分为两类，第一类是对中国传统文化知识的普及，这类书一般都会有同样的写作思路，先写中国历史分期及概貌，做出简要的分析，然后介绍不同的文化种类，如建筑、艺术、文学、语言等并对此进行详尽的分析。比较有代表性的如《中国传统文化概论》《中国文化史》《中国文化要略》等。第二类是深入细致地对中国传统文化进行剖析，这类教材一般会从中国文化的源头谈起，就中国文化的历史发展脉络，以及文学流派、主要代表人物，代表著作等进行一系列的分析。如从先秦文学、两汉文学、魏晋文学、唐宋文学、明清文学等对中国传统文化进行说明和叙述，也从历史的角度对一些历史事件、历史人物对传统文化的影响做出说明，还有一些教材对中国传统文化与外国文学进行了一系列的对比分析，总结出一些异同。这类教材主要有《中国文学史》《中国传统文化通论》《中国通史》等。应该选择学生更加喜欢的中国传统文化作为相关的教材，更愿意学习中国传统文化，本身也具备了较好的文化语言常识，具备了基本的人文素质。所以，考虑到学生的实际情况，还是第二类教材更能满足学生的需求。第一类教材可以适用于其他专业的学生来用。

2. 丰富教学手段

教学方式和手段一直是教学的重心，选择合适的教学方式和教学手段就会达到很好的教学效果，反之，就会效果一般，甚至学生厌学情绪高涨。传统的教学手段显然已经不能满足学生的需要，在信息化时代，教师要善于运用信息化的教学手段，通过听、看、说等多个感官来学习。另外，还要改革教学方式，变以教师为中心为以学生为中心、以学生为主体，充分发挥学生的积极性和主动性。

（1）互动教学

互动教学是一种教学方式的转变，以前的传统教学是以教师为主体，教师一直处于中心地位，一言堂的情况非常普遍，学生是始终处于被动接受的状态，很多学生的学习主动性和积极性不高，学生的学习效果不佳。后来素质教育提出要改变传统的教学模式，要变课堂上以教师为主体为以学生为主体，学生要处于中心地位，整节课学生要积极踊跃地参与其中，唯有如此，学生才有更强的积极性和主动性，才有更好的学习效果和学习效率。学生主体思想的提出预示着教学模式需要转变，教学方式需要多样化，以学生为主体的方式之一就是要进行互动教学。

互动教学强调教师在授课过程中要和学生有互动，要和学生进行积极主动的交流，这样才能达到好的教学效果。如在"普通话"课堂上，教师可以按照方言区进行分组，不同方言区的学生语音差异很大，按照方言区进行分组可以方便教师有针对性地进行教学，也可以时刻跟进学生的普通话学习状况，有针对性地指导，学生通过分组模块，可以在课堂上以小组为单位开展各种活动，如语言表达活动竞猜活动等。学生通过这些有趣的形式可以提高自己的积极性和主动性，可以更好地融入课堂，提高学生的自信心和成就感。

（2）多媒体教学

随着信息化技术的迅猛发展，我们已经进入了网络信息时代，在这样一个时代，教师在授课时要恰当运用多媒体网络资源，让学生在听讲的同时能更多地感受和体验知识。在汉语言文学课堂上，教师可以采用学生喜闻乐见的教学方式，把中国传统文化的精髓融入其中,让学生在学习的同时也感受到传统文化的魅力所在。如可以通过"成语竞猜""诗词朗诵"等方式来提升学生学习的兴趣。另外,教师还应建立线上平台,通过平台的建设,让学生能够更好地自主学习,拓展学生学习的资源,提升学生的学习兴趣。

（3）实践教学

实践教学是个非常重要的教学方式,知行合一的理念我们都很清楚,如何落实到教学中来,又需要灵活掌握。如我们可以利用高职当地的历史文化名胜进行实地考察,从而让学生不仅在书本上而且在现实中领略中国传统文化的独特魅力。

3.提升师资队伍水平

（1）汉语言文学教学活动的实施

汉语言文学专业是一个非常古老的专业,这个专业也是一个非常核心的专业,在我国部分高职开设了汉语言文学专业,并通过系统的课程体系和完善的师资队伍来保证教学的正常进行,汉语言文学专业培养的是具备广泛的语言文学知识,能够掌握一些基本的语言、文学技能的人才,学生走向工作岗位后,基本能够胜任岗位要求,能够将知识转化为技能,能够活学活用。在汉语言文学课堂上,教师除了要教授基本的知识外,还要融入先进的教学理念和思维方式,让学生能够在学习中华优秀传统文化的同时习得中华民族在处理事情时的思维方式、价值观念等。另外,汉语言文学课堂应该是宽泛的,可以在教室里也可以在教室外,可以让学生更多地去实地考察,让学生切身感受中华优秀传统文化的无穷魅力,然后让学生写出感想和感触,这也是一种很好的教学方式,要做到知行合一。还可以通过创设情境,让学生在模拟的工作岗位上来锻炼,从而能更加明确工作岗位对能力和知识的需求,从而刺激和督促学生更好地去掌握知识,提升能力和综合素养。

（2）汉语言文学教学活动的客观要求

汉语言文学的教学内容非常复杂,从语言到文学,从词、句子到诗歌散文,等等。教师要使学生能够知其然并知其所以然。如何让学生通过课堂的学习和实践锻炼掌握较强的文学鉴赏和写作能力,提升学生的综合素养和人文素质,是检验教学效果的一个重要方面,教师要加强自身的学习和能力的提升,要让学生在课堂上学有所得。另外,在当今时代,世界变得越来越小,人们之间的交流和沟通更加频繁和便捷,越来越多的国际友人愿意了解中国,愿意学习汉语和汉文化。因此,作为国人,我们更应该不断提升自己,不断地主动学习中华优秀传统文化,让自己担负起传承和发扬中华优秀传统文化的重要使命,为其走向国际舞台贡献自己的一份力量。作为汉语言文学专业的教师,不仅要教授学生中国传统文化的知识和思想,还要让学生养成课下自学的好习惯,教会学生一些学习的方法和知识,让学生树立正确的文学观,让学生掌握检索文献的正确方法,积极主动地去学习学科前沿成果,最大限度地发挥学生学习的积极性和主动性。

汉语言文学专业的很多学生毕业后就直接去中学一线教学了。那么关于教师职业道德、教师职业素养、教育法律法规等内容,教师要在课堂上有所涉及,另外,教师要培养学生基本的语言文字能力，如口头表达能力、写作能力等。教师还要教会学生一些必备的科研方法，如何检索文献，如何关注学科前言领域的研究成果等，让学生在毕业后能够更好地学习和提升。

另外，中国优秀传统文化的传播途径要更加广泛，传播方式要更加丰富。如要通过教材建设、师资队伍假设、教学模式改革等方式来为中华优秀传统文化的传承和弘扬奠定基础，促进汉语言文学专业教学质量的提升。

第六章 汉语言文学鉴赏能力培养

第一节 文学鉴赏概述

一、文学语言艺术

（一）文学语言的概念阐述

文学是最普遍的一种艺术形式，它以语言为主要载体，通过形象化的表达形式来反映客观现实和作者情感。章炳麟在《文学论》中说："文学者，一有文字著于竹帛，故谓之文，论其法式，谓之文学。"可见文学语言是文学表达的首要载体。如同绘画通过线条、色彩来表达创作目的，舞蹈通过音乐和动作表达创作目的一样，文学作品必须通过文学语言才能表达文学创作者的目的。因此，文学语言是文学作品创作的首先条件，正如罗兰·巴特所讲的："语言是文学的生命，是文学生存的世界。"

文学语言主要有文字语言和口头语言两种类型，文字经过书面形式加工而成，通过一定的工具性载体，如简、帛、纸等为传播方式，文字是文学语言最普遍的传播形式。口头语言，顾名思义，就是通过口头创作，口口传送为语言形式。所有的文学语言都需要通过文学活动的过程以表现其存在价值。文学活动即通过文学语言进行文学作品创作的过程，文学活动以语言文本为核心，既是文学语言表达的存在基础，也是文学语言存在的目的性活动。文学通过语言形式表达作者的创作心理、情感活动和创作目的。这些审美属性，只有创作者通过对文学语言的精心表达，才能够呈现给读者，使其产生审美共鸣。

（二）文学语言的审美范畴

美，是使人们能够感受到愉悦和快乐的存在，其范畴既可以是客观的物质存在，也可以是主观的、抽象的、虚拟的精神存在。审美从字面意思可以理解为对美的审视，即对审美主体、对审美对象做出美丑判定的过程性活动。文学活动作为一种创作过程，不同的审美主体同样能够发现不同的审美评判，对于文学作品审美主要依靠对文学语言的审美判定，文学语言的审美结果，直接决定了文学作品本身的审美价值。文学语言的审美范畴主要集中表现为语言形式、语言情感和语言意境三个方面。语言形式主要在于文学语言的审美通过语言文字的韵律、节奏和词语等方式使文学意象展现在读者面前，使读者通过对文学语言的把握，体会作品意象，达到读者的审美目的。语言情感在于语言文字能够让读者产生心理共鸣，文学语言表现出作者自身的思想情感，通过读者的个体感悟，将文学作品的审美价值融入思想之中，让读者产生审美情趣，理解和感悟作者的创作思想。语言的意境是文学创作的一个重要范畴，特别是对于诗歌、散文和戏剧等作品形式来说，意境能够使读者在不知不觉中对文学语言进行审美关照，使文学作品的审美价值得以实现。

（三）文学语言的审美特性

1. 文学语言的现实观照性

文艺作品的创作无法离开对现实生活的感悟，文学创作同样需要来源于现实生活。文学语言作为创作者对文学作品的第一表现要素，其审美价值具有强烈的现实观照。首先，文学语言的审美价值体现在人对文学语言的审美能动性上。唯物主义认为，物质作为第一性，是意识产生、发展的基础。文学语言描绘的虽然是作品内容，但是读者在阅读的过程中，会不自觉地产生对现实生活的思考，对现实事务的观照。无论是作者的创作过程，还是读者的审美过程，都会通过文学语言感知作品本身，都能够通过文学语言激发对审美对象同现实的观照联系。如果杜甫没有经历安史之乱，没有漂泊流离的生活经历，怎么会写出《三吏》《三别》这些伟大的现实主义作品，怎么会有"朱门酒肉臭，路有冻死骨"（《自京赴奉先县咏怀五百字》）的愤慨和感叹。如果岳飞没有经历南宋的边疆战乱，怎么会有"壮志饥餐胡虏肉，笑谈渴饮匈奴血。待从头收拾旧山河，朝天阙"（《满江红》）的豪言壮语。

2. 文学语言的情感内化性

普通语言作为一种人与人之间信息交流的工具，语言表达主体可以直观地表达自己的意图，受动者也能够直观地对表达者产生反应，是一种工具性质的外化性语言。但是文学语言不同于普通语言，其语言形式既可以符合现实逻辑，也可以超越现实语言逻辑的规定，其目的在于诗人通过审美过程的判定来感悟创作者的创作意图和情感表达，其文学语言的指向是内在的思想和情感，追求的是审美情趣的共鸣。当我们读到杜甫的"感时花溅泪，恨别鸟惊心"（《春望》）时，我们并不是单纯地对花和鸟进行客观的、基于自然常识的判断，而是通过"溅泪""惊心"等文字，感悟作者在创作时孤寂、凄凉的心态和情绪。当我们读李商隐的诗句"春蚕到死丝方尽，蜡炬成灰泪始干"（《无题·相见时难别亦难》）时，我们绝对不会单纯地认为诗句描述的是春蚕吐丝的生物特性和蜡烛燃烧物理原理，而是对男女之间至死不渝的爱情的纯真情感的无比唏嘘，有些读者还会引申出奉献与生命的崇高之情。因此，文学语言既不是单纯地对客观世界具体反映，也不是规定读者的行为规范，而是传达创作者的创作情感，需要读者以文学语言为介质对于作品审美体验使其内化为情感，这也是文学语言的情感价值之体现。

3. 文学语言的意蕴性

文学作为典型的艺术形式，创作者在文学活动过程中将自己的审美感悟和创作情感融入其中，是文学作品需要通过对文学语言的观照显示出其审美价值，而文学语言恰恰具备审美过程中的意蕴特征。在文学审美对象上，文学语言的解读使审美主体通过语言的形象系统,使读者脑海中呈现出审美想象空间,对文学语言的意蕴进行反复解读、赏析。文学语言的意蕴性发源于创作主体的主观思想感情的抒发,而结束于审美主体对作品对象的意蕴融合。这就需要审美者必须具备一定的文学素养和语言功底。如解读李白的诗句:"故人西辞黄鹤楼,烟花三月下扬州。孤帆远影碧空尽,唯见长江天际流。"(《黄鹤楼送孟浩然之广陵》),全诗主要以写景为主,却是典型的送别诗,其语言中无尽的离别之意是通过"孤帆""远影""天际"等文字语言所表达,作者正是通过对景色的描写,将空旷、孤独、伤感的离别之情蕴含在诗句当中。

(四)提升现代白话的审美功能

文学语言在提升现代白话的审美功能方面具有一定的作用。以下是一些相关的观点。

①丰富的词汇和表达:文学作品通常使用丰富多样的词汇和表达方式,包括比喻、修辞、象征等手法,可以为现代白话增添更多的色彩和表达方式。通过接触文学作品,学习者可以了解和运用更多的词汇,提高其语言的表达能力和审美感知。

②形象和意境的塑造:文学语言通过生动的描写和艺术化的叙述方式,能够创造出丰富的形象和意境,激发读者的想象力和情感共鸣。这种审美体验可以启发学习者对语言的感知和理解,培养其对语言的敏感性和美感。

③句式和语法的变化:文学语言常常具有一些特殊的句式和语法结构,与日常口语和书面语有所不同。通过阅读文学作品,学习者可以接触到这些变化,并学习运用它们,提升自己的语言表达能力和语法技巧。

④文化内涵的传递:文学作品是文化的载体,通过语言的艺术表达,传递着深层次的文化内涵和价值观念。学习者通过阅读文学作品,不仅可以学习语言知识,还可以了解和体验汉语文化的独特之处,提升对现代白话的审美理解和文化素养。

需要指出的是,现代白话作为一种通用的口头和书面语言,其审美功能主要体现在其清晰、流畅和生动的表达上。文学语言作为一种艺术化的语言形式,虽然能够为现代白话提供一些审美启示,但在实际应用中需要根据具体情境和目的进行恰当的运用。同时,现代白话的语言规范和通用性也需要被重视,以确保有效的沟通和交流。

二、现代派文学的理论

(一)判断力与鉴赏判断

康德的观点强调了判断力在认识和鉴赏中的重要性,并区分了规定的判断力和反思的判断力两种类型。其中,反思的判断力被视为审美判断力,因为它涉及主体对具体对象的审美评价和情感体验。

康德认为,反思的判断力不同于理论理性和实践理性,它不追求因果关系和行动指南,而是关注事物的目的和情感体验。审美判断力通过主体设定的目的和情感,从对象中发现令人愉快的普遍性,并产生对事物美感或鉴赏的判断。

在康德的理论中,审美判断力是理论理性和实践理性的结合体,它既面对具体对象,又做出判断。它不仅问对象是否美，还问行为是否合乎道德。审美判断力结合了知识和情感，是主体对事物美学价值的评估。

康德通过分析逻辑思维的规律，从质、量、关系和模态等方面，对鉴赏判断的逻辑阶段进行哲学分析，并提出了一些重要的美学命题。

总而言之，康德的观点强调了判断力在审美领域的作用，认为审美判断力通过主体的反思和情感体验，对事物的美感进行评价和鉴赏。这一观点对于我们理解审美判断和艺术欣赏的过程具有一定的启发和指导意义。

（二）审美无利害性

康德的观点是，审美体验应当是纯粹的，不应受到利害关系的干扰。他认为审美活动具有非理性的特点，与认识和实用目标无关。审美活动的鉴赏判断是静观的，不涉及实用的需求。与官能快感不同，审美快感的产生不依赖于消耗对象的存在，而是在观赏对象的过程中产生的。此外，康德也排除了审美与道德的关联，认为审美评价不应受到道德价值观的干扰。

康德认为，如果审美活动中有任何利害关系的介入，就会破坏审美体验的纯粹性。他指出，当利害关系介入鉴赏判断时，情感判断会受到立场和偏见的影响，无法达到纯粹的欣赏判断。康德认为美感是一种独立于生理快感和道德快感的体验，它仅仅通过形式的观照来满足情感，而不涉及实用需求或道德判断。

因此，康德强调美感与利害关系无关，美的欣赏应当是唯一不受利害关系影响的愉快。他认为一旦利害感介入，审美判断就会带有偏爱，无法实现纯粹的欣赏。康德进一步指出，当鉴赏活动仍然需要刺激和感动的混合，并以此为评价标准时，这种鉴赏就是粗俗的，没有达到纯粹的水平。

综上所述，康德认为审美体验应当是纯粹的情感观照，不受利害关系的干扰。他将美感与生理快感和道德快感区分开来，并强调美的欣赏应该摆脱利益的束缚，追求纯粹的审美体验。

（三）无概念的必然性

康德在鉴赏判断第四个契机的分析中，总结了美的性质为一种无概念的必然性。他认为审美判断不依赖于概念，也不具有知识和道德的必然性。审美判断是基于个人的情感需求，不是出于义务或强迫。人们通过个人的感受判断事物是否美，并期望得到他人的赞同，将个体的审美判断转化为群体的必然性。

康德引入了"共通感"的概念来解决这个问题。共通感指个体情感得到一般人的共鸣，从而产生主观的普遍有效性。康德认为共通感是鉴赏判断的主观原理，它使审美判断具备主观的普遍有效性。

通过"共通感"的概念，康德将审美活动与社会联系起来，使其与情感交流和沟通的社会性相关联。他认为审美活动是一种社会性的精神活动，人们在社交中通过鉴赏将自己的情感传达给别人。康德认为，社会倾向是人类天然的特性，社交性是人类社会生活的必需品，通过情感交流和共通感的实现，人们可以达到社会性乃至全人类的统一。

康德的观点将审美活动从形式的真空地带带回到社会生活领域，将审美判断与社会性相联系。他通过"共通感"的概念将个人的审美经验转化为一种社会心理，使审美活动具有感性的内容和社会性的意义。

三、"知人论世法"与文学鉴赏

"知人论世法"是鉴赏文学作品的一个重要的方法。"知人论世法"是由孟子提出来的。孟子曾对弟子万章说："颂其诗，读其书，不知其人，可乎？是以论其世也。是尚友也。"尽管孟子的本意是要"尚友"，但在客观上还是道出了理解鉴赏文学作品的一种方法。所谓"知人"，就是要对作者的生平经历和思想有所了解，这样才能站在作者的立场上，与作者为友，体验作者的思想情感，准确把握作者的写作意图和正确理解作品的思想内涵。清代章学诚在《文史通义·文德》中也说："不知古人之世，不可妄论古人之辞也。知其世矣，不知古人之身处，亦不可遽论其文也。"在"知人论世法"的认知基础上，鲁迅先生结合鉴赏实践又进一步提出了"论诗三顾及"的观点："我总以为倘若论文，最好是顾及全篇，并且顾及作者的全人，以及他们所处的社会状态，这才较为确凿，要不然，是很近于说梦的。"鲁迅先生的这种论诗见解，是对孟子"知人论世法"比较严谨缜密的解释。由以上的论断我们可以看出孟子的"知人论世法"对后人产生了较为深刻的影响，使我们在鉴赏古代诗歌时，能够从作家所处的时代背景更加全面地理解作品反映的内容，透彻地把握此作品传达出的意蕴。从这一点上说，"知人论世"无疑是有着自身的科学性和合理性的。

（一）"知人论世法"有助于读者认知作者，体味作品寄托的情感

同样的生活遭遇，不同的人有不同的处理态度。苏轼、柳宗元同属唐宋八大家，同样才志高远，在政治上也同样遭受过打击，且仕途受挫时都不约而同地将目光投向了山水，希望能够在大自然中找到寄托，使自己失意的心灵得到自然美景的抚慰，同样的山水游记（苏轼的《赤壁赋》《记承天寺夜游》《游白水岩》，柳宗元的《永州八记》），却表现出不同的思想感情：柳宗元失意、孤独；而苏轼乐天安命，无往不适，旷达进取。而究其原因，则与作者所处的家庭背景、社会环境和个人的思想性格是密切联系的。从家庭背景来看，柳宗元的家庭生活非常不幸。他妻子在结婚三年后去世，没有留下子嗣，而他的母亲也在永州染病身亡。这些不幸的遭遇使得柳宗元的境况相当凄凉。相比之下，苏轼在家庭方面要幸运得多。他与妻子情深意笃，并在贬谪期间有继室以及弟弟等人的陪伴。因此，即使在外受到打击，一想到家中的温馨，苏轼的忧伤也能减少许多。

从社会环境来看，柳宗元参与改革被贬，受到各方的抛弃。他失去了君主的支持，没有朋友和同僚的支持，庸人们还对他忌妒。他的情况非常孤立。相比之下，苏轼的情况则不同。尽管他在政治上多次被贬谪，但他的处境与柳宗元截然不同。苏轼遭贬时，不仅皇太后关心他，朋友亲戚也都尽力营救他，甚至包括新党领袖王安石在内。此外，无论苏轼到达何处，人们并不因他是一个有罪之人而减少对他的尊重。因此，面对逆境时，

苏轼能够找到慰藉，不像柳宗元那样凄苦。

这些差异反映了苏轼和柳宗元在家庭背景、社会环境和个人思想性格等方面的不同。这些因素影响了他们对逆境的态度和应对方式，从而导致了他们在山水游记中所表现出的不同思想感情。

（二）"知人论世法"有助于读者把握作品传达出的内蕴

在《石灰吟》中，虽然描绘了石灰的特征，但诗中的重点并不是在咏史，而是传达了作者的自白和思想内涵。通过描述石灰"粉身碎骨"和希望"要留清白在人间"，于谦表达了自身的清白和为国家献身的意愿。这与他作为一位官员的清正廉洁形象以及在土堡木之役中抗击瓦剌入侵所取得的功绩有关。这种精神令人钦佩，同时也令人对他的命运感到悲叹。

而唐代诗人朱庆馀的《近试张水部》也有类似的情况。虽然表面上是描写一位新嫁娘在拜见公婆前的不安心情，但与此诗相关的背景却是唐代的行卷风气。在科举考试前，应试者会将自己的作品写成卷轴，投献给朝廷的显贵或名人，希望得到赏识和举荐。这首诗是朱庆馀在接近科场考试之际投赠给当时担任水部员外郎的著名诗人张籍的。作者在赴考前心情紧张忐忑，类似于新嫁娘在拜见公婆前的心境，因此作者用新娘自比，用"夫婿"比喻张籍，用"舅姑"比喻主考官。然而，如果不了解这首诗的背景，仅从字面上理解，就很难真正体味到诗中所传达的思想内涵。

这些例子说明了诗歌作品的内涵和意义并不仅仅限于表面的字面解读，而需要考虑作者的背景、经历和创作环境。通过了解这些背景信息，我们才能更深入地理解诗人的思想和情感，进一步体味诗歌的内在意蕴。

第二节 文学鉴赏的分类鉴赏

一、诗歌鉴赏

（一）诗歌价值的相关概述

在我国文学史上，几千年来，诗歌一直占领着重要地位。唐代，诗歌被列入科举考试，其更是得到了空前的发展，诗人们前赴后继，诗歌史无前例地繁荣发展着。其题材可分为：写景状物、抒情言志、寓理载道等，包含社会、人文生活中的诸多方面，不仅表达一个人的感情，更可以从中看出当时的社会风貌。

在外国人眼里，中国是一个诗意的礼仪之邦，诗歌的发展为古代的中国树立了良好形象。作为现代的中国人来说，如果对古典诗词缺乏充分的理解，就无法对过去的优秀思想文化建立深刻的认识；如果对史诗没有充分的了解，便无法从我国经历的社会变革中，对事件的发展变化产生新的思考；甚至可以说，如果不懂诗词，就不能得到我们几千年来民族情感的真传，无法理解中华民族的"风骨"。

由此可见，诗词是我国传统文化之巅的璀璨明珠，是中国上下五千多年深邃文化的精华。通过阅读诗词，体验它的美感，就如同跨越千年与古人交谈，那一篇篇千古绝唱，经过了历史的酝酿，更加浓香醇厚，能够滋养人的心灵，陶冶人的情操。

（二）诗歌鉴赏的美学鉴赏

古诗集中了历代中华文化的成果，具有独特的艺术气息。"诗言志，歌咏言，声依咏，律和声。"诗人们需要掌握纯熟的艺术手法，遵循严格的韵律笔法，以精练的语句、真挚的情感和丰富的意象来细致周全地表现社会生活与人类精神世界。

早期，诗与歌、乐、舞是一体的。诗是歌词的一种早期表达，配合音乐来表演，在舞蹈中进行歌唱，后来逐渐演变成诗歌。由此可见，诗歌从产生开始，就具有极高的艺术性，其特殊的格式及韵律，配合古代歌舞，更是促进了音韵美的产生，诗歌中的对偶、押韵、夸张等艺术手段，更是体现了早先的这一特点。下面通过诗歌的语言与修辞具体分析其美学价值。

古诗按照内容可分为叙事、抒情、送别、边塞、山水、田园、咏史、咏物、伤逝、讽喻等；其最重要的特征便是言短意长、语言凝练、意境朦胧、情感含蓄，有中国人特有的委婉之美感，具体在以下三个方面可以得以体现。

1.灵活处理语序

诗人通常在表达时不喜欢循规蹈矩，为了追求诗歌的艺术性，倾向于打破语言的常规，采用倒装、省略等句式，将句子灵活处理，或为了平仄及韵脚的需要，或为了突出强调，这样读起来有种音韵美。

2.广泛使用修辞

修辞是诗歌中最常用的手段，它使语言变得有活力、生动形象。古诗中的修辞使用非常灵活。最常用的是拟人，将意象人性化，以托物言志。此外，诗词的抒情性也很强，因此在表达感情时，十分独特，纯熟运用比喻、借代等手法，形象生动地抒发感情。巧妙地处理使感情更加具有色彩，也更细致。同时，诗歌中常用对偶等句式，追求对称美和音韵美，更能体现中华文化的魅力。

3.巧妙选择意象

意象是诗歌中常用的寄托对象，包含了作者的主观情感。诗人常常借景抒情或托物言志，巧妙地利用意象进行说理或者对比自身以抒发感慨，有时也借用意向抒发感情。诗歌的巧妙在于通过意象的变化暗示情感的变化，若隐若现的情感在仔细品读间可以慢慢体味，充分体现了古典语言的婉约之美。

（三）诗歌鉴赏的美育价值

古典诗词通过诗人极高的审美认识、丰富的审美情感以及创造美的能力，为人们创造出生动的作品，传授世人以生动有趣的审美课程，对人们进行审美教育，有极高的美育价值。

1.音韵节奏带来平和的心境

古诗在朗读时具有朗朗上口的音韵感和铿锵有力的节奏感，这源于古代诗歌的音乐性特征。古诗起源于伴舞配乐歌唱的歌词，最初是按照乐谱的音律节拍来写词、填词的。尽管诗歌已脱离了音乐，但它仍保留了节奏、韵律、平仄和韵脚等音乐元素。古代诗人也喜欢采用这种音律平仄的方式来创作诗歌。

古典诗词中的语句长短恰到好处，字句经过精心推敲，前后的韵脚和抑扬顿挫的平仄安排得当。这些特点使得古诗在阅读时具有一种独特的韵律感和节奏感。当读者沉浸其中，品味其中的音韵、节奏和平仄，就像聆听音乐一样，能够带给内心一种沉静与宁静，让人获得淡定平和的心态。

因此，古诗之美不仅仅在于表达的意境和思想，更在于其语言的音乐性和节奏感。通过欣赏古诗的音律和节奏，读者可以享受到一种独特的审美体验，感受到心灵深处的平静和满足。

2.画面、色彩美带来审美情趣的提升

诗歌中，画面色彩特征最明显的便是山水田园诗歌。这些诗歌描绘美丽的田园风光，向往清简淡雅的乡村生活——把酒对歌、写字赋诗、闲话桑麻，表现了平淡生活的种种情趣，让对生活感到疲倦的人们体悟到生活中的平淡魅力，同时也增加生活情趣，其对自然风光的描写启迪人们在繁忙的生活中，不汲汲于名利，懂得忙里偷闲，享受生活的乐趣。

此外，作者在作品中景物进行的描绘十分形象生动，读起来使人如身临其境，身未至而心向往之，给人以美的印象，使人生出喜悦之心，保持身心愉悦。

3.体悟情感美带来气质的提升

古人有云：腹有诗书气自华。欣赏古典诗词，深刻体悟作者的情感，或直抒胸臆，或托物言志，其都代表了一个时期的思想文化。读诗如读史，清晰地认识一个时代的风貌，开阔眼界；了解一个王朝的兴衰，以史为镜，对当今的时代有更多的了解。同时，在一些哲理、讽喻诗中，可以让人体悟许多道理，变得睿智。以上这些，均能提升一个人的眼界见识，从而带来气质的提升，在当今竞争性的社会中有重要的意义。

4.体悟胸襟的豁达美

古典诗词艺术高远之处在于胸襟与气魄，并由此对社会、人生产生新的领悟，升华心灵，开阔眼界。在极目远眺的艺术意象中，可以体悟到豁达的人生态度，高尚的济世情怀，进一步领悟其中所包含的艺术蕴含，可以深切感悟旷达的人生态度。多读诗，可以使人目光远大，收获一种眼界与胸襟。

（四）如何合理地进行诗歌鉴赏

1.明确诗歌的类别

鉴于诗歌的漫长发展历程，它的分类变得十分复杂。从表达上可分为抒情诗与叙

事诗；从形式上有古体、近体诗以及词曲；内容上，诗又有写景、叙事、哲理、边塞等不同的题材。纷纭复杂的体裁有不同的特点，甚至影响全诗的情感走向。学会鉴赏诗歌，首先便要了解其体裁类别，才能进一步更好地去鉴赏它的艺术价值。

2. 了解诗歌的表现形象

诗歌中常用意象来暗示情感。了解诗歌特点最重要的便是理解意象。意象是诗歌中出现的物体或者景物，其中包含着作者的主观情思。在诗歌发展过程中，形成了一些特定含义的意象。诗人常通过特定的意象来表达自己的情感，如"酒"暗示离愁，"红豆""青鸟"代表爱情，"明月"暗示思乡。熟悉了意象的含义，有利于理解作者的意图，把握诗歌的主体情感，以便进一步的鉴赏。

3. 体会诗歌的字词含义

诗歌的精华是语言，其具有优美、简练、委婉等特点。诗人常通过对语言的锤炼，去营造高雅的艺术境地，使意境悠远深长。此外，通过委婉的语言，隐藏着诗人内心深处的情感，却不明显地表现出来，更加耐人寻味。因此，要鉴赏诗歌，理解语言，"炼字"十分重要。在短小的诗歌中，每个字都有可能隐含情绪，有时也会有双重含义。因此，作为鉴赏者，不能满足于理解基本的字面意思，更要加强对感情色彩的把握，从整体情境入手，理解其引申义，加深对语言的品味，深入体悟古诗中的语言美，最终正确理解全诗。

4. 明辨诗歌的表现手法

诗歌的表现手法包含三个方面：抒情方式、描写手法、修辞手法。此三者都作为锦上添花之物，进一步增加诗歌的美感。鉴赏诗歌时，对表现手法多加注意，更可以增加对其美育价值的感悟。

5. 把握诗歌的思想感情

诗歌的情感包含在意境中，相对不那么明确。意境是作者通过意象叠加而成的，将要表达的感情与诗中所描绘的场景有机融合而成的艺术境界。感受诗人所营造意境中的氛围特点，才能体会作者的情思。

二、小说鉴赏

（一）先要明白小说的特质

一部完整的小说是一个完整的艺术生命体，它应该由形而下的形象层面和形而上的精神层面整合而成。而题材、情节、环境、人物、叙事方法、叙事语言等要素组成了形象层面，主题、情感、风格等组成了精神层面。古典小说、现代小说、当代小说在这些要素方面都有着明显的特质差异。

1. 文学创作的社会责任心和历史使命感是文学构成的上层建筑中相当重要的环节

文学作品具有引领思想和进行深刻反思的能力，它可以传递正面的价值观念，启发读者思考人生、社会和伦理道德等重要问题。这种正确引领思想的作用对于个人和社会的健康发展是有益的。

然而，现实中存在一些作家迎合低俗阅读需求，创作庸俗低级的作品来获取更多的关注和经济利益。他们可能忽视了文学作品的精神价值，只注重迎合市场需求，满足读者的娱乐消费欲望。这种现象使得一些文学作品失去了应有的艺术追求和社会责任感，甚至对历史和社会问题进行失真和误导。

文化作为一种消费的现象是社会进化的结果，这是不可否认的。创作和阅读文学作品也可以涉及物质层面的追求，这在某种程度上推动了文化消费的繁荣。个人有创作自由、言说自由、选择自由和阅读自由等权利，这是值得珍惜和保护的。

然而，如果文学的精神化功能完全被单纯的消费取代，这确实是一个严峻的现状。文学作品应该承载更多的精神内涵和社会责任，而不仅仅是满足市场需求和追求经济利益。读者也应该有能力辨别和选择优质的作品，关注那些具有思想深度和价值观引导的文学作品，以推动文学的健康发展。同时，社会也应该加强对文学创作的评价和引导，鼓励有价值的作品的产生和传播，以维护文学的精神追求和社会责任。

2. 小说定义具有含蓄的特质

小说作为一种文学形式，通常具有含蓄的特质。小说通过叙事、描写和对人物内心世界的揭示来传达其主题和情感，往往通过间接的方式来呈现故事和思想。相比于其他文学形式，如诗歌或戏剧，小说更注重对细节和情节的刻画，通过深入描写人物和情境，给读者留下余地进行自主思考和联想。

小说的含蓄特质可以体现在多个方面。首先，在叙事结构上，小说往往采用线性或非线性的叙事方式，通过情节的展开和角色的发展来传递思想和情感，而不是直接陈述。其次，在人物刻画上，小说常常通过行为、对话和内心独白等手法来暗示和透露人物的性格和内在世界，而非直接说明。此外，小说还借助象征、隐喻和意象等修辞手法，通过多重层面的意义来丰富作品的含义和解读。

这种含蓄的特质使得读者需要进行解读和思考，去探索作品中的深层意义和情感共鸣。小说的含蓄性可以让读者在阅读过程中体验到自主性和参与感，与作者共同构建作品的意义。同时，也给予读者更大的自由度，让他们根据自己的经验和理解去赋予作品不同的解读。

总的来说，小说的含蓄特质是其独特的魅力之一，它引发读者的思考和联想，激发想象力，并让作品具有更广泛的解读空间。

（二）小说能力的建构分两个层面

在阅读中，读者的期待和意识对于阅读体验和阅读效果都具有重要影响。

显性的阅读期待是读者对于小说情节和人物命运的期待，他们希望情节紧张刺激、忧伤悲壮或快乐愉悦，能够满足他们在娱乐消费中的心理期待。读者关注小说人物的命运结局是否与他们的预期保持一致，这种期待可以带来情感共鸣和满足感。

隐性的阅读期待则更深层，涉及小说的意义和完成度。读者希望小说能够完成其创作意图，通过叙述语言、叙事技巧等手段，逼真地还原和再现苦难生活中的困境和挑战。同时，小说中的人物也可以成为读者在现实生活中的参照对象，从中获取生活的启示和满足感，甚至激发个体追求事业和成长的动力。

具备阅读意识和阅读素养的个体，在阅读过程中会更加注重作品的内涵和价值，更有能力选择适合自己的作品。他们能够将阅读过程中的期待和理想标准与作品进行比较，更好地评估作品的质量和价值，从而使阅读过程更加有意义和有益。

因此，关注阅读过程中的期待价值、培养阅读意识和提升阅读素养对于个体的阅读体验和阅读选择都具有重要意义。这样的意识和素养可以帮助读者更好地欣赏作品，获得满足和启发，并在阅读选择中做出更明智的决策。

1. 解读小说的种种定义都离不开对情节的把握

情节在小说中起着重要的作用，它是推动故事发展的核心元素。情节包括故事的起伏、冲突、转折和结局，是故事的骨架和线索，通过情节的展开和发展，读者能够跟随故事的脉络，产生情感共鸣和阅读的紧张感。

情节的把握对于解读小说具有重要意义。通过对情节的分析和理解，读者可以揭示故事的主题、角色的发展和变化，以及作者所传递的意图和观点。情节的发展呈现了人物之间的关系、社会环境的影响以及事件的发展过程，通过对情节的把握，读者能够更好地理解故事的内涵和深层含义。

此外，情节还可以引发读者的好奇心和阅读的欲望，激发他们的想象力和思考。精心构建的情节可以给读者带来紧张刺激的阅读体验，让他们沉浸在故事中，忘记现实的束缚。情节的张力和发展也能够吸引读者的注意力，让他们保持对故事的关注和投入。

然而，情节并不是唯一重要的因素，其他因素如人物塑造、语言运用、主题探讨等同样对于解读小说具有重要性。综合考量这些因素，读者能够更全面地理解和解读小说，深入探索其中的思想、情感和美学价值。

总而言之，情节在小说中是重要的构成要素，对于解读小说起着关键的作用。通过把握情节，读者可以更好地理解故事的发展和作者的意图，同时也能够享受到紧张刺激的阅读体验。然而，情节并非孤立存在，还需要与其他因素相互配合，才能真正理解和欣赏小说的内涵。

2. 解读小说的种种定义也离不开对主题情节的理解

情节是小说故事发展的线索和结构，是描述事件发生、人物行动和冲突发展的过程。它通过情节的起伏、转折和高潮，吸引读者的兴趣和关注，引导读者走进故事的世界。情节的发展和安排对于揭示主题、展示人物性格和情感变化等方面都起着重要作用。

主题是小说所要探讨和表达的核心思想、价值观或主张。它是作者通过故事所要传达给读者的信息和观点。主题可以是关于人生、社会、爱情、友情、自由等各种人类关注的问题。情节通过展示故事中的事件和人物行动，间接地呈现了主题的含义和意义。

解读小说时，理解情节和主题的关系非常重要。情节是主题的表现形式和载体，通过情节的展开和发展，读者能够深入理解主题所要传达的思想和观点。主题则赋予情节以深层的意义和内涵，使情节不再仅仅是故事的发展，而具有更广阔的意义和价值。

在解读小说时，读者需要注意情节和主题之间的互动关系。通过分析情节的发展和转折，读者可以揭示主题在故事中的体现和演绎。同时，对主题的理解也有助于读者更好地理解情节的意义和目的。情节和主题相互依存、相互支撑，共同构成了小说的完整性和深度。

因此，对主题和情节的理解是解读小说的关键环节。通过深入理解情节和主题之间的关系，读者可以更全面地把握小说的内涵和意义，深入思考其中所蕴含的思想、情感和人生观。

三、戏剧文学鉴赏

（一）戏剧文学的冲突精髓

戏剧文学的冲突是构成戏剧的重要因素，它主要指戏剧作品中故事情节的发展经过，也就是剧中人物角色之间、人物内心世界以及人物与环境之间的矛盾此消彼长的过程。其主要包括以下三种情况。

①人物之间的冲突：戏剧中的人物通常具有各自独特的目标、动机和价值观，因此他们之间的冲突是戏剧发展的核心。这种冲突可以是情感上的对立、利益的冲突、意见的分歧等，通过人物之间的碰撞和冲突，戏剧故事得以推动和发展。

②人物内心的冲突：戏剧作品往往揭示人物内心的矛盾和挣扎。人物内心的冲突体现了他们的矛盾情感、道德抉择和心理压力等，这些内心冲突常常推动着人物的行为和剧情的发展，增加了戏剧的紧张度和深度。

③人物与环境的冲突：戏剧作品往往通过人物与外部环境的冲突来展现社会、历史和文化背景等方面的冲突。人物面临的挑战、障碍和逆境，以及他们与社会、家庭、政治等环境之间的矛盾与冲突，都是戏剧发展的重要动力。

这些冲突的存在使得戏剧故事充满了紧张、矛盾和冲突，使观众产生共鸣和情感共鸣。戏剧通过展示和解决这些冲突，反映了人类生活中的困境、挣扎和选择，引发观众的思考和情感上的共鸣。冲突的处理和解决也成为戏剧发展的关键，决定了剧情的走向和结局。

（二）戏剧文学鉴赏该如何把握技巧

戏剧文学主要具有三个特征：一是空间和时间的高度集中；二是有集中、尖锐的矛盾冲突；三是戏剧人物的语言和行为表现个人性格。下文就围绕戏剧文学特征论述戏剧文学的鉴赏技巧。

1. 对人物形象的鉴赏

人物形象的鉴赏确实需要从性格特征、语言表达以及成长经历等方面进行分析和理解。这些因素都与人物在戏剧情节中的角色与命运密切相关，同时也反映了人物与周围环境的相互作用和影响。

通过对人物性格特征的把握，我们可以更好地理解人物的动机、行为和情感。每个人物都有独特的性格特点，这些特点影响着他们的选择、冲突和发展，从而推动剧情的发展。同时，人物的语言表达也是深入了解人物形象的重要途径。通过分析人物的对白和言谈举止，我们可以揭示人物的思想、情感以及与其他角色之间的关系。

此外，人物的成长经历也是了解他们形象的重要线索。人物的成长经历与他们的背景、家庭、社会环境等紧密相连，塑造了他们的价值观、态度和心理状态。通过理解人物的成长经历，我们可以更好地把握人物形象的变化、内心的冲突和成长的轨迹。

总之，鉴赏戏剧文学作品中的人物形象需要综合考虑性格特征、语言表达和成长经历等因素，从而深入理解人物的内在世界、情感状态以及与戏剧情节和周围环境的关系。这样的鉴赏过程能够帮助我们更全面地把握戏剧作品的意义和深度。

2. 对戏剧语言的评述

语言是戏剧的基础，而戏剧人物的语言在推动情节发展、展现思想和情感以及深化人物形象方面起着关键的作用。

舞台说明在戏剧中是必不可少的，它通过文字形式给导演和演员提供了关于舞台布景、人物动作、旁白等的指示。它的作用在于辅助说明和营造戏剧的氛围，为演员和观众提供更直观的感受。然而，舞台说明并不是戏剧文学的主要成分，真正能深入鉴赏戏剧的是戏剧人物的语言。

戏剧人物的语言可以分为对话、独白和旁白三种形式。这些语言不仅是人物心理的外在表现，也是戏剧文学中的主要组成部分。戏剧人物语言具有几个显著特点。首先，它具有高度的个性化，通过人物的语言，我们能够准确地把握人物的个性和思想情感。其次，戏剧人物语言中蕴含着丰富的潜台词。潜台词表现了人物内心真实的想法和情感，它不仅存在于语言的言外之意，还可以通过沉默、停顿等非语言方式表达出来。通过研究潜台词，我们能够更深入地理解人物形象。最后，戏剧人物语言具有动作性，即通过语言表达人物的动作冲突或内心活动。戏剧中人物的性格和心理需要通过外在的行为和语言来展现，因此动作性语言能够深入揭示人物的内心世界。

综上所述，戏剧人物的语言在戏剧文学中具有重要的地位。它个性化、富有潜台词和动作性，通过语言的表达方式，展现人物的性格、思想和情感，丰富了戏剧的内涵和魅力。因此，在鉴赏戏剧文学作品时，我们需要重点分析和理解戏剧人物的语言，以更好地把握戏剧作品的意义和深度。

3. 对矛盾冲突的"记录"

戏剧冲突是戏剧作品的核心，它推动了情节的发展和人物形象的展现，使戏剧具有生动而引人入胜的特点。戏剧冲突的特点包括尖锐激烈、高度集中、进展紧张和曲折多变等，这些特点使得戏剧冲突更加引人注目和引发观众的共鸣。

在戏剧的鉴赏过程中，确实需要从人物形象、戏剧语言以及戏剧矛盾冲突三个方面进行分析。人物形象是戏剧的核心，通过对人物性格、言行举止和成长经历的分析，我们能更好地理解人物角色的内心世界和行为动机。戏剧语言则是戏剧人物的表达方式，通过对对话、独白和旁白的分析，我们可以深入了解人物思想情感的外在展现。而戏剧矛盾冲突则是戏剧情节的推动力，它的发展和解决过程展示了戏剧作品的内涵和主题。通过理解戏剧冲突的因果关系和发展顺序，我们能更好地把握戏剧作品的核心思想和情感传达。

第三节 文学鉴赏能力培养策略

一、文学鉴赏能力培养的重要性

文学作品中不仅有丰富的知识，还有丰富的感情色彩，这些都有助于学生语文水平的全面发展。所以，越来越多的学生和教师倡导多读文学作品。可是，在文学作品鉴赏热潮中，很多学生只是浅显地理解文学作品的内容，大多只是增加了阅读量，由于表面的鉴赏，虽然导致了学生文学作品阅读量上升，却没有带给学生实质性的用处。作为教师，应该对学生的文学鉴赏能力从多方面进行培养，依次提高学生的学习整体水平。

（一）文学鉴赏能力的重要性和特点

1. 丰富学生情感

文学鉴赏能力的确是文学作品鉴赏的重要组成部分，而且它具有调动学生情感的特点。文学作品不仅是文字的堆砌，更是通过情感的表达和共鸣来传递思想与体验。文学鉴赏能力能够激发学生的情感参与，让他们在阅读和解析文学作品时投入真实的情感体验。

通过文学鉴赏，学生能够与作品产生情感共鸣，体验作品中的情感冲击和情绪渲染。他们可以在阅读作品的过程中感受到作品中所描述的情感和情绪，进而加深对作品的理解和品味。这种情感参与让学生更加专注地阅读作品，不只是停留在表面的文字意义上，而是能够深入体验作品所传递的情感和意义。

此外，文学鉴赏能力还可以帮助学生更好地理解作品，通过情感的投入，让学生与作品建立起更为紧密的联系。学生能够通过情感的渲染，将自己融入作品的情境，感受作品中人物的喜怒哀乐，思考作品所探讨的主题和意义。这种贴近作品的体验能够让学生更深入地解析作品，透彻理解作品所传递的思想和艺术价值。

综上所述，文学鉴赏能力是文学作品鉴赏的重要一环，它能够调动学生的情感参与，让他们更加专注地阅读作品并与作品建立情感共鸣。通过情感的投入和体验，学生能够更深入地理解作品，品味作品的情感和意义。因此，培养和提升文学鉴赏能力对于学生的文学素养和审美情趣的培养具有重要意义。

2. 促进学生品读的完整性

要提高文学鉴赏能力，学生需要超越表面阅读，深入挖掘作品的内涵和艺术特点。以下是一些建议。

①细读与深思：在阅读过程中，学生应该注重细节，并反复思考其中的含义和象征。不只是停留在故事情节和表面意义上，而是通过深入思考，揣摩作者的意图和所要表达的思想。

②注重艺术形式：学生应该关注作品的艺术形式，如诗歌的韵律、小说的叙事结构、戏剧的对白等。通过理解和欣赏作品的艺术形式，可以更好地领略作品的美感和独特之处。

③多角度解读：鉴赏文学作品时，可以尝试从不同的角度和视角进行解读，如文化背景、时代背景、心理分析等。这样可以拓宽思维，丰富对作品的理解。

④增强批判思维：学生应该培养批判性思维，不只是接受作品的表面意义，而是主动思考作品的价值和问题，提出自己的观点和见解，并能够进行合理的论证和辩证。

⑤交流与分享：参与文学讨论和分享经验可以帮助学生拓宽视野，从不同的角度听取他人的见解和观点，丰富自己的文学鉴赏能力。

总之，提高文学鉴赏能力需要学生投入更多的时间和精力，通过深度阅读、思考和交流来提升自己的理解和欣赏水平。只有细致品味作品的完整性，才能真正领略到文学作品的魅力和深刻之处。

3. 情感是文学鉴赏的核心要素

文学作品通过情感的表达和共鸣，能够打动读者的内心，引发深层次的思考和感受。情感的投入和体验是理解作品、品味作品的重要途径之一。

当学生在文学鉴赏中只停留在字面理解，没有投入情感去体验和感受作品时，很难真正理解作品的深意和内涵。只有通过情感的参与，才能更好地理解作品中所表达的情感、思想和主题。

在进行文学鉴赏时，学生可以尝试以下方法来增强情感的投入。

①情感共鸣：将自己与作品中的人物、情节、主题进行情感共鸣，尝试理解作品中所揭示的情感体验和情感变化。通过与作品中的情感对话，与之共鸣和感受，可以更好地理解作品的内涵。

②感受细节：关注作品中的细节描写和意象呈现，尝试感受其中所蕴含的情感色彩。细致品味作者运用的语言、形象和意象，感受其中所表达的情感表达。

③情感回应：在阅读作品的过程中，记录自己的情感反应和感受，可以通过写读后感、思考问题、撰写评论等方式来表达自己的情感回应，这有助于加深对作品的理解和体验。

④创设情境：尝试将自己置身于作品所描绘的情境中，想象自己是作品中的人物，感受他们的情感体验，从而更深入地理解作品。

情感的投入与体验可以使文学鉴赏更加生动、深刻和个人化。通过情感的参与，学生能够更好地理解作品的意义、价值和美感，丰富自己的文学鉴赏体验。

4. 全面促进提高学生的发展

文学鉴赏的过程确实能够带来多方面的益处，包括丰富学生的情感、开阔学生的眼界、改善学生的浮躁心态、促进学生的心理发展、锻炼学生的自主学习性和思维拓展性，以及提高学生的写作水平和语文能力。

通过文学鉴赏，学生能够接触和了解不同类型、不同风格的文学作品，从中感受到不同文化背景、不同时代风貌的独特魅力，进一步开阔眼界。文学作品常常涉及深刻的人生哲理、社会问题和情感体验，这些内容能够引导学生思考人生意义、价值取向和社会责任，有助于塑造学生积极向上的心态和人生观。

在文学鉴赏的过程中，学生需要静下心来仔细品味作品，这有助于改善学生的浮躁心态，培养他们耐心和专注的能力。此外，文学鉴赏强调学生的自主学习和思考，鼓励学生独立思考作品中的主题、意义和价值，并且能够将自己的观点和感受进行表达和交流，从而培养学生的自主学习性和思维拓展性。

通过深入鉴赏文学作品，学生能够接触到丰富的语言表达和文学技巧，逐渐提升自己的语文能力和写作水平。他们可以借鉴作家的表达方式、语言运用和结构布局，拓展自己的表达能力，并且能够更准确地把握语言的力量，表达自己的思想和情感。

文学鉴赏能力的培养涉及学生的情感、认知、思维、表达等多方面的能力，是一种综合能力的体现。它不仅能够提高学生对文学作品的理解和欣赏能力，还能够培养学生的审美情趣、文化素养和综合能力，为他们的终身学习和发展奠定基础。

（二）培养文学鉴赏能力的途径

培养文学鉴赏能力是一个渐进的过程，需要不断地实践和培养。以下是一些可以帮助学生提升文学鉴赏能力的途径。

①多样化的阅读：鼓励学生广泛阅读各种类型的文学作品，包括小说、诗歌、戏剧、散文等。通过接触不同风格、题材和时代的作品，学生可以拓宽视野，培养对文学的兴趣和理解。

②深入分析：引导学生进行深入的作品分析，包括对作品的结构、主题、情感表达、人物形象、语言运用等方面的思考和讨论。学生可以探索作品的内涵，思考作者的意图以及作品与社会、历史背景的关系。

③文学讨论和交流：组织学生进行文学讨论和交流，鼓励他们分享自己的阅读体验、观点和感受。通过与他人的交流和碰撞，学生可以加深对作品的理解，同时也能够从其他人的观点中获得新的启发和思考。

④读后感和评论写作：鼓励学生写读后感和评论，要求他们对作品进行个人思考和评价。通过书写的过程，学生可以进一步整理和梳理自己的思绪，提炼出对作品的关键观点和见解。

⑤学习文学知识和理论：了解文学的基本知识和鉴赏理论是提升文学鉴赏能力的基础。学生可以学习文学史、文学流派、文学术语等方面的知识，并了解不同的文学批评方法和理论，以加深对作品的分析和理解。

⑥参与文学活动和比赛：鼓励学生积极参与文学活动和比赛，如朗诵比赛、作文比赛等。这样的参与可以提供更多展示和实践的机会，同时也能够激发学生的创作潜力和对文学的热爱。

⑦导师指导和辅导：老师或导师的指导对学生的文学鉴赏能力提升非常重要。老师可以为学生提供专业的指导，引导他们进行作品分析和思考，并及时给予反馈和建议。

二、文学鉴赏写作路径

（一）鉴赏的深度取决于鉴赏主体精神的投入

文学作品的鉴赏确实是一种独特的精神活动，它不仅是一种审美享受，还是一种艺术创造的参与。在阅读过程中，读者利用形象思维，结合个人的生活经验，对作品中的艺术形象进行补充、扩展和丰富，对艺术形象和情感进行再创造和加工。读者借助自己的联想和想象力，能够发现作品中许多隐藏的意义，甚至能够发现作者未曾想到的问题，领悟到作者未曾领悟的意义。这种主体情感渗透在一定程度上加强或改变了作品中的情感元素。从这个意义上说，鉴赏者对文学作品的鉴赏实质上是参与了作家对艺术形象的创造活动。因此，可以说文学作品中的艺术形象是由作者和读者共同创造的。因此，某个鉴赏者在脑海中呈现的艺术形象与其他鉴赏者以及作者在创作时心中的艺术形象不可能完全相同。正如所说的"诗无达诂"，每个读者都有自己对作品的理解和感受，因此一千个读者就可能有一千个不同的哈姆雷特解读。

鉴赏的深度取决于读者的精神投入程度，投入越深，再创造的程度就越深，主观感情的色彩也就越强烈。王夫之指出："作者用一致之思，读者各以其情而自得。"作者在创作时有明确的意图，而读者从自己的审美经验和个性出发，所得到的理解与作者的意图并不完全一样，读者可以充分发挥自己的主观能动性，运用自己的审美理想、联想、想象和感性认知来诠释、丰富和充实作品。

（二）再创造是进入鉴赏写作的有效途径

在阅读过程中，读者需要将这些符号化的文字还原为具象的世界。这种转化需要读者具备丰富的想象力和领悟能力，使其能够在作品中沉浸，与作者和主人公的情感相融合，共情其中，进入全新的审美境界。

另外，在鉴赏文学作品时，注重审美规律是很重要的。作家通常通过物态人情化或人情物态化的方式表达，以增添作品的趣味性。同时，为了扩展作品的表现力，作家常常使用夸张、象征等技巧，既充分表达自己的主观体验，又使作品具有含蓄朦胧的特点。此时，鉴赏者需要结合自己的人生经验，发挥丰富的想象力，为作品赋予更广泛的可读性和再创造的空间。特别是在诗歌的鉴赏中，意象感知是关键。它需要经历再现、联想和完形等过程，以还原诗歌的意象。当然，这不是简单地对作家创作意象的还原，而是包含了鉴赏者的二次创造。

一个真正的文学家在创作时，常常用有限的语言表达最丰富的信息，给读者留下广阔的想象空间。这种艺术创造的现象在作品中表现为审美空白，与中国文论中常说的"象外之象""味外之旨""言外之意"非常相似，尤其与"空"的审美范畴相近。在鉴赏活动中，鉴赏者需要对文本进行具体化，进行虚拟、幻化和充实，以完成对作品的审美主体的"重建"。这种过程涉及鉴赏者的主观参与和再创造。

总而言之，文学作品的鉴赏需要读者具备想象力、领悟能力和对审美规律的敏感，通过将抽象的文字转化为具象的世界，共情作品的情感，发掘其中的意义和美感。

三、文学鉴赏能力的培养

培养文学鉴赏能力是一个渐进的过程，需要持续的学习和实践。下面是一些方法和建议，可以帮助提升文学鉴赏能力。

①阅读广泛：涉猎不同类型、不同时期、不同地域的文学作品，包括小说、诗歌、戏剧、散文等各种文学形式。通过阅读不同的作品，可以扩展自己的文学视野，了解不同的风格、主题和艺术手法。

②学习文学知识：了解文学的基本概念、流派和历史背景，学习文学批评理论和方法。这将帮助你更深入地理解作品，并能够运用批评的眼光进行分析和评价。

③注意细节和形象：关注作品中的细节描写和意象表达。细致观察作品中的语言运用、描写手法和符号象征，思考作者的用意和意图。

④培养批判思维：不仅要欣赏作品的美感，还要培养批判性思维，思考作品的价值、主题、观点等。提出自己的见解和评价，并能够支持自己的观点。

⑤参与讨论和交流：参加文学读书会、文学讲座或与他人进行讨论交流，与他人分享自己的观点和体验。倾听他人的观点，从多角度理解和解读作品。

⑥写作和创作实践：通过写作和创作来提升文学鉴赏能力。可以尝试撰写读后感、评论文章，或者自己进行文学创作。这样可以加深对作品的理解和体验，培养自己的文学思维和表达能力。

⑦反复阅读和思考：重读一些经典作品，反复品味和思考。每次阅读都可能有新的发现和理解，加深对作品的感知和领悟。

记住，文学鉴赏能力的培养需要时间和耐心。通过持续的学习、思考和实践，可以逐渐提升自己的文学鉴赏能力，并享受更深入的文学体验。

四、文学鉴赏中创新思维能力的培养

（一）从辩证角度鉴赏人物形象，培养学生的创新思维

在鉴赏文学作品中，教师可以鼓励学生从辩证角度进行人物形象的理解和鉴赏，以培养学生的创新思维。以下是一些建议。

①引导学生思考矛盾与变化：文学作品中的人物形象往往充满矛盾和变化。教师可以引导学生思考人物形象内在的矛盾冲突，以及人物在作品发展过程中的变化和成长。通过辩证思考，学生可以深入理解人物的复杂性，提出独到的见解。

②鼓励学生探究背后的意义：人物形象在文学作品中不仅仅是单纯的个体，还代表着更深层的意义和价值观。教师可以引导学生思考人物形象背后所蕴含的人性、社会、历史等方面的意义。学生可以从不同的角度分析人物形象所代表的特征和象征，以及对作品整体主题的贡献。

③培养学生的批判思维：文学作品中的人物形象并不是单一的，它们具有多样性和复杂性。教师可以鼓励学生对人物形象进行批判性思考，审视其优点和缺点、行为的合理性和道德性等方面。通过批判思维，学生可以提出新颖而准确的见解，展示他们的创新思维能力。

④提供多样化的阅读材料和讨论机会：为了培养学生的创新思维，教师可以提供多样化的文学作品供学生阅读，并组织讨论活动。通过与同学的交流和思想碰撞，学生可以不断拓展自己的思维，丰富对人物形象的理解和鉴赏。

总之，从辩证角度鉴赏人物形象可以帮助学生深入理解作品对人性和人的揭示，同时培养学生的创新思维能力。教师的引导和激发对学生在文学鉴赏中发现新见解和提出独特观点至关重要。

（二）从多元角度诠释文学主题，培养学生的创新思维

当涉及文学主题时，从多元角度进行诠释可以有效地培养学生的创新思维。以下是一些建议：

①引导学生寻找不同的解读视角：文学作品可以从多个视角进行解读，每个视角都可以带来独特的见解和理解。教师可以鼓励学生尝试从不同的角度、不同的人物视角、不同的文化背景等来审视文学作品的主题。例如，历史视角、社会视角、心理视角、女性主义视角等，都可以为学生提供全新的思考方式。

②探索主题的多面性和复杂性：文学主题往往是复杂多维的，没有一个确定的解释。教师可以引导学生深入思考主题的不同方面，包括其中的矛盾、争议和多样性。学生可以通过分析作品中不同人物、情节、象征和隐喻等元素，发现主题的多面性，并提出新颖的见解。

③鼓励学生进行比较与对比：比较与对比是培养创新思维的有效方法之一。教师可以选择多个文学作品或不同的文化背景下的作品，让学生对比它们的主题表达和处理方式。通过比较与对比，学生可以拓展对主题的理解，并发现不同文学传统中的创新思维模式。

④提供开放的讨论和表达环境：教师应该鼓励学生在鉴赏文学作品时表达自己的观点和见解，同时保持开放的讨论环境。学生可以通过小组讨论、辩论或写作等方式，分享自己对主题的多元诠释。教师在讨论过程中可以引导学生提出有根据、新颖、准确的

观点，并尊重学生的独立思考和不同意见。

⑤培养学生的批判性思维：批判性思维是创新思维的重要组成部分。教师可以鼓励学生对文学作品中的主题进行批判性思考，提出疑问、评价和反思。通过培养学生的批判性思维，他们可以发现主题的局限性和可能性，从而产生创新的思维和观点。

（三）从想象角度填补情节空白，培养学生的创新思维

从想象角度填补情节空白是培养学生创新思维的一种方法。当学生在阅读文学作品时，作者有时会故意留下情节上的空白，为读者提供自由发挥的空间。以下是一些建议。

①激发学生的好奇心和想象力：教师可以在阅读过程中提出一些问题或情节空白，并引导学生思考可能的答案和解释。这样可以激发学生的好奇心和想象力，鼓励他们积极参与创造性的思考。

②培养学生的联想和联结能力：情节空白通常需要读者根据已有的线索和信息进行联想和联结，填补其中的细节和缺失。教师可以引导学生思考可能的情节发展和角色行为，以及这些发展和行为对故事的影响。通过培养学生的联想和联结能力，他们可以从多个可能性中选择并提出创新的解释。

③提供创作和表达的机会：教师可以给学生提供写作或表达的任务，让他们根据情节空白自行创作并填补细节。可以采用写一篇续篇、编写对话、绘制插图或制作视频等形式。通过创作和表达，学生能够深入思考情节发展和人物行为，培养创新思维和创造力。

④鼓励学生进行群体合作和讨论：学生可以以小组或全班的形式进行讨论和合作，共同填补情节空白。通过互相交流和协作，学生可以从不同的角度和想法中获得灵感和启发，拓展自己的思维。

⑤引导学生思考作者意图和故事背后的主题：情节空白可能与作者的意图和故事主题有关。教师可以引导学生思考作者为什么选择留下这些空白，以及这些空白如何与故事的主题和意义相联系。通过深入思考和分析，学生可以培养对文学作品的理解和创新思维。

通过从想象角度填补情节空白，学生可以培养出创新思维、想象力和创造力，同时加深对文学作品的理解和欣赏。

第四节 高职文学鉴赏能力的培养

一、文学鉴赏对高职学生的影响力

文学鉴赏是人们在阅读文学作品时所产生的一种披文入情、动情观照的精神活动。在这种活动中，读者对文学作品中所创造的艺术形象、艺术意境进行感受、体验、领悟、理解、玩味，得到赏心悦目、怡情养性的审美享受和思想认识、道德情操等方面的教益。所以，正确的文学鉴赏有着不可估量的影响力，它能引起作者与读者的感觉共鸣。正因

为文学鉴赏能够引起共鸣，才能使读者享受精神产品的愿望和要求得以实现，所以面对当前的高职学生，提升他们的文学鉴赏能力，进而能充分发挥出高职学生无可限量的从业能力。

（一）文学鉴赏能够让高职学生的情感得到宣泄和补偿

黑格尔说："艺术应该通过什么来感动人呢？一般地说，感动就是在情感上的共鸣，人们，特别是现在的人们，往往是太容易感动了……但是在艺术里感动的应该只是本身真实的情致。"作家与读者之间的情感是以作品为中介的对流过程，所以阅读文学作品就可以感受到作家的心意，就是形成了共鸣，共鸣过程中，情感得到了宣泄和补偿。在我们日常工作中，我们每个人彼此都会发生各种不同的关系，甚至是在不同的年代，不同地位，包括不是一个民族的人都有可能会遭遇到相同或者相近的经历。因此，当学生读到作品时，发现人物形象所经历的事件或者人物形象的背景、挫折，甚至奋斗的过程以及遇到问题时所产生的感情及想法都会和自己相同时，读者就会进入了共鸣状态，进而会产生一种"仿同"心理，会把自己想象成主人公，去跟作品中的人物形象融合，去再一次陪同人物形象经历普遍经历过的一切。所以我们可以说，当作者在进行文学创作的时候，当他刻画的人物、事情、场景、景物，以及对所刻画的一切的主观评价恰恰与读者的评价一致时，读者就会产生强烈的共鸣，这样读者就自然而然地把自己当成人物形象，与人物形象的思想感情相融合，进行潜移默化的宣泄和补偿。文学鉴赏的这种影响力如果作用于学生身上，那对高职学生的心理会起到一定的平衡作用。

比如，当高职学生阅读长篇小说《红岩》时，他们会为江姐、许云峰、华子良等革命者的高贵品质和革命精神所深深感动，崇敬之情油然而生，而对国民党反动派和叛徒甫志高之流则充满了强烈的义愤。有时，学生由于深受作品的感染，情感体验往往会进入一种忘我的境界，把自己和作品中的人物融合为一，爱其所爱，恨其所恨，甚至在实际生活中处处仿效作品中的人物，这样起到一种精神的满足感和情感的补偿作用。

当然鉴赏文学作品同样也能净化某些负面情绪，宣泄胸中的郁闷不满，使怨恨之心得到排遣而不致激化为愤怒。比如，学生在生活中可能会有人喜欢吟诵前人忧郁、感伤的诗句，这样就能排遣忧郁的情感。李清照的"寻寻觅觅，冷冷清清，凄凄惨惨戚戚"让她陷入一种苦闷至极，忧郁排遣的情感境界。当心情也郁闷的学生读到李清照这几句话时，就会感同身受，似乎和作者陷入同样的情感忧伤中，这样情感就宣泄出去了。有时这种源于情感体验相同而导致的共鸣宣泄，会达到一种难以自拔的强烈程度。当然，有时作家创作也是在宣泄。比如，歌德创作出小说《少年维特之烦恼》时，他所有的忧伤都随着这部作品的诞生而宣泄出来，那么阅读作品的人也会从中受到影响而选择正确的爱情观。

（二）文学鉴赏能够让高职学生的情感得到升华

文学作品的鉴赏确实具有情感洗涤的功能。以下是一些相关观点。

①情感宣泄与共鸣：文学作品中的情感表达常常触发读者内心的情感共鸣。通过阅

读和鉴赏，学生可以将自己的情感与作品中的情感进行交流和宣泄。这种情感宣泄可以帮助学生释放压力，减轻情感负担，并通过与作品中的情感共鸣获得情感上的满足。

②情感净化与升华：文学作品往往通过精心塑造的情节、人物和主题，引发读者的情感波动。在鉴赏过程中，学生不仅能够体验作品中的情感，还能够通过情感的净化和升华，将自己的情感得到提升和提高。这种情感的升华可以让学生更加深刻地理解和感受人性的复杂性和丰富性。

③情感调节与教育：文学作品往往以情感为纽带，通过情节的展开和人物的塑造，传递着一种情感教育。通过鉴赏文学作品，学生可以接触到各种情感状态和情感转折，从而培养情感调节的能力。这种情感调节能力有助于学生更好地应对现实生活中的情感困扰，提高情感的稳定性和积极性。

因此，通过文学作品的鉴赏，学生的情感可以得到宣泄、净化和升华，从而实现情感的升华和提高。这种情感的升华不仅可以帮助学生获得情感上的满足，还可以提升他们的情感调节能力和对人性的理解。

（三）文学鉴赏能够提升高职学生的人格魅力

文学鉴赏对于高职学生的人格魅力提升有着积极的影响。以下是一些相关观点。

①增强情感表达能力：文学作品中丰富多样的情感体验可以激发学生的情感表达能力。通过鉴赏文学作品，学生可以学会更准确地表达自己的情感和思想，提升他们的情感表达能力。这样的表达能力可以增加学生的吸引力和说服力，在与他人交流和互动时更加自信和有魅力。

②培养审美品位和独立思考能力：文学作品的鉴赏需要学生具备良好的审美品位和独立思考能力。通过分析、解读和评价文学作品，学生能够培养自己的审美眼光和独立思考的能力。这样的能力可以使他们在各个领域展现出独特的个性和品位，从而增加他们的人格魅力。

③拓宽视野和人文素养：文学作品涵盖了广泛的主题和人生体验，通过鉴赏这些作品，学生能够拓宽自己的视野，增加对世界的理解和认知。同时，文学作品中蕴含着丰富的人文素养，如道德观念、情感体验、人际关系等，通过学习和感受这些素养，学生可以培养出温和、宽容、理解和关爱他人的品质，进而提升他们的人格魅力。

④塑造情绪稳定和积极心态：文学作品中的情节和人物命运常常引发学生的共鸣和情感反思。通过与作品中的人物经历和情感体验共鸣，学生可以更好地理解和处理自己的情绪，培养情绪稳定和积极心态。情绪的稳定和积极心态会使学生更具魅力，更容易与他人建立良好的人际关系。

二、高职院校汉语言教学中的文学鉴赏

在高职院校的汉语言文学教学中，可以从以下三个方面进行文学鉴赏。

①文学作品的解读与分析：教师可以选择一些经典的文学作品，引导学生进行深入的解读和分析。学生可以学习文学作品的结构、主题、人物形象、语言运用等方面，通

过分析作品的细节和意义，培养他们对文学作品的理解能力和批判思维。同时，可以引导学生运用文学理论和批评方法对作品进行评析，提升他们的文学鉴赏能力。

②文学创作实践：鼓励学生积极参与文学创作实践。可以组织写作工作坊、举办文学比赛或创作展览等活动，让学生有机会发挥自己的创造力和想象力，进行文学创作。通过实践活动，学生能够深入了解文学创作的过程和技巧，提高他们的创新思维和表达能力。

③文学演绎和舞台表演：通过文学演绎和舞台表演的形式，让学生将文学作品真实地呈现给观众。可以组织学生进行朗诵、剧本表演、小品创作等活动，让他们通过表演的方式深入理解文学作品，并将其生动地展现出来。这样的实践活动可以培养学生的表达能力、团队合作意识和舞台表演技巧，提升他们的个人素质修养。

通过加强文学鉴赏的实践活动，学生可以在实践过程中进行选择、思考和探索创新，提升他们的文学素养和创造力。同时，这样的实践活动也能够使学生更加深入地感受和体验文学的魅力，激发他们对文学的兴趣和热爱。

三、高职文学鉴赏课的教学

（一）运用多样化的教学手段

对于高职院校的教学来说，应该从激发学生的审美意识入手，在教学方面需要针对不同的文体进行合理教学。对于文学鉴赏课来说，具有多样化的教学方式与手段。作为文学鉴赏课的教师来说，应该在备课过程中，针对不同文章的题材与形式进行分类。例如，可以分为歌颂故乡的文学、爱国作品以及歌颂友情与爱情的作品等，以此能够在教学过程中运用不同的教学手段，可以将学生的学习积极性合理调动起来，积极融入文学鉴赏过程中。由于高职院校的学生的文学基础差异比较大，因此在理解文学作品的过程中，会存在着一定的难度。对文学基础比较薄弱的学生来说，其在鉴赏作品的过程中会有些茫然，因此在教学过程中可以合理运用多样化的教学手段，积极改进教学效果，可以将一些与作品相关的知识内容引入课堂教学中，挖掘学生的兴趣，激发学生的热情，这样才能让他们在文学鉴赏过程中取得一定的成效。而对于文学基础比较好的学生来说，老师可以着重对学生文学鉴赏手段的讲授与引导，促进学生鉴赏水平的提升。

（二）鉴赏内容的合理丰富

在高职院校的文学鉴赏课堂中，为了有效吸引学生的学习兴趣，可以对文学鉴赏的内容进行合理丰富。针对文学鉴赏的内容，应该贯穿古今中外的作品与内容，包括欧美、亚非，以及不同民族的文学作品，等等；另外，在文学体裁上，也要讲求一定的丰富性。诗歌、影视文学，或者戏剧、小说等，都应该走入文学鉴赏的课堂之中。针对非中文专业的学生来说，会对这些文学内容产生比较浓厚的兴趣，因此就有了学习的动力与目标，从而能够为学生带来一定的指导，使学生的文学鉴赏能力得到积极提升，促进学生的合理健康发展。因此，作为高职的文学鉴赏课的老师来说，应该积极认识到鉴赏内容的多样化特征，为学生选择各种各样的文学作品，能够为学生的审美能力与鉴赏能力的提升提供积极的帮助；另外，还能积极拓宽学生的视野，提升学生的文学修养与水平，能够为未来的学习与生活奠定良好的基础。

（三）加强学生的互动交流，达到情感上的共鸣

作为文学作品来说，它主要是对社会生活与现实的反映。因此，在学生欣赏文学作品的过程中，能够对社会现实有一定的了解，以此能够获得自身的人生体验。所以，在文学欣赏课的教学过程中，作为教师来说，应该加强学生之间的互动与交流，让学生能够积极发表自己的见解，并且还要培养学生与文本、作者等的相互对话。

综上，作为一种特殊的艺术形式，文学作品的鉴赏能够提升学生的审美水平。而作为高职院校的文学鉴赏课的教师来说，应该积极从学生的学习情况出发，实施合理的教学手段，对教学方式与教学内容进行丰富，这样能够激发学生的学习兴趣与积极性，有助于学生未来的学习与成长。另外，在教学过程中，还要注重互动交流方式的运用，能够使学生的学习效果得到合理提升，提升学生的文学素养与道德水平，从而能够为学生未来的学习与成长提供积极的帮助。

四、高职文学鉴赏教学片论

文学鉴赏是文学活动进行的基础，是文学发挥和实现基础社会作用的重要环节，是文学创作的积极反馈。搞好文学鉴赏能够能动地促进文学创作发展，也有利于提高读者艺术修养和思想情操。高职文学鉴赏教学是高职语文教学不可忽略的重要环节，教师必须在教学中进行积极有效的探索。

（一）创设学习情境，找到最好的切入点

在汉语言文学教学中，创设学习情境是提供学生与文学作品互动的有效方式，可以帮助他们更好地理解和鉴赏文学作品。为了找到最好的切入点，以下是一些建议。

①触发学生的兴趣：选择与学生生活经验相关或有趣的文学作品作为切入点，例如，与他们的成长、友情、家庭等主题相关的作品。这样能够引发学生的兴趣，让他们更主动地参与学习和讨论。

②利用多媒体资源：借助多媒体资源，如音频、视频、图片等，创设生动的学习情境。可以播放音频或视频来呈现文学作品的片段或表演，使用图片展示作品中的场景或人物形象，以增强学生的感知和理解。

③组织小组讨论或角色扮演：将学生分成小组，让他们就文学作品展开讨论和互动。可以设置问题或情境，让学生充当文学作品中的角色，进行角色扮演，从中体验作品中的情感和思想，深入理解人物形象和主题。

④实地考察或文学游览：组织学生进行实地考察或文学游览活动，参观与文学相关的地点、博物馆或文学纪念馆。通过实地的观察和体验，让学生更加贴近文学作品的背景和历史背景，增强他们对作品的感知和理解。

⑤联结现实生活：将文学作品与学生的现实生活相联结，让学生思考作品中的主题和情感与自己的经历和情感之间的关系。通过引导学生与作品的对话，让他们能够将作品中的情感与价值观与自己的生活相联系，提升他们的情感共鸣和思考能力。

创设学习情境需要教师有创造力和敏感度，能够灵活运用各种教学资源和方法，使学生能够积极参与并深入体验文学作品。同时，也要根据学生的实际情况和学习需求，找到适合他们的最佳切入点，以激发他们的学习兴趣和提升他们的学习效果。

（二）多边互动交流，激发学生的情感共鸣

多边互动交流是在汉语言文学教学中激发学生情感共鸣的重要手段。通过多边互动交流，学生可以与教师和其他同学进行深入的讨论和交流，从而更好地理解和表达自己对文学作品的情感和观点。以下是一些促进多边互动交流的方法和策略。

①小组讨论：将学生分成小组，让他们就文学作品的主题、人物形象、情节等展开讨论。教师可以提供一些引导性问题，鼓励学生分享自己的看法和感受，并在小组之间展开交流，从不同的角度理解和解读文学作品。

②角色扮演：组织学生进行角色扮演活动，让他们扮演文学作品中的角色，通过模拟对话和情境重现，深入体验作品中的情感和思想。这样的互动交流可以帮助学生更好地理解人物形象和情节，并引发他们对作品的情感共鸣。

③课堂演讲或展示：鼓励学生进行课堂演讲或展示，分享自己对文学作品的理解和感悟。通过让学生主动表达自己的观点和情感，可以促进课堂上的多边互动交流，激发其他同学的思考和回应，进一步拓宽对文学作品的理解。

④问题引导：教师在文学鉴赏教学中提出开放性问题，引导学生进行深入思考和探讨。通过提出有趣且具有挑战性的问题，激发学生的思维活跃度，促使他们表达自己的见解，并与其他同学进行交流和辩论，从而形成多边互动的学习氛围。

⑤文学分享会：组织文学分享会，让学生有机会展示自己的文学作品解读、创作成果或相关研究成果。学生可以以演讲、展板、艺术表演等形式呈现，与其他同学和教师进行互动交流，分享彼此的情感体验和思考。

（三）变换阅读视角，进行个性化解读

变换阅读视角是培养学生个性化解读的重要策略之一。通过引导学生从不同的角度和观点来解读文学作品，可以帮助他们发展独特的思维方式和个性化的阅读风格。以下是一些促使学生进行个性化解读的方法和建议。

①角色视角：鼓励学生以文学作品中的不同角色的视角来阅读和解读作品。让学生思考并表达不同角色在作品中的立场、感受和动机，从而深入理解人物形象和情节的多样性。

②历史视角：引导学生从历史背景和社会环境的角度来解读文学作品。帮助他们了解作品所处的时代背景、社会风貌和文化特点，从而更好地理解作品中所传达的思想和意义。

③文化视角：鼓励学生以自己的文化背景和文化经验来解读文学作品。让他们思考作品与自己所处的文化背景之间的关联和冲突，探索文学作品对于文化认同和文化差异的表达。

④性别视角：引导学生从性别角度来解读文学作品。让他们关注作品中的性别意识、角色刻画和社会性别关系，探索作品对于性别问题的探讨和揭示。

⑤心理视角：鼓励学生通过心理分析的方法来解读文学作品。让他们探索作品中人物的心理动机、情感表达和内心世界，深入理解作品与人性和情感的关系。

在教学中，教师可以提供相关的导引问题或讨论主题，激发学生从不同的视角出发，进行个性化的解读。同时，鼓励学生表达自己的观点和见解，尊重他们的个性差异和思维多样性，为每个学生提供展示自我和独特见解的机会。

通过变换阅读视角，学生可以培养独立思考、个性化解读和批判性思维的能力，从而提升对文学作品的理解和欣赏水平。

五、如何引导高职学生提高文学鉴赏能力

（一）让学生认知到文学作品鉴赏的意义

1.通过文学作品陶冶自身的情操

文学作品不仅是作者内在世界的抒发，也是对世界、生活的辩证思考和透析。通过阅读文学作品，读者可以与作者共情、共鸣，感受到其中的人生智慧和情感力量。

以余华的小说《活着》为例，作品通过描述主人公的遭遇和生活经历，展现了生命的顽强与坚持。尽管面对痛苦和困境，主人公仍然选择活下去，这传递出对生命的珍视和对生活的积极态度。通过阅读这样的作品，读者能够从中汲取力量，认识到生活中的困难与挫折，并思考如何坚持和追求自己的人生价值。

在鉴赏文学作品时，结合自身的人生经历和感悟，进行创造性的模拟和思考，是一种很好的方法。通过将作品中的情景事件与自己的现实生活相联系，可以更深入地理解作品中人物的思想、行为和抉择，分辨善恶和真伪。这样的思考和模拟过程可以激发学生的创造性思维，让他们从中体验到情感的升华和性情的陶冶。

文学作品中的人物形象和情节往往具有多重含义和解读空间，每个读者都可以根据自身的阅历和感悟进行个性化的理解和解读。这种主观的阅读和创造性的模拟不仅可以提升学生的情感体验，还可以培养他们的批判性思维和独立思考能力。同时，它也促进了读者与作品之间的互动和对话，使阅读过程更加丰富和有意义。

2.旨在提高自身的读写能力

鉴赏文学作品的过程确实可以有效地提高学生的写作能力。以下是一些方法和策略，可以帮助学生培养自身的读写能力。

①提供多样的文学作品：引导学生接触不同类型、不同风格的文学作品，包括小说、诗歌、戏剧等，以拓宽他们的视野和阅读广度。

②深入分析文学作品：引导学生从主题、情节、人物形象、语言运用等多个角度分析文学作品，帮助他们理解作品的结构和特点，并学会提炼出其中的精华。

③模仿与创新：鼓励学生模仿优秀的文学作品，尝试运用类似的语言风格、情节结构等元素，从中学习写作技巧和表达方式。同时，鼓励他们发挥创造力，将个人的观点和经历融入自己的作品，以展现独特的创作风格。

④阅读与写作的互动：鼓励学生在阅读文学作品的同时进行写作，可以是对作品的感想、评论，也可以是创作类似主题或情节的故事或诗歌。通过阅读和写作的互动，帮助学生更好地理解和应用文学的表达方式。

（二）通过有效方法引导学生的自觉鉴赏

1. 影视与文学鉴赏间的双向交流

影视作品可以通过声音和视觉的交错，更直观地呈现故事情节和人物形象，给人带来愉悦和兴奋的体验。通过观看电影或电视剧，学生可以对文学作品的基本故事有一个初步的了解，并且产生对原著的兴趣和好奇心。

这种影视与文学的互动可以帮助学生更好地理解原著作品，并产生对比和思考。学生可以通过观察电影和原著之间的差异，探讨不同媒介所呈现的方式和效果，进一步加深对作品的理解和鉴赏。这种对比思考的过程可以激发学生的创造力和批判性思维，促使他们更深入地探究作品的内涵和意义。

然而，需要注意的是，影视作品只是原著的一种再创作形式，可能会有删减、改编或重新解读的情况，因此在进行比较和鉴赏时，学生也应该意识到原著与影视作品之间的差异，并思考其中的原因和影响。同时，鼓励学生阅读原著，深入挖掘其中更丰富的细节和思想，以获得更全面的文学鉴赏体验。

总的来说，通过影视文学的方式，可以帮助学生在更生动、多元的视听体验中鉴赏文学作品，激发他们的兴趣和创造力，并进一步引导他们去深入了解原著作品。

2. 以生活引导文学鉴赏

文学作品的多样性和开放性为不同的读者提供了丰富的阅读空间，使得每个人都可以根据自身的经历、价值观和认知来解读作品。

从不同的生活环境和文化背景出发，读者对于文学作品的理解和鉴赏会有所不同。这种多样性反映了人们对于作品的不同感受和观点，丰富了文学的意义和内涵。每个人都可以通过自身的视角和思考，为作品赋予新的解读和理解，同时也可以从作品中获得对不同生活和文化的认知和体验。

这种多样性的文学鉴赏不仅丰富了个人的阅读体验，还促进了文学的发展和传承。不同的读者通过分享自己的解读和观点，可以激发更深入的讨论和思考，推动文学的多元发展。因此，鼓励个体化的文学鉴赏，尊重每个人的观点和解读，是促进文学繁荣和交流的重要方式。

总而言之，文学鉴赏的多样性源于个人的生活经历和视角，不同的人对于作品的解读会因此产生差异。这种多样性丰富了文学的内涵和意义，也为个体带来了丰富的阅读体验和认知启示。我们应当欢迎并尊重不同的解读和观点，从而推动文学的多元发展和交流。

3. 人际间交流对于文学鉴赏的重要性

文学确实源自生活，而生活则通过交流得以传递和共享。文学作品是作者对社会生活的观察和把握的反映，它们呈现了人类的情感、思想、价值观和生活体验。

在文学鉴赏中，交流起着重要的作用。通过与他人的交流，我们可以了解不同的观点和解读，从而丰富自己对作品的理解和思考。不同的人拥有不同的人生经历和观念，他们的交流可以促进对文学作品更深入、更全面的认识。

通过交流，我们可以接触到来自不同背景和视角的人们的观点和见解，这有助于打破我们对作品的固有认知和局限性。交流可以激发思维的散发，引导我们思考和探索更多的可能性和角度。通过与他人分享和讨论，我们可以拓宽自己的视野，丰富自己的文学鉴赏能力。

在教育中，促进学生之间和学生与老师之间的交流是非常重要的。学生之间的交流可以相互启发，激发彼此的思维，帮助彼此更好地理解和鉴赏文学作品。同时，学生和老师之间的交流也可以提供指导和反馈，帮助学生发展和提升他们的文学鉴赏能力。

因此，人际间的交流对于文学鉴赏来说是至关重要的。通过交流，我们可以借鉴他人的观点，拓宽自己的认知，并加深对文学作品的理解。这样的交流不仅丰富了我们的文学体验，也为我们提供了更多的选择和思考的可能性。

（三）引导文学鉴赏灵性变化

1. 知晓文学的自由性

文学作为一种艺术形式，具有无限的创作自由度和解读多样性。每位作者都可以根据自己的创作意图和表达方式来构建作品的框架，并以自己独特的语言风格来赋予作品生命和灵魂。

同样地，文学鉴赏也是一个开放而自由的过程。每个人对文学作品的理解和感受都是主观的，并且可以因个人的经历、价值观和观念而有所差异。在文学鉴赏中，没有固定的答案或标准答案，每个人都可以有自己独特的见解和解读。

正因为文学的自由性，我们应该鼓励学生在文学鉴赏中保持开放的心态，尊重他人的观点，并培养他们独立思考和表达的能力。我们应该告诉学生，他们的见解和感受都是宝贵的，而且并不存在绝对的对与错。通过了解文学的自由性，学生可以更加自由地发挥自己的创造力和灵性，在文学创作和鉴赏中寻找到属于自己的独特之处。

因此，在教学中，我们应该鼓励学生自由地思考、表达和创作，给予他们足够的空间和尊重，让他们意识到文学的自由性，并发展他们自己的文学才能。这样，学生可以在文学的海洋中尽情探索，从中获得无限的启发和创造力。

2. 文学鉴赏随性中的统一化

在文学鉴赏中，我们需要保持开放和自由的态度，以便多方面地解读和理解文学作品。每个人都可以根据自己的观点、经验和感受，从不同的角度去解读文学作品的意义和内涵。这种自由的方法和随性的视角能够促进多样性和创新性的思考，并丰富文学鉴赏的体验。

同时，作为文学鉴赏者，我们也需要在保持自由性的同时，保持一定的范畴和准确性。这意味着我们要对文学作品进行全面的理解和分析，不偏离作品的主题和意图，避免误解或曲解作品的本意。在鉴赏过程中，我们可以发散思维，但也需要有一个整体的框架和统一的视角，以确保我们对作品的解读是准确和有意义的。

因此，文学鉴赏的自由性并不意味着随意或胡闹，而是在保持开放和多样性的同时，具备一定的方法和准确性。我们希望学生在鉴赏文学作品时能够运用灵活的思维和多维度的观察，同时具备对作品整体的把握和理解能力。通过提高学生的鉴赏能力和眼界，他们可以更好地欣赏、理解和创作文学作品，从而丰富自身的审美视野和创造力。

第七章 汉语言文学与大学生人文素质教育

第一节 人文素质教育的研究发展

一、人文素质教育的思考

（一）人文素质教育的主要内涵

"素质教育"强调的是综合素质的提高，而"人文素质教育"则将人的内在气质、修养和人文方面的知识等作为重要内容。通过培养人文素质，我们能够加强人与自我的关系、人与他人的关系、人与社会的关系以及人与自然的关系，从而实现个体的全面发展和社会的和谐统一。

人文素质教育的目标是培养崇高的人文思想和人文精神，这需要人们在修养和意识形态上有所提高。通过人文教育，我们可以培养人们对自我价值的重视和人生理想的树立，让他们懂得乐于助人的处事原则，追求良好的人际关系，意识到实现社会价值的重要性并具备奉献精神，以及尊重和保护自然界的意识。

在教育实践中，人文素质教育可以通过多种方式进行，包括提供丰富的人文知识，引导学生思考人文价值观和伦理道德问题，培养审美能力和创造力，开展社会实践和志愿服务活动，以及鼓励学生参与文化艺术等活动。通过这些教育方式，我们能够培养学生的人文素质，使他们更加全面发展，并为社会的繁荣与进步做出积极的贡献。

1. 人文与大学生人文素质

大学生人文素质是指大学生在人文领域的知识、能力和修养等方面的素质。人文素质在大学教育中具有重要的地位，它涵盖了广泛的领域，包括人文学科的知识、人文思维的培养、人文价值观的塑造等。

首先，大学生人文素质的培养需要注重人文学科的学习。大学生应该学习并掌握文学、历史、哲学、艺术等人文学科的基本理论和知识，了解人类文明的发展历程，熟悉人文学科的研究方法和思维方式。这样可以帮助他们更好地理解和分析人类文化的内涵，培养人文素养和深入思考的能力。

其次，大学生人文素质的培养需要注重人文思维的培养。人文思维是一种以人为中心、关注人类生活和人类价值的思维方式，它强调对人的尊重、关怀和理解。大学生应该培养批判性思维、综合性思维、创造性思维等人文思维能力，通过学习和实践，培养他们分析、解决问题的能力和创新的能力。

此外，大学生人文素质的培养还需要注重人文价值观的塑造。人文价值观是指对人类价值、人与自然关系、人际关系等方面的认知和态度。大学生应该培养正确的人生观、价值观和道德观，培养关爱他人、尊重他人、正直诚实、责任感等良好的品质和道德品格。

在大学教育中，可以通过开设人文课程、组织人文讲座和研讨会、参与社会实践和志愿服务活动等方式来培养大学生的人文素质。同时，大学也应该为学生提供广泛的文化艺术活动和交流机会，引导学生主动参与其中，培养审美能力和创造力。

总之，大学生人文素质的培养是一个全面的过程，需要通过学科知识的学习、思维方式的培养和价值观的塑造来实现。

2. 人文与科学的区别及联系

人文和科学是两个不同的领域，但它们之间存在着一定的联系和互动。

（1）区别

①定义：人文是研究人类思想、文化、艺术等方面的学科领域，关注人的精神层面和人类文明的发展。科学是研究自然界及其规律的学科领域，关注客观事物的规律性和科学方法的运用。

②研究对象：人文关注人类的思想、行为、价值观、艺术作品等，而科学关注自然界的现象、物质、力学规律等。

③方法论：人文研究强调人的主体性、主观理解和人文解释，注重人的主观经验和文化背景的影响；科学研究强调客观观察、实证验证和科学推理，注重客观实证和可重复性。

④目的：人文研究追求对人类精神世界的理解和人类文明的传承；科学研究追求对自然界的认识和科技进步。

（2）联系

①相互影响：人文和科学相互渗透，相互影响。科学的进步为人文领域带来了新的思考和表达方式，而人文领域的思想、文化和价值观也影响了科学的发展方向和应用。

②交叉研究：在某些领域，人文和科学有着交叉研究的内容，如科学史、科学哲学、科学与社会等领域，探讨科学与人文之间的关系和相互作用。

③人文视角的科学研究：在科学研究中，人文视角也具有一定的价值。例如，科学伦理的研究、科学与社会的关系分析等，需要人文思考的角度和方法。

总的来说，人文和科学是两个相对独立的领域，各自有着不同的研究对象、方法和目的。然而，二者之间也存在联系和互动，共同促进了人类的综合发展和文明的进步。

3. 人文与马克思主义的关系

人文与马克思主义有着密切的关系，马克思主义对人文领域产生了深远的影响。

①人文的核心：人文关注人类的思想、文化、价值观等方面，强调人的主体性、人的精神层面和人类文明的发展。人文研究以人为中心，追求对人类精神世界的理解和人类文明的传承。

②马克思主义的人文观：马克思主义是一种关于社会历史发展规律和社会变革的理论体系。马克思主义强调人的历史地位和人的解放，认为人类的社会存在决定其意识，人的思想、文化和价值观是社会经济基础的反映。

③人文领域的马克思主义研究：马克思主义对于人文领域的研究产生了深远的影响。例如，马克思主义对文学、艺术、哲学、人类学等领域的理论和方法提出了独特的观点和分析框架，对于揭示人类思想、文化和社会历史具有重要意义。

④人文与社会变革：马克思主义强调社会的变革和进步，认为人类的解放需要通过社会的变革来实现。在人文领域，马克思主义思想提出了对社会现象和社会问题的批判性分析，通过揭示社会矛盾和社会变革的动力，促进了人文领域的思想解放和社会进步。

总的来说，人文与马克思主义有着紧密的关系。马克思主义对于人文领域提供了重要的理论和方法，推动了人文研究的发展，同时人文领域也为马克思主义的实践和发展提供了理论支撑和思想资源。二者相互渗透、相互促进，共同为人类社会的发展做出贡献。

（二）加强大学生人文素质教育的必然性

1. 加强人文素质教育是高职和高等教育界必须正视的课题

在当今社会，随着科技的迅猛发展和经济的快速变革，人们对于专业技能和实用知识的需求日益增加。然而，单纯的专业技能并不能满足人们全面发展的需要，也无法完全应对复杂多变的社会挑战。

人文素质教育强调人的全面发展和综合素质的提升，涵盖了人的思想、文化、伦理道德、社会责任等方面。通过人文素质教育，学生可以培养良好的人际交往能力、批判性思维、创新思维和终身学习的能力。这些素质对于学生的个人发展、职业发展和社会参与都具有重要意义。

在高职和高等教育中，加强人文素质教育可以从以下几个方面着手。

①课程设置：设计包含人文内容的课程，如人文社会科学、人文艺术欣赏、人文历史等，培养学生对人文领域的基本知识和理解。

②教学方法：采用启发式教学、案例分析、小组讨论等教学方法，培养学生的批判性思维、分析能力和解决问题的能力。

③实践活动：组织学生参与社会实践、文化活动、志愿服务等，让学生亲身体验人文领域的实际问题和社会需求。

④师资队伍建设：加强人文领域师资队伍的培养和建设，提高教师的人文素养和教育能力，为学生提供优质的人文教育。

⑤校园文化建设：营造浓厚的人文氛围，组织文化活动、艺术展览、学术讲座等，培养学生对艺术、文化的鉴赏能力和审美情趣。

通过以上措施，高职和高等教育可以为学生提供全面发展的机会，提高他们的人文素质，培养他们成为具有综合素养和社会责任感的专业人才。

2. 加强人文素质教育是帮助大学生树立正确的世界观、人生观和价值观的需要

加强人文素质教育对于帮助大学生树立正确的世界观、人生观和价值观具有重要的作用。在现代社会，大学生面临着各种挑战和诱惑，他们需要有正确的思维方式和价值观来应对复杂的社会现实。

通过人文素质教育，可以向大学生传授人类智慧和文化传统，引导他们对人类社会、人类生活和人类价值进行深入思考和反思。这有助于他们树立正确的世界观，认识到自己在整个社会和人类历史中的地位和责任。

人文素质教育还可以培养大学生的人文关怀和社会责任感。通过接触和了解不同的文化、历史、哲学等领域，他们可以做到对他人的尊重、关爱和理解，树立正确的人际关系观和社会道德观。

此外，人文素质教育还可以培养大学生的批判性思维和创新能力。通过学习文学、艺术、哲学等人文学科，他们可以养成批判性思维，学会思辨和分析，从而更好地理解和评价世界。同时，通过接触不同的文化和思想，他们还能激发自己的创造力和创新能力，为社会的发展和进步做出贡献。

在加强人文素质教育的过程中，大学可以通过开设相关课程、组织文化活动、鼓励学生参与社会实践等方式，提供多样化的学习机会和体验，使学生能够全面发展，并在实践中逐步形成正确的世界观、人生观和价值观。

综上所述，加强人文素质教育对于大学生树立正确的世界观、人生观和价值观具有重要的需求，能够帮助他们更好地理解世界、塑造自身，并在社会中发挥积极的作用。

3. 加强人文素质教育是培养大学生创新意识和创新能力的需要

加强人文素质教育对于培养大学生的创新意识和创新能力具有重要的作用。创新是推动社会进步和个人发展的关键要素，而人文素质教育可以为大学生提供思想启迪和创新思维的培养，从而激发和培养他们的创新潜能。

人文素质教育注重培养学生的综合素质和创造力，通过学习人文学科，了解不同的文化、历史和思想，学生可以从中获取广泛的知识和启示，拓宽思维的边界，并以此为基础进行独立思考和创新实践。

人文素质教育还注重培养学生的批判性思维和审美能力，通过学习文学、艺术等领域的知识和技能，学生能够培养对于美的感知和欣赏能力，同时也可以培养他们的创新思维，激发对于问题的挖掘、解决和创新的热情。

此外，人文素质教育强调培养学生的人际交往能力和团队合作精神，这对于创新能力的培养至关重要。通过参与文化活动、团队项目等实践机会，学生可以学会与他人合作、交流和协作，培养创新思维和解决问题的能力。

在加强人文素质教育的过程中，学校可以通过提供多样化的学习机会和实践平台，如开设创新创业课程、组织创意竞赛、提供实践项目等方式，激发学生的创新意识和创新能力。同时，学校也应注重培养学生的综合素质，包括文化修养、道德品质、思想品格等方面，以全面提升学生的创新能力。

综上所述，加强人文素质教育对于培养大学生的创新意识和创新能力具有重要的作用，可以通过启发思维、培养批判性思维、培养审美能力、培养人际交往能力等方式，为学生的创新能力的发展提供支持和促进。

4. 提供人文素质教育是适应学科发展的需要

提供人文素质教育是适应学科发展的需要之一。在当今社会，科学技术的快速发展和知识的日新月异，使得专业知识和技能的更新换代变得更为迅速。在这样的背景下，单纯的专业知识和技能已经不再足够，学生还需要具备广泛的人文素质来适应学科的发展和应对未来的挑战。

首先，学科的发展已经呈现出了多学科交叉和综合化的趋势。许多领域的研究需要融合不同学科的知识和方法，需要具备跨学科思维和综合分析能力。人文素质教育可以为学生提供广泛的学科背景和综合的知识结构，培养他们的综合思维能力，使他们能够在跨学科的研究和实践中更好地发挥作用。

其次，学科的发展已经越来越注重人的价值和影响力。无论是科学研究还是技术创新，都需要考虑人类的需求、社会的可持续发展和伦理道德的考量。人文素质教育可以培养学生的人文关怀、社会责任和伦理意识，使他们在学科发展中能够更好地考虑人类的利益和社会的全面发展。

此外，学科的发展也越来越强调与社会的互动和应用价值。学生需要具备与不同社会群体交流和合作的能力，需要将专业知识应用于解决实际问题和推动社会进步。人文素质教育可以培养学生的沟通能力、团队合作能力和创新精神，使他们能够更好地与社会互动，将所学知识转化为实践成果。

综上所述，提供人文素质教育是适应学科发展的需要。它可以帮助学生适应学科发展的多学科交叉和综合化趋势，考虑人的价值和影响力，以及与社会的互动和应用价值。

（三）加强大学生人文素质教育的有效措施

1. 明确人文素质教育在高职教育中的重要地位

在高职教育中，人文素质教育具有重要的地位和作用。以下是人文素质教育在高职教育中的几个重要方面。

①人文素质教育培养学生的人文关怀和社会责任感：高职教育不仅仅是为学生提供专业技能培训，还应该培养学生对人类社会的关怀和责任感。人文素质教育可以引导学生关注社会问题、尊重他人、具备公民意识和社会责任感，培养学生的人文关怀，使他们成为有社会责任感的职业人才。

②人文素质教育提升学生的综合素质：高职教育的目标是培养全面发展的职业人才，人文素质教育能够提供广泛的学科知识和文化素养，培养学生的综合素质。这包括学生的语言表达能力、人际交往能力、跨学科思维能力、创新能力等，使他们能够适应快速

变化的社会和职业环境。

③人文素质教育促进学生的个人发展和自我认知：人文素质教育关注学生的个体发展，帮助学生认识自己、理解自己的价值观和人生目标。通过学习人文学科的知识和思想，学生可以深入思考自身的生活意义、人生价值和社会角色，形成积极的人生态度和自我认知，提升自我意识和自我管理能力。

④人文素质教育培养学生的创新思维和解决问题的能力：人文素质教育强调培养学生的批判思维、创新思维和解决问题的能力。通过学习文学、历史、哲学等人文学科，学生可以培养跨学科的思维能力，激发创新意识，培养解决实际问题的能力，并在职业实践中灵活运用所学的知识和技能。

2. 改革课程设置

①优化课程设置：根据学生的需求和实际情况，调整和完善课程设置，合理安排人文社科类课程的开设，可以将其设置为必修课或选修课。这样可以提供更多选择，满足学生不同的兴趣和需求，并使人文素质教育更加全面。

②强化教学内容的针对性：为人文社科类课程制定科学合理的教学内容，根据学生的专业特点和发展需求，精心设计教学大纲和教学材料，使课程内容更加贴合学生的实际，激发学生的学习兴趣。

③加强师资队伍建设：培养具有人文素质教育理念和教学能力的教师，提高他们的教学水平和专业素养。为教师提供培训和发展机会，引导他们在课堂上注重人文关怀、思辨能力培养和学生的个性发展。

④加强"两课"教育的力度：对于高职重要必修课的马克思主义理论课和思想品德课，教师要深入理解其在人文素质教育中的基础作用，并注重培养学生的思想道德修养。通过讲授马克思主义理论、传递人文价值观念和进行道德实践引导，引导学生树立正确的世界观、人生观和价值观。

⑤创建积极的学习氛围和环境：高职学校应该创造积极向上的学习氛围和环境，鼓励学生主动参与人文素质教育活动，开展文化艺术活动、社会实践和志愿服务等，培养学生的创新意识和社会责任感。

总之，加强人文素质教育需要全面推进课程改革，加强师资队伍建设，注重思想品德课和马克思主义理论课的作用，同时创造积极的学习氛围和环境。

3. 加强高职师资队伍建设，充分发挥教师的先锋作用，从而营造出和谐的师生关系

强化教师的人文素养对于实施人文素质教育至关重要。以下是一些可行的措施和建议。

①提供专门的教师培训和发展机会：高职院校可以组织专门的培训和研讨会，邀请专家学者和有丰富人文素养的教师进行授课和经验分享。这些培训可以涵盖人文学科知识、人文教育理念、教学方法和案例分析等方面，帮助教师提升人文素养和教学水平。

②融人文因素于教学中：教师可以通过将人文学科的知识融入各门功课，为学生提供人文视角和思考。例如，在专业课程中引入相关的文化、伦理、哲学等内容，与专业知识相互融合，使学生在学习专业知识的同时，也能够理解其社会和人文背景。

③鼓励教师在教学实践中以身作则：教师在教学过程中应以正确的价值观念和崇高的人文修养去影响和感染学生。教师应当成为学生的榜样，展示出高尚的人品、坚实的人文素质，并通过自身的行为和言辞来引导学生树立正确的世界观、人生观和价值观。

④建立科学的评价体系：高职院校可以建立科学的教师绩效评价体系，将人文素养纳入评价指标之一。通过评价体系的引导，激励教师不断提高自身的人文素养，并将其应用于教学实践中。

⑤加强教师间的交流与合作：高职院校可以组织教师间的交流与合作，鼓励教师相互学习、共同研究人文教育的方法和实践经验。通过教师间的交流与合作，可以促进教师们对人文素质教育的共同理解和认识，提升整体的教育水平。

4. 优化校园人文环境，建设文化校园，充分发挥校园文化的功能

优化校园人文环境，建设文化校园，能够有效发挥校园文化的功能，促进学生的人文素质教育和全面发展。以下是一些建议。

①提供丰富多样的文化活动：学校可以组织各种形式的文化活动，如讲座、演讲比赛、文艺表演、艺术展览等。这些活动可以涵盖文学、音乐、舞蹈、戏剧、绘画等不同艺术形式，丰富学生的文化体验，激发学生对文化的兴趣和热爱。

②建立文化交流平台：学校可以设立文化交流平台，为学生提供展示自己才艺和创作的机会，如学生社团、文化团队、艺术工作室等。这些平台可以促进学生之间的交流与合作，培养学生的创新意识和团队合作精神。

③丰富图书馆资源：图书馆是学校重要的文化资源中心，学校可以注重图书馆的建设，增加图书馆的藏书数量和种类，并提供舒适的阅览环境。同时，鼓励学生积极利用图书馆资源，培养阅读兴趣和良好的阅读习惯。

④建立文化传承机构：学校可以设立文化传承机构，专门负责学校传统文化的保护、传承和发展。这些机构可以组织传统文化的展示和活动，如传统节日庆祝、民俗文化展览等，让学生了解和尊重传统文化，并将其融入日常生活中。

⑤开设人文课程：学校可以加强人文课程的开设，包括文学、哲学、艺术、历史等领域的课程。这些课程可以作为选修课或必修课，培养学生的人文素养和综合素质，帮助学生理解人类文明的发展和人文精神的重要性。

⑥建立文化评价体系：学校可以建立科学的文化评价体系，将文化素质纳入学生评价的范畴。通过评价体系的引导，激励学生主动参与文化活动和提升自身的文化素养。

5. 强调人文素质教育中学生的主体作用

在人文素质教育中，学生的主体作用是至关重要的。以下是关于学生主体作用在人文素质教育中的几个方面。

①学生积极参与：学生应积极主动地参与人文素质教育活动，包括课堂讨论、文化艺术活动、社会实践等。他们应当表达自己的观点、分享自己的经验，并与教师和其他学生进行交流和互动，共同探索和构建知识。

②学生自主学习：学生应承担起自主学习的责任，培养自主学习的能力。他们应主动阅读、思考、研究人文领域的知识，并在学习过程中不断提出问题和寻找答案。学生应发展批判性思维和创新意识，挑战传统观念，形成自己的独立见解。

③学生参与课程设计：学生可以参与人文素质教育课程的设计和开发过程。通过学生的反馈和建议，教师可以更好地了解学生的需求和兴趣，根据实际情况进行相应的调整和改进。学生的参与可以增强他们对课程的投入和认同感，提高学习效果。

④学生价值观塑造：人文素质教育旨在培养学生正确的世界观、人生观和价值观。学生应主动思考和反思自己的价值观，并通过人文学科的学习和实践活动，逐渐形成积极向上、有社会责任感和人文关怀的价值观。

⑤学生文化交流和合作：学生应积极参与文化交流和合作活动，与来自不同背景和文化的学生互动和交流。通过交流和合作，学生能够更好地理解和尊重不同文化，增强跨文化交流和合作的能力。

通过以上的主体作用，学生能够在人文素质教育中发挥积极的作用，真正成为人文素质教育的主体和受益者。他们将能够主动参与、自主学习、参与课程设计、塑造价值观，并通过文化交流和合作来拓宽自己的视野、培养自己的能力。

6. 营造家庭的人文教育氛围

营造家庭的人文教育氛围对于培养孩子的人文素质和价值观非常重要。以下是一些建议，帮助家庭营造良好的人文教育氛围。

①培养家庭共读习惯：鼓励全家人共同阅读文学作品、哲学思考、历史故事等具有人文内涵的书籍。可以选择适合不同年龄段的读物，并定期安排家庭阅读时间，互相分享读书心得和观点。

②传承传统文化：引导孩子了解和尊重自己的文化传统，包括家族价值观、宗教信仰、节日庆祝等。可以通过讲述家族历史、举办传统文化活动、参观历史遗迹等方式，培养孩子对传统文化的兴趣和认同。

③培养审美能力：鼓励孩子欣赏音乐、艺术、电影等艺术形式，培养他们的审美情趣和艺术欣赏能力。可以组织家庭音乐会、艺术展览等活动，让孩子接触不同类型的艺术作品，并鼓励他们表达自己的感受和想法。

④倡导公益意识：引导孩子关注社会问题和弱势群体，参与公益活动。可以一起参加志愿者活动、捐助慈善机构、关注环保等，培养孩子的社会责任感和关爱他人的意识。

⑤建立良好的沟通和互动方式：家庭成员之间的互动和沟通是培养人文素质的关键。鼓励家庭成员之间进行深入的对话，尊重每个人的观点和意见，培养孩子的批判性思维和表达能力。

⑥关注情感培养：家庭应注重孩子的情感培养，提供安全、温暖的环境，倾听孩子的内心世界，鼓励他们表达情感，并培养孩子的同理心和情绪管理能力。

二、人文素质教育的重要性

（一）全面理解人文素质教育的丰富内涵

1. 人文素质教育的概念界定

人文素质教育是指通过教育活动，培养学生的人文素质，包括思想道德素质、文化素养、审美素质、创新精神等方面的综合能力。它关注培养学生的人文关怀、人文精神和人文智慧，旨在培养学生全面发展、健康成长，使其具备良好的道德品质、人文素养和社会责任感。

人文素质教育强调培养学生的人文关怀和社会意识，使其具备尊重他人、关心社会、关注公共利益的能力。它注重培养学生的文化素养，使其具备广泛的知识面和批判性思维能力，能够理解和欣赏文学、艺术、历史、哲学等人文领域的精髓。同时，人文素质教育也注重培养学生的创新精神和创造能力，鼓励学生勇于思考、挑战传统观念，培养独立思考和解决问题的能力。

人文素质教育是一种综合性、全面性的教育理念，它强调教育的目标不仅仅是传授知识和技能，更重要的是培养学生的人格、品德和思维方式。它追求学生的全面发展，注重培养学生的人文关怀、人文精神和人文智慧，使学生具备与人相处的素养、关爱他人的能力以及独立思考和创新的能力。通过人文素质教育，学生能够拥有积极的人生态度、积极的社会参与意识，并能够在不同的领域中发挥自己的潜能和创造力。

2. 人文精神与科学精神的关系

人文精神和科学精神都是人类文明发展过程中的重要价值取向和思维方式，它们在一定程度上相互依存、相互促进，共同构成了人类综合素质的重要组成部分。

人文精神强调对人的关怀、尊重和理解，注重人的内在世界和情感体验，关注人类在文化、艺术、哲学、历史等人文领域的精神追求。它强调人的情感、情绪、价值观和道德观念，以及对他人和社会的关注和责任感。人文精神通过思考人类存在的意义、追求人类的幸福和精神富足，培养个体的创造力、审美能力和人格修养。

科学精神强调理性思维、观察实证、实事求是的态度，注重对客观世界的研究和认识。它强调科学方法论、严谨的逻辑思维和实证主义原则，以及对事物的客观分析和理性解释。科学精神通过探索自然界的规律、解决实际问题、推动科技进步，培养个体的创新能力、批判思维和问题解决能力。

人文精神和科学精神在一定程度上相辅相成、相互补充。人文精神强调人的主观体验和情感世界，科学精神强调客观事实和理性思维，二者结合可以使人们更全面、更深入地认识和理解世界。科学精神可以提供理性的思维方法和研究工具，使人文精神更加系统化和深入化；而人文精神可以赋予科学精神以情感、动力和人文关怀，使科学更富有人性化和社会意义。

在教育和社会发展中，人文精神和科学精神的结合是重要的。培养学生综合素质和创新能力时，既要注重人文关怀、价值观培养和文化传承，也要注重科学方法的训练、批判思维的培养和科技创新的推动。同时，人文精神和科学精神的融合也有助于解决现实问题和推动社会进步。

（二）实施人文素质教育的必要性

1. 人文素质是学做人的基础，人文教育是"做人学"

人文素质是一个人全面发展的基础，也是学做人的基础。人文素质强调的是人的综合素养和人的内在修养，包括对人类文化、历史、哲学、艺术等方面的理解和欣赏，对人类价值观、道德观的培养，以及对他人和社会的关怀和责任感。

人文教育则是培养和发展人的人文素质的过程和方法，它注重的是培养学生正确的世界观、人生观和价值观，引导学生树立正确的道德观念和行为准则，以及培养学生的思维能力、创造力和人际交往能力。

人文教育被称为"做人学"，强调的是培养学生健康的人格和积极向上的人生态度，使其能够在面对各种社会、职业和生活挑战时，保持良好的心态和正确的行为选择。通过人文教育，学生可以更好地理解和尊重人类的文化多样性，培养个体的人文情操和社会责任感，以及积极参与社会活动和为社会做出贡献的意识和行动。

人文教育不仅注重学生的学术知识和专业技能的培养，更注重学生的人文关怀、人格修养和价值观培养。它帮助学生建立起正确的世界观和人生观，提高学生的思辨能力和判断力，培养学生的创新精神和社会责任感，使他们成为具有良好素质和道德品质的人才。

因此，人文教育是教育中的重要组成部分，通过注重人文关怀和人格修养，培养学生全面发展的能力和素质，使其在个人发展和社会进步中都能做出积极的贡献。

2. 人文素质教育是创新素质教育的基础

人文素质教育是创新素质教育的基础。创新素质教育强调培养学生的创新思维、创新能力和创新精神，使他们具备解决问题、创造价值和推动社会进步的能力。

而人文素质教育为创新素质教育提供了必要的基础和支持。人文素质教育注重培养学生的人文关怀、人格修养和价值观，使他们具备良好的道德品质、社会责任感和团队合作精神。这些人文素质对于培养学生的创新意识和创新精神具有重要的影响。

在人文素质教育的框架下，学生将接触到广泛的人文知识，了解不同文化、历史和哲学背景下的思想和观念，拓宽自己的视野、改变自己的思维方式。这为学生在创新过程中提供了更多的参考和启发，使他们能够从不同的角度思考问题，寻找创新的思路和解决方案。

此外，人文素质教育还注重培养学生的批判思维和表达能力，使他们能够对问题进行深入的思考和分析，并能清晰、准确地表达自己的观点和想法。这些能力对于创新过程中的问题识别、解决方案的提出和沟通交流都是至关重要的。

因此，人文素质教育为学生的创新素质提供了坚实的基础，使他们能够在创新实践中具备全面的素质和能力。通过人文素质教育的培养，学生不仅能够在专业领域中进行创新，还能在社会和生活中展现出积极的创造力和影响力。

3. 人文素质教育是心理健康的基础

人文素质教育在心理健康方面扮演着重要的角色。人文素质教育强调培养学生的人文关怀、情感认知和心理素质，旨在使他们拥有积极健康的心理状态和心理能力。

首先，人文素质教育注重培养学生的情感认知和情绪管理能力。通过接触和欣赏文学、艺术、音乐等人文领域的作品，学生可以感受到丰富的情感体验，并学会理解和表达自己的情感。这有助于学生更好地认识和管理自己的情绪，增强情绪稳定性和应对压力的能力，从而促进心理健康。

其次，人文素质教育强调培养学生的人际关系和社交能力。通过学习人文知识和参与团队合作活动，学生可以与他人建立积极的人际关系，并学会有效地沟通、合作和解决冲突。良好的人际关系和社交能力可以扩大学生的社会支持网络，提高应对挑战和逆境的能力，有助于维护心理健康。

此外，人文素质教育注重培养学生的人格品质和道德观念。通过引导学生思考人生意义、价值取向和道德规范，人文素质教育可以帮助学生树立正确的人生观和价值观，培养积极向上的人格特质，如正直、宽容、尊重和责任感。这些人格品质有助于学生建立自信心、塑造积极的心态，并对心理健康起到积极的影响。

综上所述，人文素质教育通过情感认知、人际关系、道德观念等方面的培养，为学生的心理健康奠定了坚实的基础。它帮助学生发展积极的情感状态，增强社会支持和适应能力，树立正确的人生观和价值观，从而促进学生心理健康的全面发展。

（三）实施人文素质教育的途径

人文素质教育是一个复杂的系统工程，需要学校、社会和家庭等各个方面的教育形成合力，共同培养学生的人文素质。在学校教育中，可以着重做好以下几方面的工作。

①课程设置与教学方法：学校应该合理设置人文素质教育的课程，如文学、历史、哲学、艺术等，注重培养学生的人文关怀和思维能力。同时，采用多样化的教学方法，如讨论、案例分析、实践活动等，激发学生的学习兴趣和参与度。

②教师队伍建设：学校应注重教师的人文素质和专业能力培养，提供相应的培训和发展机会，使教师具备深厚的人文知识和教育理念。教师要以身作则，成为学生人文素质教育的榜样，通过自己的言行引导学生培养正确的价值观和品德。

③校园文化建设：学校应创建浓厚的人文氛围和文化环境，如举办文学艺术活动、组织社会实践和志愿服务等，鼓励学生参与其中，感受人文关怀和社会责任，培养他们的审美情趣和社会参与意识。

④辅导与心理健康支持：学校应设立专门的辅导机构或心理健康中心，为学生提供

情感支持和心理咨询服务。通过个别辅导、心理健康教育等方式，帮助学生解决心理问题，促进他们的心理健康发展。

⑤社团与社会实践活动：学校可以鼓励学生参与各类社团和社会实践活动，提供丰富多样的机会让学生参与社会实践和志愿服务，培养他们的社会责任感和团队合作能力，拓宽他们的人文视野、丰富他们的社会经验。

通过以上方面的工作，学校可以为学生提供全面的人文素质教育，培养他们的情感认知、人际交往、道德品质和心理健康等方面的素质。

三、我国人文素质教育体系建设构想

（一）积极推进课程体系改革

素质教育是一种教育思想、教育理念，因而要贯彻到教育的各个环节，贯彻到教育培养的各个过程。

1. 加强课程建设

课程结构对学生的素质结构有着重要影响。为了培养大学生优秀的人文素质，必须积极推进课程体系改革，将人文教育融入各个学科。下面是几个重要措施。

①减少必修课、增设人文社会科学课程和选修课：通过减少必修课的比例，为学生提供更多的选择空间，增设人文社会科学课程和选修课，使学生能够接触和学习更广泛的人文知识，拓宽视野。

②设置跨学科的综合课程和学科：要注重文理学科的综合，建立一系列有利于培养学生人文素质的跨学科课程和学科。通过将不同学科的知识相互渗透和交叉，促进学生综合能力的培养。

③开设面向全体学生的短期课程：开设一系列短期的课程，涵盖各个学科的前沿发展动态和学科与社会发展的关系，使学生能够及时了解最新的科技发展动态和研究前沿，开阔视野。

④开设人文素质教育特色课程和艺术课程：为大学生开设适合他们特点的人文素质教育特色课程和艺术课程，鼓励学生自主学习名著和名篇。通过这些课程的开设，既可以培养学生的科学素质，又注重培养学生的人文素质，实现人文教育和科技教育的融合。

通过加强大学生的人文素质教育，我们能够进一步陶冶学生的情操，净化心灵，培养学生的品质，促进他们身心的全面和谐发展，以应对21世纪的发展要求。这需要学校积极推动课程改革，创新教学方法，提供多样化的学习机会，从而培养出更加全面发展的高素质人才。

2. 开设人文素质教育讲座

传统文化的重要特点之一就是重视人文精神和人文教养，这对中华民族的发展和繁荣起到了重要的推动作用。开展人文素质教育讲座可以通过深入探讨人文主题，突出"文、史、哲、艺"的内容，为学生提供一个展示人文精神的平台。

在开设人文素质教育讲座时，确实需要精选主讲专家和学者。这些专家应该在相关领域具有较深的造诣，同时考虑到学生的思维特点，需要选择能够兼顾不同年龄段学生的专家。此外，他们还需要具备良好的表达能力，能够将复杂的理论知识以通俗易懂的方式呈现给学生。

在讲座内容上，需要兼顾理论性和通俗性。一方面，讲座应该具有一定的学术深度和高雅性，能够满足学生对于学科知识的追求；另一方面，也要注意讲座的实用性和针对性，关注学生们关心的热点问题，使讲座内容能够引起学生的兴趣和共鸣。

因此，高等院校可以充分发挥学科门类齐全、师资力量雄厚的优势，有针对性地聘请校内外的知名专家学者和教授为学生举办讲座。通过这些讲座，可以引导和教育学生热爱科学、追求真理，培养学生的情操，端正人生态度，提升人格魅力。这对于培养学生的人文素养和人文底蕴具有积极的影响。

3. 发挥"两课"的主阵地作用

"两课"是全面推进素质教育的重要阵地，是大学生的必修课，在把新一代大学生培养成社会主义事业的建设者和接班人方面起着不可替代的作用。教育部在《关于高校马克思主义理论课和思想品德课教学改革的若干意见》中明确指出："要把马克思主义理论课和思想品德课作为人文社会科学的重点学科加以建设，把'两课'作为学校的重点课程加以建设。"其实，"两课"从其内容和学科性质看本身就属于人文、社科类课程，对学生人文知识和人文能力的培养具有重要作用。人文素质教育的核心目标是培养学生的人文精神，如热爱祖国、奉献社会、不屈不挠的精神品质，这与"两课"的主要教学目标——培养爱国主义、集体主义、社会主义精神，树立正确的世界观、人生观、价值观内涵一致。因此，我们要充分发挥"两课"在人文素质教育中的主阵地作用：一方面在"两课"教学中增加有关人文教育的内容，使师生认识到人文素质教育是当代社会、政治、经济、文化发展对教育提出的必然要求，是加强思想道德建设的有效措施；另一方面要发挥"两课"的主阵地作用，渗透人文教育，把人文精神渗透到教育和教学的各个环节中去。通过"两课"教学，让跨世纪的青年学生从科学的理论中树立远大的政治理想，增强建设具有中国特色社会主义的信心和责任感，树立正确的世界观、人生观和价值观，使他们健康成长，承担起建设具有中国特色社会主义的宏伟大业的重任。

（二）提高教师队伍的整体素质

实施人文素质教育，教师是关键。教师是大学生人文素质教育的直接组织者和实践者，与学生接触最多，对学生影响最大，师资队伍的素质水平直接关系到教学效果和教学质量。

1. 加强教师队伍的师德建设

加强教师队伍的师德建设是确保教育质量和培养德才兼备学生的重要举措。以下是一些加强师德建设的关键方面。

①倡导崇高的职业道德：教师应秉持教育事业的崇高性和伟大性，将学生的发展和

成长放在首位，尊重学生的个体差异，坚持公正、公平、公开的原则。

②培养专业的教育素养：教师应不断提升自身的学科知识和教学能力，注重教学方法和教学手段的创新，积极参与教育研究和教学改革，保持学习的状态。

③做好榜样示范：教师应以身作则，言传身教，做学生道德品质的榜样。注重自身的修养和人格塑造，具备良好的品行和行为规范，以及积极向上的精神风貌。

④强化职业责任感：教师应深刻认识到自身的使命和责任，关心学生的综合发展，关注学生的身心健康，关注弱势群体和特殊教育需求的学生，积极参与学校和社区的教育活动。

⑤加强教师之间的交流与合作：建立良好的师德交流平台，组织教师间交流经验、分享教学心得，共同提高教育教学水平，形成良好的教师合作氛围。

⑥加强师德评价和监督机制：建立科学的师德评价体系，对教师的师德表现进行认真评估和监督，及时发现问题并进行指导和帮助，对师德不端行为依法处理。

通过加强教师队伍的师德建设，可以提高教师的职业道德素养，增强教师的责任感和使命感，进一步提升教育教学质量，为学生提供更好的教育服务。同时，这也有助于塑造良好的教育环境和教育文化，促进整个教育体系的健康发展。

2. 提高教师队伍的科研和教学能力

①提供专业发展机会：为教师提供持续的专业发展机会，包括参加学术研讨会、培训课程、研修项目等。这样可以增强教师的学科知识和研究方法，提升他们的科研能力和学术水平。

②鼓励教师参与科研项目：学校可以设立科研项目资助计划，鼓励教师积极申请和参与科研项目。这将促使教师深入研究学科领域，提高科研能力，并将研究成果应用到教学实践中。

③建立合作研究团队：学校可以组建跨学科的研究团队，让教师之间进行合作研究。通过合作研究，教师可以互相学习和交流经验，共同解决问题，提高科研水平。

④支持教师进行教学研究：除了科研，教师还应进行教学研究，提升教学能力。学校可以为教师提供教学研究的支持，鼓励他们探索创新的教学方法和策略，促进教学效果的提升。

⑤提供教学辅导和反馈：学校可以为教师提供教学辅导和反馈机制，定期进行教学观摩、教学评估和教学反思。这样可以帮助教师发现问题、改进教学，并不断提高教学能力。

⑥引入先进的教育技术和资源：学校可以引入先进的教育技术和资源，如在线教育平台、教学软件等，提供给教师使用。这将帮助教师更好地开展教学活动，提高教学效果。

通过以上措施，可以激励和支持教师积极参与科研和教学研究，提高他们的科研和教学能力。这将有助于提升学校整体的教育质量，培养出更具创新能力和教学水平的优秀教师，为学生提供更优质的教育。

3. 培养教师文理兼通的创新素质

①综合素质培养：为教师提供广泛的学科知识和综合素质培养机会，包括参加跨学科的研讨会、培训课程和学术交流活动等。通过跨学科的学习和交流，教师能够拓宽视野，提高综合素质，增强对不同学科的理解和应用能力。

②跨学科研究与合作：鼓励教师进行跨学科的研究和合作，促进不同学科之间的交流与融合。通过跨学科的研究，教师可以发现新的问题和解决方案，提升创新能力。

③创新教学方法：引导教师运用创新的教学方法和策略，将不同学科的知识融入教学。教师可以设计跨学科的课程内容和活动，培养学生的综合素质和创新思维能力。

④科研与实践结合：鼓励教师将科研成果应用于实践教学中，通过实践教学来验证和完善研究成果。同时，实践教学也能够激发教师的创新潜能，促进理论与实践的结合。

⑤终身学习与专业发展：提供持续的终身学习和专业发展机会，让教师不断更新知识，学习新的学科和领域。这有助于教师开阔眼界，增强文理兼通的能力，从而提高创新素质。

⑥建立学术交流平台：学校可以建立学术交流平台，鼓励教师分享和交流各自的学术成果和经验。通过学术交流，教师可以借鉴其他学科的思维方式和方法，促进文理兼通的能力发展。

通过上述措施，可以培养教师文理兼通的创新素质，使其能够更好地跨越学科边界，开展创新研究和教学工作，提高教育质量和创新能力。

（三）人文素质教育课程体系的构建原则

①全面性原则：课程体系应该全面覆盖人文素质教育的各个方面，包括人文知识、人文精神、人文价值观等。课程内容要涵盖人文社会科学、文学艺术、哲学思考等领域，使学生能够全面了解和体验人文素质的内涵。

②渗透性原则：人文素质教育的内容应该贯穿于各个学科和课程之中，而不仅仅是独立的一门课程。在各学科的教学中，应当融入人文素质教育的要素，通过案例分析、讨论、文献阅读等方式培养学生的人文素养。

③引导性原则：人文素质教育课程应该以引导学生的思考和体验为目标，通过启发式的教学方法激发学生的兴趣和探索精神。教师在教学中要起到引导者和启发者的作用，让学生主动参与和体验人文素质的学习过程。

④个性化原则：考虑到学生的个体差异和兴趣特点，人文素质教育课程应该提供多样化的选择和灵活的学习方式。学生可以根据自己的兴趣和需求选择适合自己的人文素质教育课程，从而更好地发展自身的人文素养。

⑤实践性原则：人文素质教育课程应该注重实践环节的设置，通过实地考察、社会实践、文化活动等形式，让学生亲身体验和参与人文素质教育的实践。实践活动可以加深学生对人文素质的理解，培养他们的社会责任感和实际应用能力。

⑥教师专业性原则：教师在开展人文素质教育课程时应具备相应的专业知识和教学

能力。教师要不断提升自身的人文素质，具备对人文知识的深入理解和解读能力，同时还应具备启发学生思考的教学技巧和方法。

（四）人文素质教育的效果评价

人文素质教育的评价工作应该包括以下几个方面。

①新生素质调研：通过开展对新生的素质调研工作，了解其思想道德修养、知识水平、心理与身体健康状况以及与专业相关的能力信息。这样可以建立学生的个人基本素质档案，为后续的教育指导和培养提供科学依据。

②课程管理制度建设：将人文素质教育纳入教学管理和学生工作管理系统中，加强对文化素质教育通识课任课教师、教育过程、教育内容、教育质量以及成绩评定和登记等方面的监督和指导。制定相关评估标准，确保教育实效。

③学分制管理办法：合理规划学分结构，将人文素质类课程纳入必修、限选和任选学分中，并完善学生人文素质评估内容。将学生在课外文化活动、艺术竞赛、社会实践等方面的成绩和表现纳入人文素质的评价依据，并计入相应学分。

④毕业生素质测评：通过学生自评、班级评价和院系评价相结合的方式，对毕业生的思想道德素质、科学文化素质、身体心理素质和职业素质进行综合评价，形成评价意见。这是对人文素质教育效果的总评，也为建立长效机制提供参考。

这些评价工作可以帮助学校全面了解学生的人文素质发展情况，并为教育管理提供参考依据。同时，评价的结果还可以为学生提供个性化的指导和培养方案，促进学生的全面发展和成长。评价工作需要综合运用定性和定量方法，注重个性评价和动态评价，使评价过程更加科学、客观和有效。

第二节 汉语言文学专业人才培养研究

一、汉语言文学专业的发展问题

汉语言文学专业是专门研究中国语言中的词语和句法，赏析古今的诗歌、散文、小说以及众多优秀的文学作品的学科。通过对汉语言文学的学习，我们可以掌握较强的写作能力和文学语言功底，拥有较为宽广的知识面和人文修养。学好汉语言文学专业的人，当面对一部文学作品时可以运用专业知识直接对文学作品进行评价，对于编辑出版等相关工作也会应对自如。汉语言文学专业是承载着我国人文知识和人文精神的载体，但是汉语言文学专业作为传统的人文学科，我们很难对其进行较为职业的定位。

（一）我国汉语言文学专业要走的发展道路

1.调整汉语言课程结构

调整汉语言课程结构可以有助于提高教学效果和满足学生需求。以下是一些建议。

①突出语言技能培养：除了语言知识的学习，应注重培养学生的语言运用能力。增

加口语训练、写作训练、听力训练等实践性课程，帮助学生提高语言表达和交流能力。

②引入跨文化交际课程：引入跨文化交际课程，帮助学生理解不同文化间的差异和相互影响，提高跨文化交际的能力。学生可以学习不同地区和国家的文化、习俗和社会背景，增进文化敏感性和跨文化沟通能力。

③拓展文学课程：丰富文学课程的内容和形式，不仅关注传统文学作品，还应包括当代文学和世界文学的研究。引入文学理论和批评方法的教学，帮助学生深入理解文学作品的内涵和艺术特点。

④整合新媒体和科技元素：将新媒体和科技元素融入汉语言课程，培养学生在数字时代的信息获取和处理能力。可以利用多媒体教学、在线学习平台和语言学习应用程序等工具，提供多样化的学习资源和互动学习体验。

⑤注重实践环节：增加实践环节，如社会实践、文化考察、实地考察等，让学生亲身体验语言和文化的应用和实际运用。通过实践活动，提升学生的实践能力和综合素质。

⑥强化评估与反馈：建立科学的评估体系，对学生的语言能力和文化素养进行全面评价。采用多种评估方式，如考试、项目报告、口头演讲等，为学生提供及时的反馈和指导，提高他们的学习动力，促进进步。

通过以上调整，汉语言课程结构可以更好地适应学生需求和社会发展的要求，培养出具有扎实的语言基础、跨文化交际能力和文学鉴赏能力的专业人才。

2. 改变传统课堂教学方法

改变传统课堂教学方法可以提高教学效果和学生参与度。以下是一些建议。

①激发学生兴趣：采用启发式教学方法，引导学生主动思考和提问。通过引入案例分析、问题解决和讨论等活动，激发学生的学习兴趣，培养他们的批判性思维和创新能力。

②推行互动式教学：鼓励学生积极参与课堂讨论和小组合作学习。采用小组讨论、角色扮演、案例分析等活动，促进学生之间的互动交流，增强学习效果。

③运用多媒体和技术工具：利用多媒体教学资源、教学软件和在线学习平台等技术工具，丰富课堂教学内容，提供多样化的学习资源和互动学习体验。通过视频、音频、图片等多媒体元素，使课堂更生动有趣。

④引入实践教学环节：将理论知识与实践结合，引入实践教学环节。组织学生参观考察、实地调研、实验操作等活动，让学生亲身体验和应用所学知识，加深对知识的理解和记忆。

⑤个性化和差异化教学：了解学生的不同学习需求和兴趣，根据学生的个体差异，采用差异化教学策略。通过分层教学、个别辅导等方式，满足学生的不同学习水平和学习方式。

⑥提供及时反馈：及时给予学生反馈，帮助他们了解自己的学习进展和改进方向。教师可以通过批改作业、评估项目、个别面谈等方式，向学生提供具体的建议和指导，促进他们的学习提高。

通过改变传统的课堂教学方法，教师能够更好地激发学生的学习兴趣和动力，培养他们的自主学习能力和创新思维，提高教学效果和学生的综合素质。同时，教师也需要不断学习和探索，更新教学理念和方法，不断提升自身的教学能力。

3. 对汉语言文学教学内容进行调整

对汉语言文学教学内容进行调整可以更好地适应时代的需求和学生的学习需求。以下是一些建议。

①引入多样化的文学作品：除了传统的文学经典作品外，还应引入当代文学作品、民间文学作品、少数民族文学作品等，以丰富教学内容，展示多元文化和多样化的文学表达形式。

②结合跨学科内容：将汉语言文学与其他学科进行跨学科融合，如结合历史、哲学、社会学等学科，探讨文学作品背后的文化背景、思想观念以及社会现象，增加学生对文学作品的理解深度和广度。

③注重文学批评与文学理论：在教学中加强文学批评和文学理论的教授，帮助学生理解文学作品的艺术特点、表现手法以及文学批评的方法和意义，培养学生对文学作品的批判性思维和文学分析能力。

④引入文化研究和文化批评：通过引入文化研究和文化批评的内容，让学生了解文学作品背后的文化内涵和价值观，培养学生的文化素养和文化意识，促进跨文化交流和理解。

⑤加强实践性教学环节：在教学中增加实践性的教学环节，如文学创作实践、文学评论写作、文学活动策划等，帮助学生将所学的理论知识应用到实际中，提高他们的文学写作能力和实践操作能力。

⑥强调跨媒体文化的研究：随着媒体的快速发展，将媒体文化的研究纳入汉语言文学教学中，探讨文学与电影、音乐、网络等媒体的关系，培养学生对多媒体时代文学的理解和分析能力。

通过对汉语言文学教学内容的调整，可以使教学更贴近学生的兴趣和需求，培养学生的创新思维和批判性思维，提升他们的文学欣赏能力和文学写作能力，使他们在汉语言文学领域具备综合素质和专业能力。

4. 改变教育观念

改变教育观念是促进汉语言文学教育发展的关键步骤。以下是一些改变教育观念的建议。

①从知识传授到能力培养：将教育目标从仅仅传授知识扩展到培养学生的综合能力，包括批判性思维、创新能力、合作能力等。注重培养学生的自主学习能力和问题解决能力。

②从教师主导到学生主体：鼓励学生主动参与学习过程，激发他们的学习兴趣和创造力。教师要成为学生学习的引导者和指导者，提供适当的学习资源和环境。

③从单一评价到多元评价：不仅关注学生的学科知识掌握情况，还注重评价学生的

综合素质和能力发展。采用多样化的评价方法,包括考试、项目评估、作品展示等,全面了解学生的学习情况。

④从竞争导向到合作共赢:鼓励学生之间的合作学习和团队合作,培养他们的团队合作意识和沟通能力。强调学生之间的互相支持和合作,培养共同成长和共同成功的意识。

⑤从单一学科到跨学科融合:促进不同学科之间的交叉融合,培养学生的综合素养和跨学科思维能力。鼓励学生将汉语言文学与其他学科进行关联,拓宽他们的学科视野、改变他们的思维方式。

⑥从被动学习到实践导向:将理论学习与实践活动相结合,提供学生参与实际文学创作、社会实践等机会。通过实践活动,让学生将所学知识应用到实际中,增强他们的实际能力和创新能力。

改变教育观念需要教育者、学校和社会共同努力。教育者应不断更新教育理念和方法,学校应提供良好的教育环境和资源支持,社会应关注教育改革并为其提供支持和认可。通过共同努力,可以实现汉语言文学教育的全面发展和学生的全面素质提升。

5. 培养汉语言专业人员的就业能力

要培养汉语言专业人员的就业能力,可以从以下几个方面着手。

①专业知识和技能:确保学生掌握扎实的语言文学理论知识和专业技能,包括汉字、语法、修辞、文学理论等方面的知识。同时,要注重培养学生的汉语口语和写作能力,以及翻译和文化交流等实际应用技能。

②跨文化沟通能力:培养学生具备良好的跨文化交流能力,能够理解和尊重不同文化背景下的思维方式、价值观和习俗。提供跨文化交流的实践机会,如参与国际交流项目、翻译工作或海外实习等。

③综合素质和创新能力:注重培养学生的综合素质,包括批判性思维、问题解决能力、团队合作能力等。鼓励学生参与学术研究、文学创作和项目管理等实践活动,培养他们的创新意识和创造力。

④实习和实践机会:提供学生实习和实践的机会,让他们在真实的工作环境中锻炼和应用所学的知识和技能。与企事业单位、文化机构、媒体等建立合作关系,为学生提供实践机会和就业渠道。

⑤职业规划和就业指导:开设职业规划和就业指导课程,帮助学生了解就业市场的需求和趋势,提供就业信息和资源,指导学生进行职业定位和就业准备。组织就业相关的讲座、招聘会和校企合作活动,增强学生的就业意识和竞争力。

⑥持续学习和自我提升:鼓励学生终身学习,培养他们的自主学习能力和持续进修的意识。提供继续教育和专业培训的机会,帮助他们不断更新知识和技能,适应社会发展和职业变化。

通过以上措施,可以帮助汉语言专业人员提升就业能力,增加他们在就业市场上的竞争力。

6. 汉语言文学专业要重视对学生创新思维的构建

汉语言文学专业的学习需要具备丰厚的文化底蕴和创新思维能力。教师在教学过程中可以采取以下方法来培养学生的创新思维：

①提供多样化的学习资源：教师可以引导学生广泛阅读经典文学作品、研究相关文化背景，同时还可以利用多媒体技术和互联网资源，呈现多样化的学习材料和案例，激发学生的兴趣和思考。

②鼓励批判性思维：教师可以引导学生分析和评价文学作品、文化现象，培养他们的批判性思维能力。通过开展讨论、辩论和写作等活动，激发学生的思辨能力，让他们学会质疑和思考问题。

③引导创造性表达：教师可以提供写作、创作和表演等机会，鼓励学生表达自己的观点和想法。通过写作作业、文学评论、创作比赛等形式，培养学生的创造性思维和表达能力。

④提供开放性的学习环境：教师可以营造宽松、开放的学习氛围，鼓励学生积极参与课堂讨论和团队合作。通过小组讨论、角色扮演、案例分析等活动，激发学生的合作意识、提高创新能力。

⑤引导独立思考和探索：教师可以设定开放性的问题，鼓励学生进行独立思考和自主探索。提供研究项目、文化调查等任务，培养学生的主动性和自我学习能力。

通过以上措施，教师可以培养学生的创新思维能力，使其在汉语言文学专业的学习过程中能够具备独立思考、勇于探索的能力，从而更好地适应未来的社会和自身职业发展。

（二）如何培养实用型的汉语言文学专业人才

培养实用型的汉语言文学专业人才需要综合考虑学生的知识、能力和素质的培养。以下是一些建议。

①专业知识培养：确保学生掌握扎实的语言学、文学理论和文化知识，包括汉字、语音、语法、修辞、文学史等方面的基础知识。同时，注重将知识与实际应用相结合，培养学生解决实际问题的能力。

②实践能力培养：提供实践机会，如实习、实训、社会实践等，让学生在实际工作环境中运用所学知识和技能，培养他们的实际操作能力、团队合作能力和解决问题的能力。

③跨学科能力培养：开设跨学科的课程，将汉语言文学专业与其他相关学科（如传媒、文化研究、语言教育等）相结合，培养学生在跨领域合作和交流中的能力，提高他们的综合素质。

④科技应用能力培养：加强学生对科技应用的培训，包括数字化工具、计算机辅助翻译、语料库利用等，使学生掌握现代科技手段在汉语言文学领域的应用能力。

⑤跨文化交际能力培养：注重培养学生的跨文化意识和跨文化交际能力，让他们具

备与不同文化背景的人进行有效交流和合作的能力，提高跨文化沟通的能力。

⑥创新创业能力培养：鼓励学生创新思维和创业意识，培养他们在文化创意产业、教育机构、媒体等领域中的创新创业能力。

⑦学生素质全面培养：注重培养学生的综合素质，包括领导能力、团队协作能力、人际交往能力、问题解决能力等。开设相关的素质教育课程，提供学生发展个人兴趣爱好和锻炼身心的机会。

（三）汉语言文学教学手段的现代化改革

改革汉语言文学教学手段可以从以下几个方面进行。

①利用信息技术：充分利用信息技术，如多媒体教学、在线教育平台、虚拟实验室等，提供多样化的教学资源和互动学习环境，使学生可以随时随地获取学习资料和进行在线学习。

②探索互动教学模式：采用互动式教学方法，包括小组讨论、案例分析、角色扮演、项目合作等，激发学生的积极参与和思维动力，培养他们的批判性思维和问题解决能力。

③引入项目化学习：将学生置于真实的项目情境中，通过独立或合作完成课程项目，让学生在实际操作中学习和应用知识，培养他们的实际操作能力和团队合作能力。

④鼓励创新写作和创作：引导学生进行创新写作和创作活动，如文学作品创作、文化评论、文学研究报告等，培养他们的创造力和表达能力。

⑤强调实践教学：加强实践教学环节，如实习、实训、社会实践等，让学生在实际工作环境中应用所学知识和技能，培养他们的实际操作能力和解决问题的能力。

⑥推广在线教育和远程教育：利用网络和远程技术，开设在线课程和远程教育，提供灵活的学习方式和途径，满足不同学生的学习需求。

⑦加强实用性教学：注重教学内容与实际应用的结合，关注行业需求和职业发展要求，培养学生具备实际应用能力和就业竞争力。

除了以上方法，持续的教师培训和专业发展也是至关重要的，教师要不断更新教学理念和方法，熟练运用现代化教学技术，提升教学质量和效果。同时，与行业和社会保持密切联系，了解行业需求和发展趋势，及时调整教学内容和教学手段，以适应时代发展的要求。

（四）汉语言文学专业教学观念的转变

1. 新课程背景下对于汉语言文学教师的基本要求

在新课程背景下，对于汉语言文学教师的基本要求可以概括为以下几个方面。

①学科知识和专业素养：汉语言文学教师应具备扎实的学科知识和广泛的文学素养，深入了解中国文学的经典著作、文化传统和时代发展，能够将文学作品与社会、历史、文化等领域进行综合分析和解读。

②教学能力和方法：汉语言文学教师应具备良好的教学能力，包括课堂教学设计与组织能力、教学资源开发和运用能力、学生评价和反馈能力等。同时，要灵活运用多种

教学方法，如讨论式教学、案例教学、项目制学习等，激发学生的学习兴趣和主动性。

③创新能力和实践经验：汉语言文学教师应具备创新思维和实践能力，能够开展文学研究和创作，并将创新元素融入教学实践中。同时，要积极参与学术交流和研讨活动，不断更新教学内容和教学方法。

④跨学科和综合素养：汉语言文学教师应具备跨学科的视野和综合素养，能够将汉语言文学与其他学科进行融合，拓宽学生的知识面和思维深度。同时，要关注时事和社会热点问题，引导学生进行跨学科思考和分析。

⑤学生关怀和个性发展：汉语言文学教师应关注学生的个性差异和发展需求，积极引导学生的个性发展和创造力的培养。注重学生的情感教育和心理健康，关注学生的学习动态和学习困难，提供积极的帮助和指导。

⑥职业道德和师德修养：汉语言文学教师应具备高度的职业道德和师德修养，坚守教育的使命和责任，严格遵守教育法律法规，尊重学生的个体差异和权益，倡导学术诚信和道德品质。

2. 新课程理念下汉语言文学教学观念转变的具体措施

在新课程理念下，为促进汉语言文学教学观念的转变，可以采取以下具体措施。

①强调学生主体地位：将学生置于学习的核心位置，注重激发学生的学习兴趣和主动性，提倡学生参与式、探究式的学习方式，鼓励学生发挥主体作用，培养学生的批判思维和创新能力。

②培养跨学科综合素养：推动汉语言文学教学与其他学科的融合，引导学生将文学知识与其他学科进行跨学科的整合，拓宽学生的知识广度和深度，培养学生的综合素养。

③强调问题意识和探究精神：引导学生关注社会、人生等实际问题，培养学生的问题意识和探究精神，通过自主学习、团队合作、实践探究等方式，促进学生对文学现象和文化问题的深入思考和理解。

④鼓励多样化的学习方式和评价方法：提倡多样化的学习方式，包括课堂教学、实践活动、研究项目等，为学生提供丰富的学习资源和机会。同时，采用多样化的评价方法，注重对学生的综合素质和能力的评价，包括项目评估、作品展示、小组讨论等形式。

⑤教学内容的更新和拓展：根据时代发展和社会需求，更新教学内容，引入新的文学作品和研究领域，涵盖多样的文化形式和文学流派，使学生能够更好地理解和把握当代文学的内涵和特点。

⑥教师角色的转变：教师要成为学生学习的引导者和合作伙伴，注重激发学生的学习动力和创造力，通过提问、辅导、讨论等方式引导学生思考和学习。同时，教师要不断提升自身的学科素养和教学能力，与时俱进，与学生共同成长。

二、汉语言文学专业人才培养新模式的思路与实践

（一）汉语言文学专业人才培养模式的标准

汉语言文学专业人才培养模式的标准可以包括以下几个方面。

①知识与理论基础：学生应掌握扎实的汉语言文学专业知识和理论基础，包括文学作品的分析和解读、文学史与批评、文化传统与现代文化等内容。学生应具备广泛的文学素养，了解中国文学的经典著作、文化传统和时代发展。

②实践与创新能力：学生应具备实践和创新能力，能够运用所学的文学理论和方法进行文学研究和创作。学生应有机会参与文学实践活动，如文学创作、文化活动策划等，培养自主思考、批判分析和创造性思维的能力。

③跨学科和综合素养：学生应具备跨学科的视野和综合素养，能够将汉语言文学与其他学科进行融合，拓宽学生的知识面和思维深度。学生应具备较好的人文素养和文化意识，了解不同文化间的交流和影响。

④语言表达和沟通能力：学生应具备良好的语言表达和沟通能力，能够准确、流畅地运用汉语进行口头和书面交流。学生应具备较高的文学写作能力，能够撰写优秀的文学评论、论文和创作作品。

⑤团队合作与领导能力：学生应具备团队合作和领导能力，能够在团队中协作工作，共同完成项目和任务。学生应具备一定的领导才能，能够组织和指导团队成员，展现出良好的团队合作精神和组织能力。

⑥职业道德和社会责任感：学生应具备良好的职业道德和社会责任感，秉持学术诚信和道德品质，遵守学术规范和行业准则。学生应关注社会问题和文化发展，具备积极的社会参与意识和责任感。

（二）汉语言文学专业人才培养的重新定位

对于汉语言文学专业人才培养的重新定位，可以考虑以下几个方面。

①强调实用性与综合素养：重新定位汉语言文学专业的人才培养目标，注重培养具有实用性的人才。除了扎实的学科知识和文学素养外，还应注重培养学生的跨学科能力、创新能力、实践能力和综合素养，使学生能够灵活应用所学知识解决实际问题，具备适应社会需求的能力。

②强化实践教育与实际能力培养：加强实践教育，为学生提供更多的实践机会，如参与文学创作、文化活动策划、社会实践等。通过实践锻炼，培养学生的创造力、合作能力、沟通能力和领导能力，使其能够在实际工作中胜任各类汉语言文学相关岗位。

③加强跨学科融合与应用能力培养：汉语言文学专业应加强与其他学科的融合，如社会学、心理学、传媒学等，培养学生的跨学科思维和应用能力。使学生具备综合分析问题、跨领域合作的能力，能够在不同领域发挥自己的优势。

④培养国际化视野与跨文化交流能力：鼓励学生关注国际化发展趋势，培养国际化视野和跨文化交流能力。加强对外语的学习，培养学生具备与国际合作伙伴进行跨文化交流和合作的能力，提升他们在国际文化交流中的竞争力。

⑤强化职业素养与社会责任感：注重培养学生的职业素养和社会责任感，强调道德与伦理的培养。通过课程设置和实践教育，引导学生树立正确的职业道德观念，具备良

好的职业操守和团队合作精神，能够在职业生涯中发挥积极的社会影响力。

（三）革新汉语言大学专业人才培养模式的途径

要革新汉语言大学专业人才培养模式，可以考虑以下途径。

①优化课程设置：重新审视课程设置，结合社会需求和行业发展趋势，调整和更新课程内容，注重培养学生的实践能力、创新思维和跨学科综合素养。引入前沿的研究领域和新兴的文学形式，培养学生的多元化能力。

②强化实践教育：加强实践教育环节，如文学创作实践、文化活动策划、文化产业实习等，使学生能够在实际工作中应用所学知识和技能，培养实际操作能力和解决问题的能力。

③提供国际交流机会：开展国际交流项目，与海外大学合作开设汉语言文学课程，组织学生参与国际学术研讨会、文化交流活动等，培养学生的跨文化沟通能力和全球视野。

④鼓励科研和创新能力：培养学生的科研兴趣和创新思维，组织学术研讨会、学术论文发表等活动，鼓励学生进行独立研究和学术创新，培养他们的学术素养和批判思维能力。

⑤加强实用技能培养：除了学科知识和文学素养外，注重培养学生的实用技能，如写作能力、口头表达能力、文献检索和资料整理能力等，使学生具备在实际工作中所需的技能。

⑥引入行业导师和实践导师：与相关行业建立合作关系，邀请行业专家和从业人员担任导师，为学生提供实践指导和职业规划，使学生更好地了解行业需求和就业趋势。

⑦建立评价体系：建立科学、全面的人才评价体系，注重综合素质和能力的评估，包括学业成绩、实践能力、创新能力、团队合作能力等。通过评价结果，及时调整教学策略和培养方案，持续优化人才培养效果。

三、汉语言文学专业学生写作能力的培养

（一）突破"一体两翼"模式，改革写作类课程教学

对于汉语言文学专业的写作类课程，确实需要对写作基础理论进行改革，以适应不同类型写作的需求。以下是一些可能的改革方向。

①个性化写作理论：传统的写作基础理论相对较为笼统，难以适应各种类型写作的特点。可以引入更加个性化的写作理论，针对不同类型的写作，提供相应的理论指导和技巧训练，使学生能够更好地应对不同的写作任务。

②创新性写作训练：强调创新思维和创意表达，在写作课程中引入创新性的写作训练，鼓励学生打破常规、突破传统，培养创意写作能力。这可以通过开展创意写作比赛、组织创意写作工作坊等方式实现。

③实用性写作教学：除了文学类写作，应更加注重实用性写作的教学，如商务信函、

公文写作、学术论文等。针对不同应用场景，提供相关的写作技巧和规范要求，培养学生实际应用文体的写作能力。

④多媒体写作教学：随着多媒体技术的发展，可以将多媒体写作引入课程教学。教授学生如何运用图像、音频、视频等多种媒体形式进行写作，培养他们的跨媒体写作能力。

⑤强调写作实践：写作课程应注重学生的实践操作，通过组织写作工作坊、写作讨论会等形式，让学生在实际写作中提升自己的写作能力。同时，注重对学生写作作品的指导和反馈，帮助他们不断改进和提升写作水平。

⑥引入行业导师和实践导师：与相关行业建立合作关系，邀请行业专家和从业人员担任导师，为学生提供实践指导和实际写作案例，使学生能够更好地了解行业需求和提升实践能力。

通过改革写作基础理论的教学内容，可以更好地满足不同类型写作的需求，提升学生的写作能力和创新思维，使他们在实际写作中具备更强的实用性和创造性。

（二）确立"大写作观"，开辟写作教学多样化课堂

"大写作观"的观点是很有启发性的，它强调了写作教学的广度和深度，将写作纳入整个教育体系中。以下是一些具体的措施，可以帮助拓宽写作教学的广度和深度。

①跨课程整合：在汉语言文学专业的其他课程中，引入写作要求和任务，鼓励学生在各门课程中进行写作实践。教师可以结合课程特点，设计与学科相关的写作任务，培养学生的学科写作能力。这样可以使学生在各门课程中都能感受到写作的重要性，促进写作能力的全面。

②校园活动融入写作：组织丰富多样的校园文化活动，如写作比赛、作文演讲、写作研讨会等，为学生提供展示自己写作才能的机会。同时，可以通过学生社团、文学社团等组织，开展与写作相关的活动，如写作工作坊、写作分享会等，激发学生的写作热情，促进他们写作能力的提升。

③社会实践与写作结合：鼓励学生参与社会实践活动，并将实践经历与写作结合起来。例如，要求学生进行实地调研，并撰写调研报告；参与社会公益活动，并通过写作记录和分享自己的体验；参加文学创作活动，如写作比赛、文学展览等，展示自己的创作成果。

④写作资源的开放性：利用现代技术手段，为学生提供广泛而丰富的写作资源。建立在线写作平台或论坛，学生可以在其中分享自己的写作作品，互相交流和评论。同时，开放对外的写作资源，如优秀作家的作品、写作指南、写作技巧等，供学生学习和借鉴。

⑤教师的角色转变：教师在写作教学中要成为学生的指导者和启发者，引导学生发现写作的价值和意义，激发他们的创作热情。教师可以为学生提供写作指导和反馈，帮助他们改进写作作品。同时，教师也要不断更新自己的写作知识和技能，与学生共同成长。

（三）构建网络实践平台，创新写作教学与训练

在新课程背景下，我们可以采取以下具体措施来促进汉语言文学专业学生写作能力

的培养和提高。

①引入网络写作平台：搭建一个在线的写作平台，为学生提供一个展示、交流和互动的空间。学生可以在平台上发布自己的作品，并与其他学生进行评论和讨论。这样可以拓宽学生的写作视野，激发学生的写作热情，同时也提供了实践和互动的机会，促进学生的写作能力的提升。

②整合多媒体资源：利用现代技术手段，丰富写作教学的内容和形式。引入多媒体元素，如音频、视频、图片等，帮助学生更直观地理解写作理论和技巧。同时，通过网络资源的整合和利用，为学生提供更多的参考资料和写作范例，拓宽他们的思路、改变他们的表达方式。

③鼓励实践性写作：通过开展写作实践活动，让学生将所学的理论知识应用到实际写作中。可以组织写作比赛、写作工作坊、写作研讨会等活动，让学生有机会进行实践和反思，提升他们的写作技巧和创作能力。

④引导个性化写作：鼓励学生发展个性化的写作风格和声音。教师可以通过个别指导和评价，帮助学生发现和发展自己的写作特点，提供个性化的写作指导。同时，注重学生的自主性和创造性，鼓励他们在写作中表达独立的观点和思考。

⑤注重反馈和评价：给予学生及时而有效的反馈和评价，帮助他们不断改进和提高写作水平。教师可以通过定期作业、写作小组讨论、互评等方式，提供具体的建议和指导，激励学生持续进步。

通过以上措施的实施，可以使写作教学更贴近学生的实际需求，促进学生在汉语言文学专业中的写作能力的全面发展。同时，要不断更新教学观念，适应时代的发展和变化，不断探索更适合新课程理念的写作教学模式和方法。

四、提高汉语言文学专业应用性的问题分析

（一）汉语言文学专业的应用性提高及其现实意义

1. 汉语言文学专业应用性提高的现实意义

汉语言文学专业的应用性提高具有重要的现实意义，主要体现在以下几个方面。

①适应社会需求：随着社会的发展和变革，学生对语言分析和运用能力的需求日益增长。汉语言文学专业的应用性提高可以培养具备良好语言表达能力、沟通能力和文化素养的人才，满足社会对多样化、综合性人才的需求。

②推动素质教育：应用性提高符合素质教育的核心理念。素质教育的目标是培养具备综合能力和创新精神的人才，强调理论与实践相结合。通过加强汉语言文学专业的应用性，将学科的理论知识转化为实践能力，培养学生分析问题和解决问题的能力，促进学生的全面发展。

③学科本质发展：汉语言文学专业以汉语言文字研究为核心内容，而语言具有强烈的工具性特征。提高专业的应用性可以更好地发挥语言的实用性，将专业知识应用于实

践中，为社会提供专业化的语言服务和支持。

在实现汉语言文学专业的应用性提高时，可以采取以下途径：

①更新教学内容：根据社会需求和行业发展的变化，调整和更新课程内容，增加实践性和应用性的教学内容。注重培养学生的实际应用能力，如文案写作、口头表达、文化传媒等方面的实践技能。

②强化实践环节：增加实践性教学环节，如实习、社会实践、文化活动等。通过实践活动，让学生接触真实的语言环境和实际问题，提高他们的应对能力和实际操作能力。

③加强师资队伍建设：培养教师的实践经验和应用研究能力，使其具备与行业接轨的专业知识和实践技能。教师作为学生的榜样和引路人，需要具备实践经验和应用能力，以帮助学生更好地应对职业发展和实际工作。

2. 汉语言文学专业应用性提高的可行性分析

汉语言文学专业应用性提高的可行性分析主要包括以下几个方面。

①学科内容与社会需求的对接：汉语言文学专业的学科内容涵盖了语言、文学、文化等多个方面，与社会的语言交流、文化传播、文学创作等紧密相关。深入了解社会的需求和趋势，调整和更新学科内容，使其更贴合实际应用，提高专业人才的就业竞争力。

②教学方法与教育技术的创新：通过采用多元化、互动式的教学方法，结合现代教育技术手段，提高教学效果和学生的应用能力。例如，引入案例教学、项目教学、团队合作等方式，培养学生的实际操作能力和解决问题的能力。

③实践教学与社会合作：通过与相关行业、企事业单位的合作，建立实习基地、开展实践项目等形式，让学生接触真实的工作环境和实际问题，提升他们的实际应用能力和就业竞争力。同时，与社会合作也可以为学校提供专业资源和实践平台，促进教学与实际需求的对接。

④师资队伍建设：加强师资队伍的专业化建设，培养教师的实践经验和应用研究能力。通过教师的实践经验分享和行业交流，提高教师的教学水平和应用能力，为学生提供更好的指导和培养。

⑤学生参与度的提升：激发学生的学习兴趣和主动性，引导他们积极参与实践项目、科研活动、社会服务等，培养实际应用能力和团队合作精神。通过学生的参与，使应用性教育更加贴近实际，提高学生的综合素质。

综上所述，汉语言文学专业应用性提高具有可行性，通过与社会需求的对接、教学方法的创新、实践教学的加强、师资队伍的建设以及学生参与度的提升，可以有效提高专业人才的应用能力和就业竞争力，更好地满足社会的实际需求。

（二）关于汉语言文学专业应用性提高的几点思考

1. 加强改革学科教学体制的建设

加强改革学科教学体制的建设是促进汉语言文学专业教育的发展和提高教学质量的关键措施。以下是一些具体的建设方向和措施。

①优化课程设置：重新评估和优化课程设置，使其更加贴合学科发展和社会需求。考虑引入前沿的学科领域和实际应用方向，增设相关的实践性课程和选修课程，提升学生的综合能力和应用能力。

②强化实践教学环节：加强实践教学的设计和实施，将理论知识与实际操作相结合，培养学生的实际应用能力。建立实践基地、实验室等资源平台，提供学生进行实践操作和实际项目的机会。

③推动教学方法改革：引入多元化的教学方法，如案例教学、小组讨论、项目研究等，促进学生的主动参与和深度学习。借助现代教育技术手段，如在线学习平台、虚拟实验室等，丰富教学手段，提高教学效果。

④加强师资队伍建设：提升教师的专业素养和教学能力，鼓励教师进行教学方法创新和教育教学研究。建立师资培训机制，为教师提供教育培训和学术交流的机会，不断提高其教育教学水平。

⑤强化质量评估和监控机制：建立科学合理的教学质量评估和监控机制，定期对教学效果进行评估和反馈。通过教学质量评估结果，及时调整和改进教学方法和教学内容，不断提升教学质量。

⑥加强学科间的交叉融合：鼓励不同学科之间的合作与交流，开展跨学科的教学研究和课程设计。促进汉语言文学专业与其他学科的交叉融合，培养学生的综合能力和跨学科思维能力。

2. 提高语言教学的教学质量，改善教学方式、方法

要提高语言教学的质量并改善教学方式和方法，可以采取以下措施。

①个性化教学：认识到每个学生的学习特点和需求不同，教师应采用个性化教学方法，根据学生的兴趣、学习能力和学习风格，灵活调整教学内容和教学方式，使每个学生都能得到有效的学习指导。

②互动式教学：创造积极互动的学习氛围，鼓励学生参与讨论和交流。教师可以采用小组讨论、角色扮演、合作学习等活动，激发学生的学习兴趣，提高学生的语言运用能力。

③实践性教学：将语言学习与实际应用相结合，通过实践活动和场景模拟，让学生在真实的语言环境中运用所学知识。教师可以组织学生进行实地考察、实习实训、模拟演练等，帮助学生更好地掌握语言技能。

④多媒体教学：利用现代教育技术，如多媒体课件、网络资源、电子教材等，丰富教学内容，提供多样化的学习资源。教师可以运用音频、视频、互动软件等工具，使学生在视听交互中提高语言理解和表达能力。

⑤反思性教学：鼓励学生进行自我反思和自我评价，帮助他们发现自己的学习问题和不足之处。教师可以引导学生进行学习日志、学习总结等形式的反思活动，促进他们思考学习过程中的困惑和改进方法。

⑥紧密结合文化背景：将语言教学与相关的文化知识和背景相结合，帮助学生理解语言的文化内涵。教师可以通过文化讲解、文学赏析、影视欣赏等方式，拓宽学生的文化视野，提高他们对语言的理解和运用能力。

3. 注重学生语言运用能力的培养

要注重学生语言运用能力的培养，可以采取以下策略。

①创设真实语境：提供学生真实的语言环境，让他们在实际情境中进行语言运用。可以组织角色扮演、情境模拟、真实对话等活动，让学生学以致用，提高实际应用能力。

②鼓励口语表达：注重培养学生的口语表达能力。教师可以组织口语练习、辩论赛、演讲比赛等活动，鼓励学生积极参与，提高口头表达的流利度、准确度和逻辑性。

③强化听力训练：加强学生的听力能力培养，提高他们对语音、语调和语境的理解。可以使用听力材料、音频资源等进行听力训练，并结合听后任务进行反馈和练习。

④提升阅读能力：注重培养学生的阅读理解能力，提高他们对语言材料的理解和应用能力。可以选择适合学生水平的阅读材料，引导学生进行细读和泛读，培养他们的阅读策略和思维能力。

⑤强化写作训练：注重培养学生的书面表达能力，使他们能够清晰、准确地表达观点和思想。可以通过写作练习、作文指导等方式，引导学生掌握写作技巧和提高写作水平。

⑥多媒体辅助教学：利用多媒体技术和在线资源，丰富语言运用的教学内容。可以使用录音、视频、互动软件等工具进行听力和口语训练，引导学生进行多样化的语言实践活动。

⑦提供反馈和指导：及时给予学生有针对性的反馈和指导，帮助他们发现自己的语言问题并加以改进。可以通过个别辅导、小组讨论、互相评价等方式，提供有效的反馈和指导，激励学生不断提升语言运用能力。

⑧培养跨文化交际能力：注重培养学生的跨文化交际能力，使他们能够在不同文化背景下灵活运用语言。可以通过文化比较、跨文化交流活动等方式，加强学生对文化差异的认知和理解。

4. 提高学生的阅读兴趣

要提高学生的阅读兴趣，可以采取以下措施。

①提供多样化的阅读材料：选择丰富多样的阅读材料，包括文学作品、报纸杂志、科普读物、漫画、博客等，满足不同学生的兴趣和阅读水平。

②创建良好的阅读环境：为学生创造良好的阅读环境，如建设舒适的阅读角落、设立阅读小组、举办读书俱乐部等，让学生感受到阅读的乐趣和舒适。

③激发阅读兴趣的活动：组织阅读相关的活动，如书评比赛、阅读分享会、作家讲座等，引导学生积极参与阅读活动，激发他们的阅读兴趣。

④资源共享和推荐：教师和学生之间可以共享自己喜欢的阅读资源和推荐书目，让学生之间相互影响和启发，扩大阅读的范围和广度。

⑤引导阅读的价值认知：与学生分享阅读的价值和意义，帮助他们认识到阅读对于知识获取、思维发展、情感表达等方面的重要性，培养他们的阅读意识和阅读习惯。

⑥提供个性化阅读选择：尊重学生的个性差异，允许学生选择自己感兴趣的阅读材料和题材，给予他们一定的自主权，培养他们的主动阅读习惯。

⑦引导深度阅读和思考：教师可以引导学生进行深度阅读，提出问题和思考，帮助他们理解文章背后的思想和意义，培养批判性思维和阅读思维。

⑧整合技术手段：利用现代技术手段，如电子书、在线资源、阅读应用程序等，结合学生熟悉的数字工具和媒体，增加阅读的趣味性和互动性。

⑨阅读导向的评价：设立阅读相关的评价机制，如阅读记录、读书报告、读后感等形式，鼓励学生对阅读进行反思和总结，增强阅读的自我意识和动力。

（三）提高汉语言文学专业应用性的对策

在分析了以上的各个方面后，我们知道汉语言文学有优势也有压力——它有文化底蕴的优势，也有专业应用性的就业压力。那么，面对社会需求如何有效地提高汉语言文学的专业应用性，以下将从三方面来提出提高应用性的对策。

1. 学生方面

①提高学生的实践能力：鼓励学生积极参与实践活动，如实习、社会调研、文化交流等，将所学知识应用到实际中去，培养他们的实际应用能力。

②强化专业素养的培养：引导学生加强对汉语言文学专业知识的深入理解和学习，培养他们扎实的专业基础和广泛的文化素养，为应用性工作打下坚实的基础。

③提升跨学科能力：培养学生的跨学科思维和能力，使他们能够将汉语言文学专业知识与其他学科领域进行有效结合，拓宽应用领域。

2. 教学方面

①更新教学内容和方法：及时更新教学内容，关注前沿领域和实际需求，引入实用性强的教学案例和实例，通过案例分析、项目研究等教学方法，增强学生的应用能力。

②强化实践教学环节：增加实践性教学环节，如实验课、实地考察、实训项目等，让学生亲身参与实际操作和应用，提高他们的实践能力和解决问题的能力。

③教师团队建设：提高教师的应用性教学能力，鼓励教师参与实际应用领域的研究和实践，不断更新自己的知识和技能，为学生提供专业指导和实践机会。

3. 社会方面

①加强与社会的合作：与行业、企事业单位建立紧密联系，开展校企合作、实习实训等活动，将学生的实际应用能力与社会需求对接，培养具有应用型的人才。

②鼓励创新创业：提供创新创业的平台和机会，鼓励学生在汉语言文学领域中进行创新研究和实践，培养具有创新精神和应用能力的人才。

③推动社会认可度的提升：加强宣传推广，提升汉语言文学专业在社会中的认可度和价值，让社会更加了解专业的汉语言文学。

第三节 汉语言文学与人文素质教育

一、汉语言文学中人文素质教育的重要性

长时间以来，汉语言文学作为我国重要的语言文学教育学科，一直受到汉语言文学教师的高度重视，在培养大学生综合素质、促进大学生全面发展方面发挥着极其重要的作用。特别是对于新时期大学生来说，由于当前社会上相关信息相对繁杂，学生在繁杂信息的影响下往往无法树立正确的人生观和价值观，严重影响了学生的健康成长。而在汉语言文学中渗透人文素质教育则能够在完成基础知识传授的同时，对学生思想价值观念加以引导，逐步培养学生养成正确的社会意识，能够客观地看待社会相关现象，为学生正确价值观的树立以及学生的未来发展提供相应的保障。

（一）有利于学生综合素质的培养

我国汉语言文学的教学目标一般是向学生传授相关汉语言文学知识，希望学生经过系统的学习能够掌握扎实的理论基础，并且受到汉语言文学的影响养成良好的文学素养和人文情怀，为学生未来的发展奠定基础。因此在汉语言文学教学中渗透相应的人文素质教育，能够让学生在掌握基本专业知识的基础上，受到经典文学的良性影响，在提升人文素养的同时，自身分析问题和解决问题的能力可以得到相应的强化，辩证思维能力和发散思维能力也可以得到显著的增强，促使学生的毕业竞争力逐步提升，为学生未来获得良好的社会发展提供坚实的保障。

（二）能够陶冶情操，提升学生的精神境界

汉语言文学教学本身涉及一定的文学教育，在其中渗透人文素质教育能够促进汉语言文学教学的人文性得到充分的发挥，进而促使学生的文化艺术审美能力得到一定的强化，为学生精神境界的提升提供相应的保障。具体来说就是在汉语言文学教学中渗透人文素质教学，能够以典型的形象、优秀的历史人物事迹等对学生实施潜移默化的思想影响，并以优美的文学语言陶冶学生的情操，促使学生在学习过程中对文学、艺术以及人生观和价值观等形成更为深刻的认识，进而有效提升学生的精神境界，为学生的健康发展创造条件。

（三）能够满足和谐高职的建设需求

由于在汉语言文学教学中适当地渗透人文素质教育，可以对学生的人文素养加以培养，能够引导学生树立正确的人生观和价值观，促使学生以客观公正的眼光看待问题，因此学生经过良好的人文素质教育，在面对社会相关问题和学校教育问题的过程中能够冷静分析，科学处理。简言之，就是受人文素质教育思想的影响，学生可以正确处理学

校学习和生活中的各项问题，并与教师和其他学生构建良好的关系，这对和谐高职的建设也产生着积极影响，在一定程度上满足了新时期和谐高职的建设需求，因此受到教育管理部门的高度重视。

二、加大汉语言文学教育力度的举措

（一）选择优秀教师任教

教师在汉语言文化教育领域应具备高水平的文学素养和对文字的驾驭能力，这是确保教学质量的基础。

选择优秀的教师任教确实可以带动学生的学习积极性，增进课堂气氛，并提供更好的控制能力。优秀的教师不仅具备深厚的学识和专业知识，还能够灵活运用教学方法，激发学生的学习兴趣和参与度。他们能够将复杂的概念和内容以生动的方式呈现，让学生更好地理解和消化知识。

此外，优秀的教师还能够与学生建立良好的师生关系，倾听学生的需求和问题，并及时给予指导和支持。他们能够关注学生的学习差异，采用个性化的教学策略，帮助学生充分发展自身的潜力。

为了提高教师的教学能力，教育机构可以加强教师的专业培训和发展机会，鼓励教师参与学术研究和教育创新活动。此外，建立有效的教学评估体系，通过同行评课、教学观摩等方式，促进教师之间的互相学习和交流，共同提高教学质量。

总之，优秀的教师在汉语言文化教育中起到至关重要的作用，他们的高水平教学能力可以有效提升课程的教学质量，激发学生的学习积极性和创造力。

（二）教材内容合理取舍

将选择权交给学生，让他们选择自己感兴趣的篇章进行讲解，以及重点讲解有感染力、启发性文章的方式，可以有效提升学生的学习欲望和积极性。这种方式能够增加学生对学习内容的主动参与度，激发他们的学习兴趣，从而提升学生的学习效果和人文素质的培养。

在课堂讲解中，确保选择的文章具有较高的质量和深度，能够引发学生的思考和讨论。重点讲解有感染力、启发性的文章，可以帮助学生在情感上产生共鸣，激发他们对文学和人文的兴趣。通过合适的科目选择，可以促进学生与教师之间的互动和课堂交流，营造积极活跃的学习氛围。

此外，教师在教学过程中应注重对知识的渗透和延伸。除了讲解教材中的内容，还应提供相关的背景知识、文化解读和扩展阅读，以丰富学生的知识面和理解深度。这样可以帮助学生更好地理解文章的内涵，培养他们对文学作品的综合解读能力。

综上所述，通过让学生选择感兴趣的篇章并重点讲解有感染力、启发性的文章，以及加强对知识的渗透和延伸，可以激发学生的学习欲望和兴趣，促进他们的人文素质的提升。这样的教学方式可以增加课堂的互动和交流，创造轻松愉快的学习环境，使学生在语文课堂中获得积极的教育影响。

（三）考试方式改革

灵活多样的考试方式可以更好地评估学生的学习成果，并激发他们的学习兴趣和动力。以下是对一些考试方式进行讨论。

①平时学习程度综合评定：除了闭卷考试，可以将学生平时的上课表现、课堂参与度、课堂作业、小组讨论等纳入考核范围。通过综合评定这些因素，可以更全面了解学生的学习情况，避免仅仅依赖一次考试成绩来评价学生。

②口头回答问题次数：在课堂上允许学生积极回答问题，并将其作为评估学生掌握能力的一项指标。这可以促进学生的参与度和主动性，并帮助教师及时了解学生的学习进展。

③读书笔记评定：鼓励学生在学习过程中积极做好读书笔记，并将其作为考核的一部分。通过评定学生的读书笔记质量和深度，可以了解学生对文学作品的理解和思考能力。

④学习后心得评价：鼓励学生在课程结束后撰写学习心得，表达对课程的理解和感悟。这可以帮助学生更好地总结学习成果，培养批判性思维和表达能力。

⑤分级登记成绩：采用甲、乙、丙或 A、B、C 等分级形式，将成绩以相对评价的方式呈现。这样可以减少学生之间的成绩差距，降低竞争压力，让学生更注重自身的学习进步而非分数的高低。

综合而言，适当采用多样化的考试方式可以更好地评估学生的学习成果和能力。这种灵活性有助于激发学生的学习兴趣和动力，同时提供更全面、公正的评价。重要的是要根据具体情况选择适合的考核方式，并确保评价过程公正、公平、科学。

（四）积极开展教学活动，培养学生健全的人格

①组织演讲比赛和诗词比赛：这些活动可以帮助学生提升语言表达能力和自信心，激发他们参与社交和交流的积极性。通过与他人的互动和竞争，学生能够锻炼自己的沟通能力，培养团队合作意识，并在公众场合展示自己的才华。

②场景教学：通过模拟真实情境，让学生在特定场景下进行语言交流和互动。例如，组织角色扮演活动或情景对话练习，让学生在实际场景中运用语言与他人进行有效沟通。这有助于学生克服人际交往障碍，提升他们在现实生活中的应对能力。

③引导学生参与群体活动：鼓励学生积极参与学生社团、志愿服务、团队项目等群体活动，培养他们的合作意识和社交技巧。通过与他人的合作和互动，学生可以更好地了解自己的个人特点和优势，并与他人共同成长和发展。

④提供个人成长辅导：为学生提供个人辅导和心理咨询服务，帮助他们解决人格方面的问题，并指导他们积极面对挑战和困难。这样的辅导可以帮助学生增强自我认知、情绪管理和人际关系能力，促进他们的全面发展。

总之，加强对学生人格培养的教学活动对于他们的学习和生活都具有积极影响。通过组织多样化的活动和提供个人辅导，学生可以克服人格方面的缺陷，提升自己的交流能力、合作意识和自我认知，从而更好地适应学习和社会生活的需求。教师在教学中起

到重要的引导和促进作用，通过合适的教学方法和活动组织，可以为学生的人格发展创造良好的环境和机会。

参考文献

［1］邓心强．汉语言文学课程教学研究［M］．徐州：中国矿业大学出版社，2017.

［2］张勇，王琪，董戈戈．汉语言文学［M］．长春：吉林出版集团股份有限公司，2017.

［3］魏俊桃，谢盛华，徐志宏．汉语言文学概论［M］．北京：首都师范大学出版社，2017.

［4］杨吉琳，金振邦．汉语言文学论集［M］．北京：中国社会科学出版社，2018.

［5］王旗．汉语言文学概论［M］．长春：吉林文史出版社，2018.

［6］吴亚兰．汉语言文学课程教学研究［M］．延吉：延边大学出版社，2018.

［7］刘明静，黄毅，陆青．当代汉语言文学研究及文学鉴赏能力培养［M］．沈阳：辽海出版社，2018.

［8］武晓青．新媒体环境下汉语言文学教育发展与实践［M］．北京：中国纺织出版社，2018.

［9］王立．汉语言文学类［M］．沈阳：东北大学出版社，2018.

［10］郝冰艳．新形势下汉语言文学教学策略研究［M］．北京：九州出版社，2018.

［11］王平．文化比较与文学翻译研究［M］．成都：电子科技大学出版社，2018.

［12］王洪涛．文学翻译研究从文本批评到理论思考［M］．杭州：浙江大学出版社，2018.

［13］田喆，刘佩，石瑾．汉语言文学导论［M］．长春：吉林文史出版社，2019.

［14］潘伟斌，何林英，刘静．现代汉语言文学研究的多维视角探索［M］．长春：吉林大学出版社，2019.

［15］王西维．汉语言文学与大学生人文素质教育［M］．长春：吉林人民出版社，2019.

［16］张红灵．汉语言美学欣赏与文学写作研究［M］．长春：吉林出版集团股份有限公司，2019.

［17］顾阅微．网络语言对汉语言文学发展的影响［M］．南京：江苏人民出版社，2019.

［18］刘钦荣，刘安军．汉语言文字理论与应用研究［M］．北京：中国社会出版社，2019.

［19］侯影．汉译文学性概论［M］．武汉：武汉大学出版社，2019.

［20］朱文斌，庄伟杰．语言与文化论坛［M］．上海：上海交通大学出版社，2019.

［21］王琼，汤驿．中国现当代文学作品赏析［M］．上海：同济大学出版社，2019.

［22］刘增杰．中国现当代作家作品专题研究［M］．郑州：大象出版社，2019.

［23］邢红兵，牟世荣．汉语进修教育研究：第3辑［M］．北京：中国书籍出版社，2019.

［24］吴燕侠．语言学理论实用教程［M］．成都：西南交通大学出版社，2020.

［25］叶隽．汉学家的中国碎影［M］．福州：福建教育出版社，2020.

［26］吴门吉．第二语言汉语阅读能力发展研究［M］．广州：中山大学出版社，2020.

［27］何湘君．中国古代文学作品选编［M］．北京：语文出版社，2020.

［28］苏新春，陈长书．现代汉语词汇学理论探索［M］．厦门：厦门大学出版社，2020.

［29］和勇．汉语言文学专业课程教学研究［M］．昆明：云南大学出版社，2021.

［30］许红晴．社会语言学视阈下的媒体语言［M］．北京：中国纺织出版社，2021.